研之有物，透物见人，

由人及礼，礼证中华。

是我考古研究的追求。

礼证中华

卜工◎著

故宫出版社

前言

写求学悟道考古探索的经历，搜索过去的时光，感触很多。有道是：物换星移很平凡，生活就是度艰难。五条战线过光景，六味杂陈年复年。我经历过的“五条战线”是指作为知青插队的农业、就业于百货商店的商业、留校任教的教育、进入石油化工类的二业和从事考古研究的文博战线。

1977年，我有幸成为中国恢复高考制度的第一批受益者，走上梦寐以求的求学悟道之路。填报大学志愿时才认真琢磨考古是个什么专业、是否合适等问题。小时候，父母带我去他们朋友家串门，那家男主人单庆林就在吉林大学考古教研室工作。所以,对考古我虽然谈不上知之甚深,但也并不陌生。至于为何作此选择，主要是那个时代讲究家庭出身，而我家的情况是需要远离政治，才可以“躲进小楼成一统，管他春夏与秋冬”。

四十多年过去，我很庆幸当初选择考古，并将其当成生命的一部分，生活因此平添了许多乐趣。考古学不仅能够开启文化遗产与历史资源宝库大门，为遥望久违的历史提供望远镜和显微镜，更具有游弋在古往与今来、人文与历史、自然与社会之间的特点，很多学科非常盼望从那里获得新鲜素材、古老智慧和全新启发。所以，准确地讲，明了探索未知，再现历史，发明新知的考古学使命，才知晓这个学科极具吸引力。

中国考古又以其独特的魅力影响和感召着众多学子为之呕心沥血的奋斗。社会越进步考古学的魅力越耀眼，科学越发展考古学的奥秘越诱人，国家越强盛考古学的责任越重大的道理，为越来越多的人所认识。当然，考中国之古绝对不能将古代文献束之高阁，这就是中国历史传统的规定性。而超越古代文献的深度探索，则是中国考古的崇高境界。中国考古揭示的历史信息覆盖古代社会各个方面，为多学科输送历史资源，舒张功能持久强大。

古代中国的故事极多。它独立起源且年代久远，自成一系又连绵不绝，文献繁多浩如烟海，先贤先哲贡献良多，文化积淀尤其深厚。因此，学习中国考古、痴迷中国考古、从事中国考古的研究本身就是很特殊的享受。原汁原味的钩沉历史，当然引人入胜；百家争鸣的学术流派，定有传奇轶事；层出不穷的新鲜发现，更让人翘首以待；理论发明的创新不断，更是助力学科发展。当然，中华软遗址并没有那么多的惊艳、惊奇和惊世的发现。像良渚文明的壮观与辉煌是那些考古人积数十年时间用手铲一点一点地刮出来的，同绝大多数考古工作一样，最初只是发现和认识古代文化遗存的面貌与特征，由于考古人年复一年的坚持、默默无闻的前行、永不放弃的追求，才有更大的发现。积跬步乃至千里，是中国考古生涯的主旋律。

中国考古学讲究师承，强调实践第一，善于原创性研究。中华文明的原生性、多样性和特殊性认识都是其重大的发明创造。对中国考古学有自己的认识、理解和感受，支撑着不同考古学者积极进取、努力前行的信念。其神奇力量超乎寻常，能够使研究者从悬疑中发现契机，从发现中实现发明，从平凡中感悟创新，从实践中增长才干，从奋斗中培养情趣。在文明探源的创新研究中，我从材料中发现中国历史上曾经有古礼的时代，首次系统论证礼制从来都是中国古代文明乐章的基本旋律，是国家组织联合结盟的理论基础、精神支柱和制度保证。联盟制度可能是所有民族进入早期国家的必由之路，但是文明教化、礼润中华却是古代亚细亚生产方式国家的特色。从古国、邦国到王国时期，不论满天星斗的文明火花、熊熊燃烧的文明火炬，还是争相斗艳的文明灯塔，都是古礼滋润的必然结果，很多难解的历史谜团在这个理论框架下均能够得到符合逻辑的说明，对此，我充满自信且坚定不移。

我的文明系列研究推出后[1]，便思考将这些想法形成、发展和完善的过程逐一记录下来。有些值得长久记忆的事情、经历和感悟必须如此方能得以保存，以至于使其超越个人记忆能力的本身。因为，回忆过去，激励当前，乃人类之天性。遥想初练考古的过程，青春做伴，驰骋田野有赖苦苦的追求；良师益友，谈说人生，音容笑貌犹在眼前。记录这些真实的事件、人物和故事，就是希冀通过口述的方式表达快乐考古、趣味研究的真情实感；玩味学术环境、学术氛围对自己成长的重要意义。人生要实现多个目标，不同时期则有不同层次的奋斗任务。求学悟道则贯彻始终，只要心不老，思想到处跑。20岁左右，我的梦想是进大学学知识；毕业后则追求在学术方面有所发现，有所发明；40岁开始思考悟道体会，谋划著书立说；60岁后自娱自乐、理论探索，感悟追求。人生有三个美好的时期，又称"三大时间板块"：一是小时候，无忧无虑。那是和父母在一起的时候，有家、有爱、父母在！二是工作后，走南闯北。那是和先生在一起的时候，拼搏、进步、师傅在！三是已退休，颐养天年。那是和家人在一起的时候，休闲、思考、初心在！我以为：求学悟道也有三个境界：一是课堂上书本里，基础知识的学习。二是实践中材料堆里，基本能力的学习。三是积累思考火花，创新思维的学习。不是热衷于重复别人的发明，而是时刻检讨自己究竟有哪些特色和建树。

中国考古学理论在于原创性，在于特殊性，在于体系性，在于根植于中国大地，而非东拼西凑的理论合资股份有限公司。所以，"深刻的思想体系，丰富的科技艺术成果，独特的制度创造"才是考古学理论的土壤。

本书体例特殊：前半部是求学悟道。有工作有回顾，有故事有人物，真人真事，夹叙夹议，间用已发表的论文穿插呼应，记录的是"文明起源的中国模式"创作前的学习经历。后半部是礼证中华。多是新近的研究体会和论文成果，记录的是"文明起源中国模式"理论的实践、应用和升级的内容，是用古礼分析中国古代文明典型案例的研究，注重钩沉史实，发掘特色，精准解读。所以，本书又是《文明起源的中国模式》的升级版，古礼世界的再探索。

特别感谢山西省文物考古研究所摄影大师梁子明先生所赐1987年山西忻州聆听苏秉琦先生教诲的珍贵照片；感谢许伟老师和李言好友所赐在山西太谷白燕遗址学习生活的瞬间记录；感谢师弟田建文所赠杏花村遗址发掘30周年纪念大会的留影；感谢浙江省文物考古研究所刘斌所赠在良渚遗址参观学习的历史镜头；感谢同窗好友李陈奇、于可可对本书的热情关注、具体指导和不吝赐教；感谢同门师弟母涛对本书题目的精彩提炼；感谢忘年好友宋小军的长期关照。

注释：

1. 卜工：《文明起源的中国模式》，科学出版社，2007 年；《历史选择中国模式》，科学出版社，2009 年；《中国模式解读早期中国》，科学出版社，2011 年；《中国 DNA——早期中国古礼天下》，科学出版社，2014 年。

目　录

一、求学艰辛　然喜从天降

（登上时代的列车）

上大学，学知识，是我 20 多岁的追求目标，也是求学悟道的朦胧阶段。

1971 年初，我从农村抽调回城，在长春百货公司第五商店钟表组做营业员。实现了由从事农业生产向从事商业工作的转变，由知青变为工人，我的农村户籍换成城市户口。那个年代，没有比回城上班更令人激动和向往的，虽然文化程度偏低，但有个工作糊口，已暂时心满意足。

1972 年我萌生上大学的想法。当时正是“文革”后期，我还有入党、提干等其他的追求，但上大学的愿望更为迫切。那种如饥似渴的求知欲望，同龄人一定能够理解。我在《中国模式解读早期中国》的后记里曾写道，“我的大学之梦是在苦涩的记忆中催生和成长的”。这种苦涩真的是刻骨铭心、记忆犹新。其中，有很多因素与时代背景息息相关，不过，对于尚处在成长过程的我而言，主要的任务还是学习，不能怨天尤人，不能纠结于客观条件，用那时流行的话讲，就是“点儿背不能赖社会，命苦不能怨政府”，有年龄资本就无所畏惧，什么都可以重新来过，汲取经验，知耻而后勇。

1973 年，国内一度掀起工农兵走进大学校园的热潮。那年，在吉林大学外语系任教的母亲，为我找来物理老师张振鸣补习功课。他是长春市中学教师选出的精英，在吉林大学外语系进行“援外教师”的外语培训，母亲教他们英语口语。他非常热心，拿出很多时间，极有耐心地给我辅导。当时，自己感觉进步很快，信心满满。然而，最初的笔试成绩因为“白卷先生”张铁生的挺身而出被作废了，评判成绩的标准改为讲演形式的面试。我初中刚刚读过半年，“文化大革命”就掀起高潮，学校停课了，随后上山下乡。由于文化知识奇缺，社会经验全无，加上参加工作才两年多点，脑子里空空如也。经过补习，参加考试答题还马马虎虎，真让我在众人面前介绍经验，讲柜台服务的辩证法，就真不知道该从何处下手了。当然，是否有人关照虽然很重要，但自身的实力距离大学入门的要求还有相当大的差距却是实情。翌年再度报考，则口试也省略了，是单位直接推荐，真正达到了"说你行，你就行"的境地，如此，上大学就只有依靠比拼人际关系这一条路了。家父为促成此事东奔西走，四处求人，深夜骑车回家时竟跌入下水道井口，摔得头破血流。就是这样努力，力度依然不够强大，上大学的事情再度搁浅。我的父母都是知识分子，教育我上学读书的念头始终未曾打消。母亲沈文郁是武汉大学早期建设者沈祝三的次女，留美华侨。父亲卜国铉是耳鼻喉科医生，2013 年 10 月荣膺吉林大学"中国奠基人"的光荣称号，是中国鼻神经外科颅底外科的开拓者和奠基人。家庭教育是启蒙的土壤，是我成长的基础，他们的耳提面命、真情教诲音犹在耳，时时进入梦乡（图 1–1、图 1–2）！

人生的过程，或时代卷动你前行，或是父辈引领你走过，或贵人助力你超越，纯粹依靠自己的力量拼搏和谋划根本就是胡扯。"文革"期间，我因为家庭出身的关系未能参加红卫兵组织，但也天天早请示，晚汇报，忠字舞随时跳。也从远远的位置目睹过革命小将批斗走资派，造访过真枪实弹武斗前线，目击过打砸抢后的杯盘狼藉；大串联时与同学一起刻图章印袖标，逛过几次京城，受过领袖检阅，还参观过一年一度的广交会；步行串联的玩法也有尝试，从长春刚刚走到锦西，便被勒令叫停。复课之后迎来的是:插队农村，抽调回城；高考突围，走进大学；留校任教，赴日交流；转变观念，南下珠海；入行石化，了解社会；后来，重返文博，著书立说；加盟欧科，贡献余热；期间，也追逐阳光，享受候鸟生活。很少有同龄人拥有这般经历，当然，也包括那些失败和苦楚的记忆，这些都不是故事，而是财富。

我当初的中文基础薄弱，写作和口述表达更是不堪一提。于是，便开始自学中文的语法和修辞，大量阅读相关的文章和报纸，然后读些文学作品和中国历史和地理的书籍。不懂的就由父亲指点和解释。那时，我在钟表组主要负责配眼镜和卖眼镜的业务，闲下来也在板报上写点杂感之类的短文。1974 年，"批林批孔"开始不久，市委财贸办到我们这里抓试点，成立理论小组，单位领导推荐我参加。市财贸办公室蹲点干部王德清组织我们研究《盐铁论》，为我进一步学习古代文

图 1-1　我的父亲母亲

图 1-2　父亲卜国铉语录刻石
坐落在吉林大学南区北苑学生二公寓

献提供机会。为提高文言文能力，我跟长春市图书馆古籍部门的管理员王大爷交上朋友，因此有条件大量阅读中国古代的书籍，当时别人借不到的《前汉通史演义》《东周列国志》《三侠五义》《三言二拍》等我都能借出来，而且没有时间限制，更不用说《水浒传》《三国演义》《西游记》等名著了。包括中央要求领导干部必读的马克思主义六部经典著作我也不止读过一遍。当时感觉难度比较大的是对鲁迅杂文的理解，在家父指导下才逐步取得一点收获。

我们长春市百货公司第五商店是省市财贸战线、商业系统和百货公司的先进单位。省市委宣传部、省市财贸战线、商业系统和百货公司有不少“大笔杆子”在此常驻，几乎是周周有报道，月月出经验。我参加理论队伍后，便被调到政工组，负责写材料，整天与“大笔杆子”们接触，做些服务工作，并提供单位职工的思想和服务质量、经营与销售的情况。所以我必须深入三尺柜台调查了解先进人物的事例和后进变先进的典型，为各种材料准备具体事例和鲜活的人物。由于不断地接触商店乃至更高级别的领导，经常作为记录和整理人参加各种会议，学习的机会越来越多。要跟上“大笔杆子”的思路，必须努力提高自己的能力。没有任何经验借鉴，只能边干边学。那时我全靠死记硬背，反复阅读单位以前的经验材料，达到烂熟于胸的程度，久而久之，开始感悟熟能生巧的道理。

最初，我很惊讶“大笔杆子”们出口成章，各种经验信手拈来，写篇万把字的经验介绍易如反掌的才能，时间长了便懂得了其中的路数。一般来说，写材料要先“捶路子”，如何定题目，分段落，大小标题怎样归纳总结，“大笔杆子”们讨论确定后，由一人口述，再由鞋帽组的杨崧芝大姐做记录。她字迹工整，往往是一稿而成，文章稍加修改，便送去打印。经过几次反复，经验材料便脱颖而出。两年多与他们的亲密接触，多种材料写作经验的积累，谈笑之间的耳濡目染，对我写作和思维能力的训练有着极大的帮助，我的分析问题和解决问题能力迅速提高。1976 年初，为进一步提高我写作水平，五商店党总支书记张有智派我去吉林日报工商组学习了一整年。其间参加编稿、采访等，使我对文字的规范性要求有新认识，写作能力取得长足的进步。更重要的是，此时我已经认识到，写作技巧不是写作的全部，专业知识、基本理论、思想境界才最终决定文章质量。进一步读书的愿望与日俱增。1977 年“大笔杆子”们纷纷离开五商店，单位所有的汇报材料、工作总结和新闻报道就落在我肩上。我虽然“以工代干”，但由于在政工组办公，经常与主要领导一起熬夜写稿件或准备会议发言，发展势头相当看好。

此时，我中文的表达能力，与四年前已经不可同日而语；历史和地理方面的知识也有一定的基础；初步学习和掌握一些政治经济学、哲学、党史等方面的基本知识，马克思主义的经典著作、毛泽东选集一至四卷读过多遍，《共产党宣言》等文章的若干章节都能够背诵。当然，“不理解的在执行中加深理解”也是客观事实。真是应了那句话，机会是为有备而来者准备的。这年的下半年，传说中的高考果然即将来临。

多年未曾实现的梦想，竟然在我工作最顺利、成长最有希望的时候投来微笑。我面临选择。当时我可以留下来继续工作，因为提拔干部的呼声很高，形势大好。五商店总支书记兼总经理张有智了解和欣赏我，希望我留下来。他工作能力强，水平很高，在他手下能学到真本事，进步必然也很快，对此，我心知肚明。我非常感谢单位的培养，可是我更盼望去大学读书。因为，我并不热衷当个万金油式的干部，学习专业性更强的知识课程才是我的理想。我开始初知什么是追求了。

时代在发展，机遇已来临；生活要改变，关键靠选择。面对机遇，父母、女友和孩童时代的好友都力劝我顺应潮流参加高考，一定要拼一下，只有努力过才能不吃后悔药。我的女朋友报考的第一志愿是长春白求恩医科大学，我则根据文科稍强的现状，和处于当年“文革”运动中的余悸，考虑家庭出身需要远离政治的原因，选择吉林大学历史系的考古专业。没料到，在数学考分极低的情况下，竟然如愿考取了吉林大学历史系考古专业。人生的新起点终于在努力中出现！有道是:“有志者，事竟成，枕戈待旦，求学悟道立志向；苦心人，命不苦，天道酬勤，文明模式谱新章。”

现在回想高考真有点后怕：数学是我的弱项，可又是最先考试的科目。那天上午的考试，我手忙脚乱，狼狈不堪，后面的大题基本上是多数不会做，写上的是否正确也没一丁点把握。估计第一道因式分解题有可能答对。下午的语文考试是去还是不去？我真的有点想打退堂鼓，可女朋友冬冬坚持要我不放弃，说你的强项在后面，并用京剧《沙家浜》中的毛主席语录“有利的情况和主动的恢复，产生于再坚持一下的努力之中”鼓励我拼搏到底的斗志。没料到，接下来的语文、史地和政治题目果然都在我知识储备之中，才思变得敏捷，答题越写越顺，用越战越勇形容，一点都不过分。人生坚持的就是一口气！挺过来，不低头、不泄气、不放弃，才能迎来新的改变！

“七七”是个特别容易被记住的数字。在传统文化中有“逢七必变”之说，农历的七月初七是中国古代的情人节；中国人永远不能忘记的还有1937年的7月7日爆发的“卢沟桥事变”，是日本军国主义全面侵华的战争开端，史称“七七事变”。1977年中国恢复高考制度的改革举措和出现77级的大学本科生，同样是划时代的历史事件，是一个崭新时代的开始。对我而言是确定今后的人生方向，走向求学悟道新生活的关键拐点。

考大学不容易，读大学就相对轻松许多。大学的生活只是个过程，没有任何压力，时间多靠自我调理，没有人给你规定应该怎样学习. 读多少书，上大课打盹、溜号老师根本不知道，可能也不想管，学生自己的约束、努力和发挥最重要。不过，我们班上的同学都很认真，刻苦，因为机会难得，时不再来嘛。

上大学时最让人头痛的是外语课。本来中国话就说不全，张嘴就是错别字，现在又要学外国话，真是应接不暇。幸好是学日语，里面有好多汉字，翻译时多少方便些。这门课程对班上同学都绝对是全新的，也是最下功夫的。寝室门外，深更半夜还在走廊里低声呻吟者大部分是在背诵外语，不知情的人还以为我们是外语专业的学生。课堂上，老师不经意的提问，往往由于胶东味日语，湖北味日语，而引起一片笑声，连那位年龄与我等相仿，格外严肃并还算漂亮的女“先生”都忍不住扭过头捂住嘴，憋得面红耳赤。也难怪，她们日语专业的师生完全不了解、也难以掌握胶东味日语的发音规则。殊不知，我们班率先东渡扶桑进行文化交流的使者，正是胶东味日语的“发明人”、老班长王永波。

学习生活日悠悠，不知不觉几度秋。四年的大学生活转眼就过去，知青气息留给我们最大的乐趣就是整蛊老师。外语课的老师，专业课的老师，共同课的老师都领教过我班同学求真务实的刨根问底式刁钻提问。有的时候甚至达到全班集体发问的程度。学生时代真是无忧无虑，乐趣无穷。

同学们说，最难忘的是田野考古的生产实习和毕业实习，感觉最新鲜的是第一次的田野考古生产实习。那真是青春做伴，拥抱自然、拥抱知识的超级舞台，有班上同学作实习之歌为证。

让男生最惊讶的是我班女同学的综合实力太强大了，一共 5 名女生，派 4 人参加 4×100 米接力，历史系能拿第一；选 3 人参加全校 4×100 米接力拿过亚军；推 1 人参加全国书法比赛，便能勇夺一等大奖。难怪其他班级同学瞠目结舌，我们自己都觉得匪夷所思！

同学中坏小子们最盼望的是考试。我班特点是不考不玩，小考小玩，大考大玩。象棋、围棋、克朗棋、扑克都有多种玩法。连宿舍“七舍”学生食堂年轻炊事员们都是我们寝室观战的常客。

我和我的同学最怀念的是青春岁月的深情厚谊；最津津乐道的是第一次参加高考便突出重围，走进大学的殿堂。是运气，是实力，还是鬼使神差？反正泰山不是堆的，火车不是推的，罗锅不是摵的……谁能不珍惜这天赐良机呢？

悟道者说

人这辈子，当命运之神还没有眷顾你，你应该努力表现，撩她心动；当命运之神与你擦肩而过，你需要初衷不改，坚持不懈；当命运之神向你招手，你必须咬定青山，全力以赴。

二、历史转折　令激情回荡

（高考突围的赞歌）

下面这篇文字是2013年我为班级毕业三十年纪念文集《相逢是首歌》作的序。经李陈奇、陈光等同学指正修改而成。所以，此文既是发自我肺腑的感慨，也是全班同学的共同心声。

温梦与思考

1977 年，中国恢复高考制度的举措犹如石破天惊一般震动了世界。此后，改革开放的大潮滚滚而来，势不可挡。一批科技精英，一批学界翘楚，一批企业巨头，一批文化名人因此应运而生。其中的许多人都成为民族振兴的排头兵而家喻户晓，令人瞩目。

是年，全国参加高考人数约 570 万人，录取 27 万人。其中，有 23 位年轻人披荆斩棘，长途跋涉，跌跌撞撞地从同一个方向冲出重围，满怀希望地走进了吉林大学历史系考古专业，实现了他们的大学梦想。多少年过去了，他们从来没有忘记等待的焦虑和录取后的喜极而泣；从来没有忘记四年同窗的手足之情；从来没有忘记个人的前途与国家的命运休戚与共。因此，毕业三十年后便着手编著旨在温梦的文集，他们——就是吉林大学 77 级考古班全体同学。

这个班级的同学无疑都是学业有成之士。其中，不乏专家学者，不缺学术领军人物，但是，他们编著的文集却与以往习见者大相径庭：断然不谈专业，不讲研究，不计成果，不收论文，玩的是清一色的生活记录篇。难道，这便是“无剑胜有剑”的境界？难道，这就是热爱生活的真实写照？

人们不禁要问：他们为什么要特立独行？究竟要表达何种情怀？希望分享哪

些感受？

第一就是抒发豪情。77级的大学生骨子里从来就有一种特殊的优越感和自豪感。他们的生活经历反复证明：强大的对手只有自己，战胜自己、超越自己才能赢得最后的胜利。因此，自信已经成为一种潜意识，不争一日之短长，更不与他人攀高低。当初的高考如此，现在的工作如此，将来的生活依然如此。在今天的中国，77级是历史新起点的象征，是时代大转折的标志，是中华崛起的凯歌。骄傲、荣耀和自豪尽在情理之中。遥想当年，能够进入到77级队伍的考生们曾经付出了多少常人意想不到的艰苦努力？经过了多少坎坷与磨难？现在的许多年轻人，对当年的情况知之甚少，很难全面地了解和深刻地认识那时的高考。因为“事非经过不知难”嘛！

第一难是报考者平均水平普遍很低，基础知识相当薄弱。由于“文革”的原因，大学停止招生多年，高中、初中基本无课可上，无书可读。68届毕业的初中和高中学生实际读书只有半年，就被卷进疾风暴雨的“革命运动”之中。再晚几届毕业的高中生也被“革命”闹得不知所学。所以，当1977年的高考喜从天降，很多年轻人却束手无策。他们虽然风华正茂，但知识却极度贫乏；虽然激情满怀，但脑子却空空如也；虽然跃跃欲试，但成功的希望却极其渺茫。几乎所有的报考者都开始补课、复习和马不停蹄的测验。一时间，举国上下数百万人沉浸在初级知识的海洋中。第二难是淘汰率实在超高。十年“文革”积累的大批学子，竟集于一朝同台竞技，其规模壮观乎？其竞争惨烈乎？ 1977年高考的录取比例仅为4.8%，约为20选1；而以后的2010年957万考生录取了665万人，比例为69.5%；2011年933万人参加高考，675万人被录取，比例为72.3%，当年高考淘汰率之高可谓是空前绝后，其难度自然是不言而喻的。第三难是压力大。现在的考生年龄基本相同，而且年轻，一旦落选还有机会从头再来。可那个时候，有很多对大学渴望已久的人，年龄已经超标，最后之搏可能是在此一举；有的是顶着许多非议报名参考，若名落孙山，真的无颜见江东父老；有的是冒着风险偷偷复习的，完全没有退路；有的人家庭负担沉重，上有老下有小，工作紧张，上班路远，时间、精力包括营养都明显的捉襟见肘。有形和无形的压力往往令人窒息，其条件的简陋和环境的恶劣完全不能与今天的高考同日而语。那个时代的往事，浸透着苦涩、心酸、艰难和泪水。再回首，感慨依旧！

机会从来都优先眷顾那些拥有实力和天赋的人们。这23位同学终于脱颖而出，走进了同一间教室。此刻，他们更珍惜的是圆梦。因为，如果没有这千载难逢的机会，他们中间的很多人将由于家庭没有苦大仇深的经历而难以进入高校；一些人则由于缺乏社会背景而难以争得重点大学的理想位置。抓住了机遇，自然就叩开了命运之门。有道是：人生能有几次搏？面对打拼来的命运转折，谁又能不欣喜若狂呢？其实，自豪感不仅仅是他们自己溢于言表，其亲朋好友无不奔走相告，额手称庆，为之骄傲；连年迈多病的父母都挺直了腰杆，与人打招呼的声音也比以前洪亮了许多。此情、此景、此时光铸就的特定历史瞬间，早已成为77级刻骨铭心的记忆。若无豪情，岂有他哉？

第二是展示精神。也就是班级的集体荣誉感抑或团队精神。刚刚入学的时候，大家很拘束，彼此试探。生疏很快被金榜题名后的努力而迅速淹没。个人的习惯、性格、特长开始在集体中磨合，班级的风格逐步在交流中成长。在学校的运动会上，图书馆的阅览室中，学校板报的字里行间，生产实习的广阔天地里都留下了他们勤奋的印迹。奇怪的是，手谈、笔耕、挥毫、泼墨，只要是中国传统文化的精髓，这个班级总有高手技压群芳，一展风采，令人鼓舞。每个人都将自己的收获视为集体的荣誉，而大家都因他人的成绩引以为自豪。这些积极的社会活动启发的是正确认识自己与他人，带来的是理解和尊重，感悟的是人生的哲理，促进的是集体荣誉感日益浓郁和逐步升华。学习上的刻苦努力，使同学们的研究趣向和重点日渐清晰，甚至有些早熟，理论思维的培养则奠定了日后在中国考古学多个领域创新发展的基础。

人的一生，有很多事情是自己不能选择的。例如，传承的基因，家庭的出身，初识的同窗，时代的列车。但是，当命运将诸多“不能”的因素聚集起来，那就提供了特殊的机遇，特殊的土壤，特殊的环境。加之，那个时代的吉林大学考古专业围绕国家发展和学科进步的需求办学，实事求是，定位明确，建立起一套行之有效的育人方法，特别是注重教育的针对性，以及分析问题和解决问题综合能力的训练。这些如同特殊的润滑剂一样，加速了同学之间的磨合，调动了学习、生活和自理的积极性，从而使得班上每个人的个性得到了健康发展，集体的性格也因此得到了塑造与彰显。

四年的学习生活转瞬即逝。择业的方向因人而异。虽然不是所有的同学都从事考古发掘与研究，也不可能都进高校读研，但他（她）们每个人毫无疑问的都是生活的强者，命运的主人，有的甚至可以称为无冕之王。认真读过本集，你自然能够感悟到此言不虚（图 2–1）。

四年的大学生活，他们究竟收获了什么？李陈奇在恢复高考 30 周年 77 级考古班级座谈会上致辞说道："三十年前，作为新时代的幸运儿我们跨入了大学的校门，更值得庆幸的是，我们能够在张忠培恩师开创的吉林大学考古专业学习，不但练就了一身扎实的考古基本功，而且懂得了如何坦荡面对人生。这是上苍赐予我们的福分，是我们一生享用不尽的宝贵财富。在这个充满诱惑和激荡的时代，我们始终坚守自己的理想与追求。如今大都成为国家考古事业的中坚，以辉煌的成就证明了自身的能力与价值，也是我们青年时代奋发图强精神的延续。这些年，我们都经历了各自的酸甜苦辣、风风雨雨，但最难以忘怀和割舍的是同学之间的友谊。我想，许多年后的相聚不是为了比地位与荣耀，而是因为当年那段年轻的时光，我们曾朝夕相处、形影不离，就连贪玩旷课、吵架斗气都会成为美好的回忆。可以自豪地说，我们 77 级考古是一个友善和谐、活泼向上的光荣集体。那是一段真诚纯朴的时光，是激情燃烧的岁月；更是人生中一份渐行渐浓的回忆，一张记忆中旋律悠扬的经典唱片。究竟是什么有如此凝聚力？是同窗的缘分、同学的情谊，是曾一起度过青春岁月的心中印记，呼唤着你我履行我们青春的约定。平心而论，人的一生中真正难以忘怀的日子并不多，但是我相信，今天，对于每一个在座的同学来说，都将是终生难忘的。我们跨越千山万水，带着多年的思念与牵挂、问候与祝福，在'同学'这个亲切、平等、平凡而又伟大的名词感召下，相聚在一起。这是多么难得，多么值得珍惜！此时此刻，就让事业与家庭暂时回避，功名地位统统忘记；重温充满激情的大学时代，让青春与纯真回归，让友谊与情感放飞！"

这番话表达出吉大 77 级考古班同学的共同心声，所以必须记录下来。这个心声简言之就是：关心集体，重视友情，热爱生活，不改初衷。其实，在如今的高等院校，不同专业的不同班级也都拥有自己的特点，团结、活泼、进取、向上原本就是年轻人固有的风格与秉性。然而，不尽相同的是：吉大 77 级考古班的团结更紧密，活泼更理性，进取更深沉，向上更积极。因为，他们几乎都拥有作为知识青年上山下乡、插队农村的经历，都熟悉基层生活的酸甜苦辣，都被绝处

图 2-1 我班同学和姚孝遂、张忠培、林沄老师合影

逢生的感慨激励和鞭策，都是为了梦想而努力奋斗的拼命三郎。这就是他们说的“初衷”，显然，这也是中国新一代大学生共同的特质与风采，具有改革开放赋予的鲜明时代烙印。

第三是分享财富。20 多个年轻人，四年的摸爬滚打，肯定要擦出很多火花，积攒大批话题，沉淀若干故事；加上后来 30 多年的感情陈酿和努力奋斗，这个班级积累的财富不可胜数。有物质的，也有精神的；有文字记载的成果，也有洋溢心中的情结；有众人周知的友谊，也有心照不宣的秘密；有着眼于当前的研究，也有引领未来的认识。在中国考古学的全局与区域考古方面，在考古理论与教育探索方面，在科技考古的应用与推广方面，在古文字学研究的建树方面，在地方古代文献史的编撰方面，在文化遗产的保护研究方面，在博物馆学的深入发掘方面等诸多方面，他们虽然各自一方，但都能独立潮头，求真务实，冲破禁锢，不断地提出了许多独到、创新、系统的见解，殊途同归地为以后更加深入的研究推开了新的门户，夯实更高的起点。因此，他们很多人都是自己研究领域的学术骄子，甚至是国内一流或超一流的高手。回想那“焚膏油以继晷”的苦读时光，那“直挂云帆济沧海”的锐意进取，那企盼“会当凌绝顶”的壮志豪情，吉大77级考古堪称“雁过留声”，不辱使命。

从1978年3月走进吉林大学到如今，与日俱增的友谊和彼此的关切已然成为他们每个人心中的精神财富。世间没有不散的宴席，人生没有不停的驿站，天空没有不动的云彩，生活没有不变的节奏。现在，他们班上最年长的孙力大哥已经英年早逝了，有些人也开始享受退休的生活，大部分人在近些年将要退休。但是，此生有那么多命运坎坷的同窗好友，有那么多值得回忆的精彩往事，有那么多苦苦依恋的大学情结，有那么多曾锲而不舍的探索追求，尽情地品味这些属于自己的财富，仍不失为非比寻常的快事。所以，他们几乎天天在班级的QQ群里见面，定期聚会，像当年一样意气风发，激扬文字，谈古论今，指点江山，纵横考古，八卦家常。即便是没有视频，也能猜到谁在调侃时必然流露的诡异模样和下意识动作；不论省略多少文字，其弦外之音大家也是了然于心的。真是达到了“没有约定却有默契，没有表白却有感应”的境界。

他们学术方面的造诣和成果已载入史册，他们大学生活的精彩片段将真实地记录于此，他们青春的故事当再现昔日的风采，他们分享的财富属于改革开放的时代。他们既是平凡的布衣使者，同时，又是中华民族新一代的睿智学人。

补记：2020年11月24日，我在吉林大学边疆考古中心讲座的开场白中说，自从吉大毕业就笃信这两句话：一是自古英雄出少年，二是英雄不问出处。当年的同学以及吉林大学一批年轻教师就是凭着这种信念，在张忠培先生的带领下，闯自己的天下，铸专业的品牌。张忠培的教育就是让你有自信、有能力、有办法为中国考古贡献力量。班上同学们的实践证明此言不虚！

悟道者说

每个时代都拥有特定的波澜壮阔、潮起潮落、云诡波谲。能够直面人生，大胆弄潮，砥砺前行，矢志不渝，才是勇敢者的人生。

三、田野实习　展青春臂膀

（考古工地也浪漫）

不同的人对大学经历和印象完全不同，记忆最深的事情也因此不同。大学四年学习生活留给我最深刻的记忆不是课堂上的谆谆教诲，也不在毕业论文的字里行间，而是田野考古生产实习中的摸爬滚打，是青春之歌的畅想与激荡。现在回想起来，还有“青春作伴好还乡”的感觉！

今天，许多高校考古专业都有田野考古生产实习的安排：有的投入大量人力和物力建设教学基地，有的根据带队教师研究取向选择固定遗址连续工作，有的借船出海在他方考古工地安排本校学生实习，有的打一枪换一个地方每年选择不同实习地点等各种方式。吉林大学考古专业初创时，专业创始人张忠培先生为提高教学质量，创造品牌，着力在加强队伍建设、精心安排实习和不断扩大学术影响三个方面下功夫。1976 年湖北纪南城考古会战他带学生做收尾工作后，逐鹿中原，参与重大课题研究的渴望愈发强烈，驱动着他逐渐将吉林大学生产实习的地点向中原靠拢。因此，1979 年和 1980 年，在苏秉琦先生的建议下，张忠培先后在河北张家口和山西晋中地区建立了两个教学基地区。两个教学基地区均由年轻教师负责，贯彻他的教学理念和学术思想。这种看似简单的教学安排，实际上蕴含着他对中国考古学全局的战略思考，对吉林大学考古专业未来走向的科学定位，对参加重大课题研究的基本构想。后来，吉林大学考古专业成功发展，国家社会科学“七五”规划的大课题在两个教学基地的落实，特别是吉林大学考古专业毕业生走上用人单位的事实证明，他的选择具有科学预见性，完全符合形势发展的要求，适应了当时中国田野考古学教育的客观规律。

这个战略布局不仅对 77 级考古同学是崭新的，对负责教学的年轻老师来说也是全新的，充满理想的同学们能否适应艰苦生活的磨砺和野外发掘训练的锤炼？我们班就是在这种背景下于1979年下半年开赴河北蔚县筛子绫罗村的考古工地，开始了我们二年级下学期的田野考古生产实习。兵马未动，粮草先行。我因为是历史系学生会生活部长和班级生活委员，比其他同学先行一步，独自一人先去河北蔚县的考古工地，与指导教师张文军会合，做大部队到来的前期准备工作：租房间，买炕席，买日用脸盆、桌椅、马扎，买文具类的橡皮、铅笔等很多备用物品。我是坐火车从长春到北京，然后在农业展览馆附近换乘长途汽车，颠簸了大约10个多小时以后才到蔚县城里。再走20多里路才看到将要安营扎寨的筛子绫罗村。那里的破旧、贫穷和封闭，比我1968年插队的吉林省农安县的情况更加糟糕，村民很少见到外来的陌生人，非常好奇，经常像看动物园里的猩猩一样围观我们。情况完全超出我原来的想象。

生产实习的主旋律当然还是田野考古知识、方法与技能的训练。田野考古最基本的功夫是认土，从土的颜色和质地等方面区分文化堆积的层次和遗迹现象的存在与否。需要对遗迹单位的立体形状有概念，将平面与剖面结合起来进行观察，做出判断。这种能力的培养依靠经验。筛子绫罗遗址的土色相对难以区分，张文军、陈雍、孔哲生老师都是田野考古的高手（后来都是国家文物局田野考古领队培训班的教官），他们认为能够区分堆积层次的部位，我们学生往往看不出来。所以，生产实习之初，很多同学包括我自己不是很相信老师讲的道理，对他们区别土质土色的感性认识更是半信半疑。倒是后来陆续发现若干大型袋状坑等遗迹，我们才逐步理解他们强调的田野考古学内容。

吉林大学考古生产实习一般都分两个阶段。第一个探方就是第一阶段，实行“2＋2”方式，即学生民工各2人，是熟悉探方、学习发掘理论与技术的阶段，为便于管理，每探方还设方长一名；第二个探方是“1+2”方式，1名学生加民工2人，独立操作的阶段。我和女生于可可分在同一探方，时至今日她有时还称我为老方长。但是，这第一个探方的工作该同学做得多些，我因经常去粮站而工作甚少。这个探方没有发现重要的遗迹现象，可是，越是这样就越是难挖，要一层层地从上而下地刮到底（若有比较深的灰坑等遗迹现象发现，反倒是好挖。清理完的遗迹，能够提供有深度的剖面观察探方堆积的具体情况）。遇到这种情况会产生失望，令人想到前几届同学“考古，考古，抬筐挖土”的调侃。

但是，相邻探方遗迹现象的发现，大量陶器和精品小件标本的出土，让我们对包含有文化堆积的土壤有了进一步的理解，对它的感觉，对它的神奇变化，逐步产生兴趣和认识上的飞跃。当时，老师们都亲力亲为，白天动手铲，晚上对陶片，榜样的力量是无穷的，无形中感染、启发和带动了学生（图 3–1）。我们的动手能力、兴奋点、情绪等不知不觉都发生巨大变化。分析陶器的热情，观察遗址整体的意识，调动民工的能力自然也有提高。那时候，张文军老师负责工地的管理，对遗迹现象的确认，对民工的作息时间的管理、对发掘经费的精打细算都给我等留下深刻印象。张文军 1954 年生，河南郑州人。田野功夫了得，在吉大素有“天下第一铲”的美誉，张忠培先生等许多老一辈考古学家公认他田野发掘水平高，曾是国家文物局田野考古领队班的教员与考官。他管理考古工地相当投入，尽心尽力，事必躬亲。精打细算、一丝不苟的严格程度更是达到不近人情的地步。他将一块橡皮

图 3-1 在筛子绫罗遗址与王巍同学（右一）观察陶器

分成几半，记录遗迹的米格图纸数量都要登记，民工的迟到早退、消极怠工会遭到严厉批评，这些事情我等看在眼里，记在心上，成为日后管理考古工地的榜样。他对学生安全考虑最多，这是我们未曾料到的，又是禁止游泳，又是不让爬山，与班委会意见屡有分歧。我们班级挺团结，学习没说的，特别认真；就是爱玩，加上知青的习气浓郁，独立性强，组织纪律性相对较差。说去爬山，张老师也管不了，说去打球，发掘工地上就剩下几位指导教师。现在想起来，真是难为几位老师，被我们整蛊得哭笑不得。

另一位指导教师是陈雍。他与张文军老师是同班同学，但风格迥异，率性随便，容易接触。他家学渊源，才思敏捷，知识面宽，什么都能和你聊。就是现在班上同学还不时请教他问题。发掘期间，他坐在关键柱上同时可接待四个探方八位同学的询问。他文献能力很强，对沾满灰土的陶片也非常重视，这为我们始料不及。我们逐渐发现，吉林大学考古专业的传统不仅仅是讲艰苦奋斗，还强调实事求是，严谨认真，活跃思想，而田野考古生产实习的真实意义就在于这十六字中，那些划分遗迹现象的规律，拼对陶器的技巧，管理考古工地的要求，对资料认识的敏感程度，都是从事考古教学和科研工作所必备的看家本领。第一次的田野考古生产实习之所以重要，就在于第一印象的深刻。仿佛是在白纸上作画，先打的底色就是基础。蔚县筛子绫罗这样的遗址，对我们 77 级而言，是千载难逢的机会，虽然我们都有农村生活的经历，吃过苦，卖过力，但它还是给我们上了生动一课，让我等真正认识了国家的贫困地区究竟是啥模样，在这种地方搞田野考古应有哪些思想准备，发掘工作必须注意、必须坚持、必须兼顾哪些问题。

张忠培先生组织吉林大学田野考古教学的目标不是培养发掘技工，而是培养田野考古发掘现场的组织领导者，考古学文化遗存研究的探索者，中国考古学理论创新发明的贡献者。田野考古学是读懂地下天书的唯一途径，是从事考古研究最基本的功夫，在复杂的文化堆积中捋出年代早晚的头绪，搞清不同遗迹单位的关系，正确认识堆积形成的过程，以及文化遗存的性质与变化，不仅需要眼力、手感和经验，更需要理论与方法和形象思维与逻辑思维。只要是学习的有心人，定能够悟出其中的道理。这便是生产实习的意义所在！

野外的生产实习中，伙食的安排往往是大家关注的焦点，处理不好容易引发矛盾。我的责任就显得很重要了。我与学校食堂来的炊事员王官潮同住，其他的同学住在老乡家中，大部分是 4 人一屋。我住的地方比其他同学要宽敞些。因此，有来访的专家老师会在我那里挤一挤。我们的粮食要当地人民公社粮站供应，每人的分量只有百分之三十是细粮（即大米或白面），其余以玉米面为主，间有小米。学校规定教师田野日补助金额 0.80 元，学生的是教师的三分之一，日补助金额为 0.27 元人民币。这伙食明显很难办，既是无米之炊，也是无钱之宴。不论学生还是教师根本没有选择，不似今日若不满意工地上的伙食甚至还可以叫外卖。好在贫困地区的物价更低，多动脑筋，办法一定有。这就叫天无绝人之路。谁都知道不辱使命的道理，再笨的人也知道机不可失，失不再来，只有把伙食办好，我们的实习生活才能真正安定下来，才有实习生活的快活和乐趣而言，才有稳定教学效果的实际意义，大家才会印象深刻，受益终身。我只有努力去闯，关键是要有真诚服务的心态。

历史赋予我表现的机会。只有抓主要矛盾才能解决其他矛盾，增加细粮才是改善伙食最关键的环节。因为增加伙食补贴是不能指望的事情，细粮多了，菜差一点还能说得过去，如果菜没什么油水，光吃粗粮很难下咽，而且还容易大便干燥。特别是那些来自长江流域的南方同学，对细粮的要求更强烈。所以，我把主要精力放在对粮站的公关方面，在粗细粮的调剂上下功夫。20 世纪 70 年代，国家物质匮乏，生活水平低下，教育又不受重视，去粮站若说自己是学生，可能就没有人待见你。所以，我谎称自己是国家文物局干部，正带领吉林大学师生在此发掘，因为南方人多，要申请细粮。我去了几次，不卑不亢逐级拜访领导，终于将大部分粗粮都换成细粮，同学们不用再啃棒子面的窝窝头，部分小米虽是粗粮，但用来煮粥大家还是可以接受的。我虽然只是大二的学生，可出身农业战线，又在商业行业浸泡多年，善意的谎言对我来说并不很难，加上浓眉大眼的形象，一看就是革命干部的模样，办起事来总是顺风顺水。

细粮的问题解决了就该考虑饭菜的调剂。学校饭堂的炊事员王官潮同志很有经验，多次参加考古工地的发掘。我主张“好钢用在刀刃上，吃几顿好的，大家的印象能深刻”的提议他非常赞同，因此，我们平时尽量节省，集中伙食费用在改善的时候，用现在的话说，村里的鸡是走地鸡，水库的鱼是纯生态的，都是我们大快朵颐的对象。同学们看到有物美价廉的鲜货就来唤我，这个时候必须做到有求必应，满足同学的要求，因为这伙食是大家的嘛！但尽量减少计划外开销也是我既定的方针，只有这样才能避免寅食卯粮。不当家不知柴米油盐贵，不是谁都能够理解我的苦衷。在那个年代，实习学生的生活再艰苦也比当地村民好很多。况且，老师和同学们大都是知青出身，经历过艰苦的生活，能够适应更恶劣的环境，他们对村里的情况比较了解，住在这样穷困的地方，能吃饱就不错了，因此，偶尔的伙食改善令大家感到十分解馋，印象深刻，对伙食基本没有意见，如此，老师们也就省心了。张忠培老师每来发掘工地督导实习工作，都要查看我的伙食安排，顺便检查伙食账目的管理，总是叮嘱我不要丢失单据，等等。陶醉在实习生活的我却并没有察觉到他的特殊关注，就是感觉他和蔼可亲，愿意在他身边，听他讲课。后来他提出的“实事求是，艰苦奋斗，严谨认真，活跃思想”的十六字方针，在这次实习中我已经有所感悟。

由于经常去粮站，发掘的事情考虑得就相对少些。但给了时间和空间去观察班上男女同学摩擦情感的火花。因为我属于“双卡双带”，即带工资和女友上学的大龄青年，与班上老大哥孙力一样处在局外人的位置，自然有旁观者清的优越感。

青春是首歌。走出校门的生产实习为浪漫的歌曲增加新鲜的内容。几乎所有拥抱大自然的实习活动，都能极大地刺激荷尔蒙的生长，不论哪一所学校，不论哪一个专业，不论是本科生还是研究生，异性相吸的定律在大自然的怀抱中越发释放超乎寻常的魅力。哪有少女不怀春，哪有少年不多情？人之常情嘛！物质条件的匮乏，生活环境的艰苦，枯燥的重复性工作都难以消磨同学们的激情。我们班的傅佳欣说得好：“枯燥的生活压不住我们青春的激情，破旧的服装遮不住我们婀娜的曲线。那时候，我们常感到青春的躁动，那时候，我们常幻想恋爱的体验。”很多同学清早手捧古诗，在探方里喋喋不休，让才华尽情地外溢。指导老师都觉得奇怪：没听说你们在学校如此用功？公开约会的、私下写条的、言语暗示的各种交流表达与日俱增的频繁。三十多年过去，那些曾经眉目传情、秋波闪闪者如果现在回想当初的忘情，大概依然能感觉到当初心跳加快和脸上的绯红；话里有话、没话找话者并不悔恨当年的冲动和年轻的唐突；主动出击、坚持不懈者总有机会庆幸胜利“往往产生于再坚持一下的努力之中”。不过，暗恋不是初恋的道理当初就未曾论证清楚，乃至于那种情愫直到今天依然在言谈话语中流淌。初恋的时候我们真的不懂爱情，单相思何以成初恋？正是“此情可待成追忆，只是当时已惘然”。那几位不知道情为何物的坏小子们，只能将充沛的精力耗费在夜半三更去河边捉青蛙的活动中，静候美好时光悄悄地到来，当然，也免去了许多少年维特之烦恼（图 3-2）。

时间一晃就是半年。实习的后期是去张家口整理资料，然后，进北京参观，听专家讲课。著名考古学家苏秉琦先生亲自给我们讲考古学文化的区系类型，这是第一次见到他老人家，深邃的思想，深入浅出的讲授，使我等肃然起敬。此后，我始终关注他老人家的研究，特别是“华山玫瑰燕山龙，大青山下斝与瓮。汾河湾旁磬与鼓，夏商周及晋文公”的诗句，更道出了礼器与中国古代文明的特殊关系，成为我日后研究的新起点。非常充实的田野考古生产实习经历，促成了我班同学刘钊、王巍创作出《考古队员之歌》，记录在班级的文集《相逢是首歌》中。

图 3-2 筛子绫罗生产实习后部分同学合影

多年以后，同学们还深深感叹那次田野考古生产实习对从事考古工作的巨大影响。概括起来：一是粗知田野考古发掘的基本程序、环节、方法、理论和技能。二是了解到田野考古堪称中国考古学的基本功，对于考古学研究具有特殊重要的意义。三是对吉林大学考古专业艰苦奋斗的精神有所感悟，知道怎样去搞考古。四是指导教师亲力亲为的动手能力、一丝不苟的认真精神、高度负责的科学态度成为日后工作的榜样。田野考古教学是吉大考古的特色，毕业后的同学都能够在工作单位较快适应环境，迅速进入角色，是严格的田野考古教学训练的必然结果。但班上有些同学还在思考，如果当时的生产实习能在组织考古理论的教学方面更系统，在考核标准方面更具体，在管理方面根据学生的实际情况提出更富针对性的办法，就更好了。当然，这是后话了。

悟道者说

当年的田野考古实习工地是操场、靶场、战场，也是情场。那里，有爱情的种子、考古的种子和希望的种子；有刺激身体发育的荷尔蒙；也有消化考古理论的胰岛素；更有张忠培先生治学精神的DNA，悄然融入我等的血液之中。

四、仙人指路　当永志不忘

（我爱导师张忠培）

仙人指路，本是中国象棋开局的一种招式。指红方的第一步为兵三进一，或兵七进一，也引申为高人指点迷津。这里，高人是我的导师张忠培先生。

我曾说过，一个人的成长，一种新的认识和观点的提出，需要诸多学科众多资料的支撑，需要长期知识经验的积累，需要调整思维方式和观察问题的角度，需要良好的学术氛围。有了这些条件，相当于万事俱备，还只欠东风，这个东风就在于是否有人器重你、栽培你、任用你。否则，纵然你具有极好的潜质，或天大的本事，也无用武之地，不能成材，只能哀叹“冯唐易老，李广难封”。能遇到高人，就是机遇，而非机制。人生的选择是很多的，最重要的是遇到好的导师、终身的伴侣和朋友，因为这些关系到学术生涯起点的高低，一生的幸福，情趣的培养，思想交流的环境和平台。专业并不重要，行行出状元嘛。但是，一个人的一生能有几次机遇光顾呢？

前面说到的田野实习是我人生的拐点。因为吉林大学考古专业的负责人张忠培先生看中我的实习表现。在大学毕业前一年，他直截了当地说有意让我留校任教，那语气似乎没有通融的余地，其分析绝对算是深入骨髓。不过，最令人折服的还是他的人格魅力。我信任他，也知道自己有实力，跟随他学习能够成为与众不同的、拥有独立思想、能够创新发展的学者。事实证明，他和我的选择同样都是正确的。我曾经在《文明起源的中国模式》后记中问过：我的老师，拿这本书回报您，成吗？那绝对是发自心底的声音。

了解我的老师，需要回顾吉林大学考古专业成长的历程和他的历史性贡献。现在的吉林大学考古教学在国内高校中已经名列前茅，不论是三峡文物保护工程，还是南水北调这些国家重大文物保护项目，从该校毕业的考古领队都占到三分之二左右，足证其田野考古的实力和学生专业思想的牢固。吉大的学生有三个显著的特征为考古界所称道：一是田野工作的能力强，二是艰苦奋斗的作风硬，三是尊师重教的情谊浓。不论走到哪里，不论年资相差多少，只要是这个学校出身的人相见，就有格外亲切的感觉。他们的言行中流露着一种劲头，表现着一种风骨，洋溢着一种精神。然而，很少有人深究那是一种什么精神。

说起张忠培先生，许多业内人士自然会想到吉林大学考古专业的创始人、北京故宫博物院的院长、中国考古学会的理事长等众多荣耀的光环。他在考古教育、学术研究和文物保护等多条战线拓荒进取的传奇经历，曾经是后学津津乐道的重要话题，他每到一处，都创造出精彩与非凡，展现出魄力与勇气，闪烁出思想与智慧的光彩。这些是人们感叹、崇敬和佩服的真实原因。

1934 年，张忠培出生于湖南长沙一大户人家。自幼见多识广。1952 年，考入北京大学历史系考古专业。后师从苏秉琦、林耀华两位大师攻读副博士的课程。20 世纪 60 年代初，他从北京大学研究生毕业后，只身到关东闯天下，在吉林大学历史系工作。1973 年在他长期的酝酿和李木庚先生（原吉林大学副校长）的鼎力支持下，创办吉林大学考古专业。他为广大的师生构筑了一个可以纵横驰骋、展示才华的舞台，为吉林大学扩大传道授业的场所，为后来者开辟出一个可以使他的思想循环往复、流淌不竭的空间。当时，这个专业中有著名的古文字学大师、先秦史大师和东北史文献大师等重量级人物，而纯粹搞田野考古的只有初出茅庐的他。要把不同方向的研究队伍、不同学术风格的学者、不同社会关系的各路诸侯组织在一起，需要磨合，需要和谐，需要驾驭，领导者必须有思想、眼光、智慧、品德、帅才、魅力。否则，文人相轻，那就是一锅粥。实践证明：时代与任务所需要的一切条件他都具备了，他脚踏实地完成了历史赋予的重任，而且做得恰到好处，天衣无缝。

真正是“十年磨一剑”。到了 1983 年，吉林大学考古专业已经颇具规模，而且，特点鲜明，毕业的学生深受用人单位的好评。1970 年以后，全国大约有 12 所高校开办了考古专业，起步的条件基本相同，创业时期的艰辛大致相若，吉林大学能够很快脱颖而出，就是因为吉林大学有了张忠培！直到今天，他的办学思想和理念始终在发挥作用；许多教师还坚定不移地贯彻他的教学理念；他倡导的“实事求是，艰苦奋斗，严谨认真，活跃思想”的十六字方针仍然一届又一届地在学生中传咏。张忠培先生的考古教育独具特色，他不仅仅是传递知识、教授理论与方法，更给人以自信、自立和自觉的勇气。其效果绝对不是用硕士生和博士生的数量，或者是毕业生科研成果的多寡所能够计算的。他真的不愧为吉林大学考古教育事业的奠基人和缔造者；无愧吉林大学考古教育之魂的美誉！

1987 年他调离吉大，到北京故宫博物院任院长。光阴似箭，一晃 30 年过去，他的办学思想，提倡的精神始终在发挥着作用，许多教师还坚定不移地追随他。他是吉林大学考古教育事业的奠基人和缔造者，是吉大考古教育之魂。在祝贺张忠培先生七十寿辰的酒会上，他的学生之一、时任故宫博物院常务副院长李季先生的精彩演讲道出在座百余人，也是吉林大学所有考古学生的心声，那就是，张忠培先生培养、影响和感动的不仅仅是一代人；不论走到哪里，不论是哪一届的同学都可以骄傲和自豪地说，我是吉大考古专业的学生，张忠培是我们的老师。

20 世纪后半叶的中国考古学被誉为“中国考古学黄金时代”。这个时期，国家由弱变强，民族复兴的伟业扬帆起航，使得中国考古学迎来天翻地覆般的发展机遇：重大的考古发现层出不穷，崭新的学术研究空前活跃，有特色的理论横空问世，造就出整个学科的脱胎换骨和欣欣向荣的巨大变化。不断走向成熟和发展的中国考古学甚至于最终改变了自己的学科地位。“黄金时代”大致分为前中后三个阶段，前一阶段自然以夏鼐先生的研究为代表；第二阶段以苏秉琦先生的研究为代表，第三则是后苏秉琦的阶段，而其传承与发展的引领者，无疑首推张忠培先生。

1987 年张忠培先生调离吉林大学，去北京故宫博物院出任该院历史上的第四任院长。这个历史的机缘和身份的转变一方面开始了他在新的、陌生而又复杂的领域拓荒的征程；另一方面也将他推到文博战线的前沿。作为国家文物局专家组成员直接参加国家重大项目文物保护工程方案的修订、审议和督察。三峡工程、南水北调工程中文物保护都倾注着他的心血，中国的世界文化遗产名录和中国十大考古新发现的评审都记录着他的献言建策。他坚持亲力亲为实地考察的原则和始终如一的实事求是的作风，在处理各种纠纷和疑难问题方面，往往一语中的，切中时弊，同时又能够提出解决问题的有效方法，充分体现出既重视经济建设，又重视文物保护；既有利于经济发展，又有利于文物保护的大局观，因而赢得了国家文物局乃至于各地文博单位的信任和尊敬，也让施工单位感慨和敬佩。

在故宫，他上任伊始，就展示出特别善于化解矛盾的能力，能够因势利导地将不利因素转化为有利因素。一个潜入故宫偷盗的未遂事件、一个火灾的隐患便促成了他提出一整套故宫安全制度的改革方案。其中包括规章制度的建立与健全，岗位责任的明确，加大故宫引进大学毕业生的步伐，提倡研究先导的理念，等等。至今，许多那时和后来被引进故宫的大学生还能够感受到那些措施的影响、作用和意义。他将故宫的安全看得重于自己的生命，要把故宫完整地交给后代，传承下去是他坚守的信念。每逢事端，勇于担当，挺身而出且义无反顾，展现出铁肩担道义的大师本色！

光阴荏苒。2008 年，张忠培先生出任中国考古学会第五届理事长。此时，全球一体化的速度不断飙升，新的国际浪潮此起彼伏，前所未有的课题接踵而至。在我国的文化领域，尤以文化遗产保护事业的形势和任务更为紧迫。中国是世界文化遗产保护公约组织的缔约国，如何在新形势下加强考古学科建设，进而积极推进中国的文化遗产保护事业，自然成为他认真思考的重要课题。因为，如何处理考古学与文化遗产保护关系的课题关乎中国考古学的未来走向，关乎传承与发展中华优秀文化的基本理念，关乎中国在国际上的形象。他多次明确强调，不论世界格局如何变化，中国考古学都要坚定不移地高举苏秉琦的旗帜，坚持用区系类型的理论指导，实事求是地研究中国古代文化遗存。他反复强调要切实地维护《中华人民共和国文物保护法》，将考古工作纳入文物保护体制中去。他说："所以须如是为之，是因为文物是认识历史和传统文化的基因，也是考古学赖以生存和持续发展的根基，进而言之，历史与传统文化则是生长和实现文化创新的土壤，而考古学不仅能释读文物所体现的历史及传统文化，且能激活传统文化，具有实现以史为鉴与古为今用的功能，乃是化传统文化为文化传统或将传统文化转化为新文化的重要工具。故保护文物，就是保存历史，就是保护传统文化，就是呵护生长和创造新文化的基因和土壤，也是维护考古学生存和持续发展的根基。所以，将考古工作纳入文物保护体制之中，不仅是考古学的光荣使命，也是考古学追求自身持续发展乃至生存的题中自有之义。"[1]

这些高瞻远瞩的论述，及时地为中国考古学新发展指明前进方向。在经济发展浪潮的推动下，有些地区的文物保护单位遭受破坏，根据中国考古学的实践经验，他多次呼吁加强对大遗址的保护是当前工作的重中之重。他主持的五届中国考古学年会都是紧紧围绕大遗址保护的重大课题而设计。他多次代表国家文物局巡视和处理复杂案件，以 70 多岁的高龄深入许多山高水远的地区调查研究，指导工作。他的足迹遍布大江南北，身影洒满长城内外。写张忠培与良渚、张忠培与内蒙古地区的原始文化、张忠培与陕西考古、张忠培与仰韶文化的文章屡见不鲜，更是他为文化遗产保护事业殚精竭虑、奔走呼号的生动写照。有位文博系统的知名人士曾评价说，“张忠培先生是中国考古学家中的理论家，是理论家中的思想家，是思想家中的战略家”。

其实，他更是一位出色的传承发展中华优秀文化的社会活动家。复杂坎坷的人生经历和善于理论思维的能力造就出张忠培先生成果累累、贡献繁多和引领时代的显著特点。他素以认识的深刻、观点的新颖、论证的精辟、逻辑的缜密而在中国考古界独领风骚。仰韶文化是中国考古学自诞生以来亟待解决的第一大课题，因为关系到中国古代文化是否独立起源的根本性问题。当时，按国外学者的看法，该文化存在西来的倾向。“西来说”始终受到中国学者的抵制。1954 年陕西西安半坡遗址的发掘，提出仰韶文化半坡类型的概念。但该类型的内涵并没有清晰的界定，同仰韶文化一样是包含了不同时期不同性质遗存的混合体。于是，张先生便迎来了他出道后首次具有决定性意义的大战役。1958 年他主持发掘了陕西华县元君庙和华县泉护村两处古遗址，组织了华县、渭南古代遗址调查与试掘。细致科学的发掘，严格的类型学分析，确立了两遗址遗存分期的标尺。这个标尺厘清半坡文化小口尖底瓶、夹砂陶罐等器物的演变规律，从而明确了该文化基本的发展过程和标型器物的演变规律，是认识半坡文化分期与文化性质的重要依据。包括张先生在内的很多学者，之所以在后来的研究中能够正确分析仰韶文化的复杂成分，彻底驳斥“西来说”的影响，华县元君庙和泉护村遗址的发掘与研究功不可没。从这个意义上讲，张忠培先生对半坡文化研究的贡献具有特别重要的意义是中肯而实事求是的评价。

首战获胜，并没有令张先生陶醉和懈怠。他犀利的笔锋早已深入到半坡文化社会结构的更深层次。那无疑是个崭新的课题，是具有崭新增长点的辽阔领域。而那个时代，关于考古学文化面貌、年代与性质的研究还刚刚兴起，深层次的研究几乎无人问津。然而，当学术界还在欣赏和品味他关于华县元君庙母系氏族与家族精辟论述的时候，张先生却又提出“母权制时代私有制的考古学观察”。

对于长期以来，一直认为中国新石器时代属于原始社会的中国学术界，这简直是一个完全不能接受的命题：原始社会哪来的私有制？经典作家早就说那是原始共产主义。张先生语出惊人，但有理有据，无懈可击。这些研究标志着他自觉地与单纯物质文化史研究倾向的决裂，而向史学研究的更高层级挺进。而后，张先生发表关于中国田野考古学理论与实践、考古学文化的谱系结构、中国古代文明起源等多个课题的系列文章，独树一帜的理论体系已然完善和丰满。其中，张忠培的文明论最能反映他轻车熟路驾驭考古学、民族学和先秦文献等多学科材料的能力，最能体现他实事求是表述唯物史观的天赋。1994 年他从良渚文化的年代与文明特征入手，形成《考古学视野下的中国国家论纲》。他认为：现代中国是历史中国的发展。现代中国是以汉族为主体的中华民族国家，现代中华民族是以汉族为主体的中华民族，现代中华民族文化是以汉文化为主体的中华民族文化，现代中国的历史是以汉族为主体的中华民族历史。这四个“现代”形成于秦、汉，在西周已初具规模，可以溯源于新石器时代。中国古代文明时代起自半坡文化时期。庙底沟文化时期已进入父系氏族时代，社会发展极不平衡。有的考古学文化，已实行父权制；有的已进入英雄时代。两类新石器时代文化与两类文明社会。两类新石器时代文化即渔猎—采集型新石器时代文化和种植农业型新石器时代文化。采集的发展，导致谷物生长规律的发现，这一发现，导致产生种植农业。以种植农业是否成为居民食物的主要来源，将这类新石器时代文化分为两个阶段。当种植农业成为居民食物的主要来源时，则踏上了走向文明的旅程。种植农业型文明才可能演变为工业文明，工业文明才可能转化为信息文明。两类文明社会即牧业型文明与农业型文明。应理解和沿着“国之大事，在祀与戎”的思路，探索中国文明或国家起源、形成及其旅程，中国古代以来的国家形态的发展顺序是：神王之国（良渚、西阴），王国（龙山时期、夏商和西周时期），帝国（秦汉以来），党国（现代国家以党治国）。

在当今中国学术界尚拘泥于 5000 年的时光来讨论中华文明时，张忠培先生的视野却早已投向距今 7000 年前；当学术界还为文明标准困扰的时候，张忠培先生明确指出种植农业成为居民食物的主要来源时，则踏上了走向文明的旅程；当学术界还在空泛地议论社会复杂化倾向的时候，张忠培先生语重心长地告诫要抓住“枪杆子和笔杆子”，沿着“国之大事，在祀与戎”的思路才能推进中国古代文明起源的研究。这些观点新颖、尖锐、深邃，有的放矢，可以验证，其理论意义已经远远超出了考古学研究的本身，是他理论贡献和思想高度的集中代表，更是指导中国古代文明研究的经典之作。

近年来，张忠培先生更加注重对老一代考古学家思想和认识的解读。其目的就是为了推动中国考古学传承精华，走向未来。在纪念梁思永先生发掘昂昂溪遗址 80 周年之际，在纪念李济发掘西阴村 90 周年之际，在庆祝宿白先生九十寿辰之际，他都发表了情真意切的、意义深远的演讲，他所表达的核心思想集中起来就是阐发前辈的贡献，解读其历史与现实的重要意义，号召有志为中国考古学献身的青年认真学习老一辈考古学家的优良品质，从而推进中国考古学进一步的发展。

张忠培先生对于中国考古教育的贡献，对于中国考古学研究的贡献，对于文化遗产保护事业的贡献，归根结底是对传承优秀的中华文化，促进民族复兴和国家发展的贡献。对此，他的认识既明确又深刻；他的行动完全出于自觉的意识；他的境界在当今的中国考古学界尚无人企及。

在人类历史的长河中，始终有两个轮子在支撑和平衡生命的延续和社会的发展：一是传承，一是创新。对于拥有近万年灿烂文明的古老国度而言，传承与创新同样重要；两者相辅相成，相得益彰。失去传统，则无根基，没有创新，何来发展？中国自古以来虽重视传承，然而，至近代落伍于西方强国，其原因之一就在于传承与创新的失衡。尤其受“文革”的冲击，中国文脉的传承体系遭受重创，一批大师与巨匠独立潮头，力挽狂澜。张忠培先生在夏鼐、苏秉琦等中国考古大师谢幕之后，擎起传承与发展中华优秀文化的旗帜，及时论证和回答学科发展的症结课题，不愧为中国考古学黄金时代的佼佼引领者，其深远的历史影响必将随着时代的推移而越发光彩夺目！

自 1979 年中国考古学会成立以来，张先生曾先后担任 34 年理事，19 年常务理事，9 年副理事长和 5 年理事长。2013 年张忠培卸任理事长之后比以往更加忙碌。既要完成几本大型考古报告的审核，又要整理自己过去的论文；既要参加各类评审会议，又要奔赴外地调研讲学；既要接待学生、同行不断的造访，又要回复亲朋、好友书信的咨询。他的时间总是排得非常之满；他的目光始终密切注视着未知的前方；他的思绪从来都萦绕于传承与发展的伟大事业。

我真不敢冒天下之大不韪，也不知道应该怎样评价自己的老师，但他追求真理、直面人生的精神，在中国考古界有口皆碑；为了考古和教育事业勇于牺牲个人和家庭的利益，大家有目共睹；他关心学生胜过自己的家人，许多人都感激涕零。今天的吉林大学，不论是考古教学还是科研的基本班底，包括师资的结构与专业、科研的方向与布局都是他当年精心设计、苦心经营的结果，很多是以他的人格魅力铸就而成。

公元 2017 年 7 月 5 日上午 9 时 40 分，故宫博物院前院长、国家文物局专家组成员、中国考古学会前理事长，授业恩师张忠培先生在北京逝世，享年 83 岁。噩耗传来，震动中国的学术界。有媒体说“他带走了一个考古时代”。一时间网络、媒体争相报道，先生工作过的地方纪念文章纷至沓来，社会各界花圈挽联规格之高尤其令人深思。人间如此悲痛，说明先生的事迹广为人知，其社会影响力相当广泛，远远超出文博领域，他的逝去是国家与民族的巨大损失！

我是吉林大学历史系考古专业 77 级本科生。认识和追随他 40 余年。深知先生是指点江山、创造历史的一代宗师，早已走出狭义中国考古学的范畴。所以，缅怀文章取题为《仙人指路，留丰碑无数》。

回想 1981 年初，我人生重要的机遇来临。大学毕业的前一年，张忠培先生找我谈话，主题是希望我毕业后留校工作。他先是表扬我 1979 年在河北蔚县田野考古生产实习时表现得好，办伙食，管账目，没让指导教师操心，看上去大大咧咧，实则粗中有细；吃苦耐劳，不像是有知识分子家庭背景。张老师这样一说令我想起许多事情，原来，张先生早就在观察我们班上的同学，物色留校人选更注重考古实践的表现和为大家服务的意识。他话锋一转，希望我留校工作。可是我却想报考他的研究生，学些真本事。他坚持说：留校更有发展，许伟、陈雍、张文军（等老师）不是更好？“我的第一考虑从来都是办专业优先，如果你同意，就分槽饲养，派你去个新地方——山西太谷的白燕遗址参加毕业实习，可能会有意想不到的收获。”那语气没有通融的余地，分析绝对是深入到骨髓，令人折服。直到今天，那番话还时常萦绕在耳际。我知道跟随他学习能够走上与众不同、拥有独立思想、能够创新发展的学术道路。那年的春天，我和于可可、邢颐两位同班女生登上开往山西太原的列车，开始为期一年的毕业实习。由此，先生将我推上一条从战争学习战争，从实践走向理论，从材料发现课题的路子。事实证明，我和他的选择同样都是正确的。

毕业实习结束后，我顺利留校。1982 年 2 月份便与同窗陈冰白于太谷白燕村集结，在许伟老师的领导下组织汾河西岸几县的考古调查与试掘，指导 78 级 6 名本科生毕业实习，直接参与后来张忠培先生领衔的国家社会科学“七五”规划重点项目“河北张家口地区与山西晋中地区先秦考古学文化谱系研究”最初的工作。同年下半年到河北蔚县听命于张文军老师，去前堡遗址发掘夏家店下层文化墓葬。后与陈冰白搭档指导 79 级部分本科生发掘杏花村遗址和商周时期的墓葬。1983 年初，我带领 79 级本科生马昇、王万辉二进吕梁山，在离石、柳林两县的三川河流域进行考古调查。1985 春，我组织 81 级 6 名本科生在河北易县、涞水进行考古调查，走燕亳故道，作歌易水，并完成考古调查试掘报告。1987、1989 两年度，我主持山西忻州游邀遗址发掘，指导 85、87 级本科生田野考古生产实习。至此，我已经能够熟练运用在太谷白燕遗址毕业实习学到的层位学和类型学理论与方法，在不同文化背景的区域演绎张忠培先生创造的考古调查与试掘的“华渭模式”，既能够开展运动战，又能够组织阵地战；既能主持发掘指导实习，又能科研导航写出文章。《文物》1987 年 11 期和 1990 年 2 期、《考古学报》1989 年 3 期等刊物上的文章的发表，标志着我从一名不见经传的考古新兵，逐步走向成熟。回想所有这些进步和成绩，都是因为张忠培先生的慧眼加提携，都是业师的再造之恩。

1999 年初我调到珠海市博物馆工作。2001 年 4 月参加广东省文化厅组织的竞争上岗选拔干部活动，6 月初到广东省文物考古研究所任副所长，回到了考古工作的主战场，在广东省文化厅的竞争上岗的公选中，我靠的是吉林大学的品牌、

图 4-1 陪同张忠培先生考察珠海宝镜湾遗址

导师张忠培的旗帜，凭的是一种执着的追求和特殊的情感。我热爱恩师张忠培先生，我怀念他带领我们在山西、河北披荆斩棘闯天下的火红年代，他那种生命不息、战斗不止的探索精神，追求真理、无私奉献的高贵品格，家国情怀、铁肩辣手的宗师风范，时刻萦绕在脑海之中。

在广东省文物考古研究所任职期间（图 4-1），我经常就岭南考古、水下考古和科技考古等问题请先生来广东指导（图 4-2）。他对我回到考古主战场后，很快在《文物》《考古》杂志发表文章的表现非常满意。2016 年我携欧科集团董事长熊爱武女士去他府上拜访，他还认真询问云计算、大数据等高科技的问题。对我退休后参与文化遗产保护工作表示赞赏。拙著《文明起源的中国模式》由科学出版社刊出后，张先生虽有不同看法，但仍大加赞扬，极力推荐，积极收集反馈意见。当他得知宿白先生对拙著赞许有加，马上让同班同学陈光通知我立即给宿白先生打电话，表示感谢。张先生的关怀，促成了“文明起源中国模式”系列研究的逐步深入和早日完成。2015 年 12 月 2 日《光明日报》刊出拙文《读石峁古城看文明亮点》，张忠培先生非常高兴，电话告诫说退休也要有作为，你每年必须回国住半年，至少写一篇高质量的文章。真是：仙人指路，光明出处；扶上马后，还赠弓弩；甘心铺路，岂为跪乳？领军开路，犹如神助！

2017 年 2 月下旬，张忠培先生在电话里说，他身体的近况十分不佳，心肺功能趋于衰竭，许伟给介绍了两位大国医正在吃药调理。你去加拿大之前，来北京聊一聊。这原本正是我想对先生说的话。3 月 1 日，我约中山大学许永杰、鄂尔多斯青铜器博物馆王志浩去北京看望张忠培先生。可是，到了先生的家中却见他毫无病态，热情飒高，侃侃而谈。他的精气神依然还在，那种要压倒一切敌人，而决不被敌人所屈服的精神依旧闪闪发光（图 4-3）。他拿出山西襄汾陶寺遗址的卡片，讲述最新的研究成果。生命不息探索不止的精神令我等潸然泪下。张忠培先生的“仙人指路”从来都是有教无类，受益者绝非我等少数学生。他对每位同学都满腔热情，想人之所想，帮人之所需，大家都能说出同样精彩的故事。他为学生指路、铺路、开路与他创新发展、追求真理一样是生命的组成部分。他“仙人指路”的人格魅力闪烁着中华传统文化的光芒，他留下的无数历史丰碑矗立在许许多多平凡人的心中。

在我求学悟道的路上，有些事让我深感荣幸。其中之一就是张忠培在我班挑选留校人选时，我有幸中选，是第一个被确定的人选。那个时候，我的成绩不在班级全优行列，政治上又不是很成熟，那么，张先生看中我什么呢？多年以后我曾问过先生，他微笑着反问道：“你说呢？”他多次表扬我吃苦耐劳的作风，主动

图 4-2　与张忠培先生在阳江闸坡

图 4-3　与张忠培先生在家中合照

服务的意识，欣赏我主观能动性的发挥，科研上独立思考和坚持不懈的精神。留校以后我是吉林大学考古学系第一个赴日本国留学交流的开创者，此后才有吉林大学考古系其他教师的陆续访日。而我的日语水平又并非系里最好的。开创性的能力显然是我的突出特点。在同时代考古人中，我首倡并系统论证文明起源的中国模式，先后就“礼制的发生发展，成熟完善是中国古代社会的独特经历，是中国古代文明起源的基本脉络，是中华文明的核心特色”等问题推出四部学术专著，研究所向直指中国古代历史的大象与深层。虽然，这是我独立思考的成果，却又是仙人指路的意向初衷，是从战争学习战争，从实践走向理论，从材料发现课题的优势所在！张忠培先生对他爱徒的期待从来都没有止境，甚至希望能够超过他自己。他的教育思想是有教无类与分槽饲养的辩证统一。

注释：

1. 张忠培：《此刻，我要圆第四个梦——在中国考古学会第六届理事会第一次会议上的讲话》，《中国考古学：尽到自己的心》，故宫出版社，2018 年。

悟道者说

阅人无数，不如名师指路。不是所有传道授业的老师都是大师。有仙人指路是福分，传承他的思想和精神要“蜡炬成灰泪始干”。讲究尊师重道，才能塑造自我。

五、白燕练翅　盼早日飞翔

（学术起点的记忆）

白燕，是山西太谷县小白乡的自然村，当时是一个生产大队。村子在太行山西麓的山前缓坡地带，南邻乌马河，北近象峪河，西南与史书有载的阳邑村隔河相望。遗址分布在村西北乌马河北岸的阶地上。这是我大学生活最后的毕业实习地点。

这个地点是张忠培先生呕心沥血建设的两个教学基地之一。另一处就是我第一次生产实习的河北张家口蔚县，这第二次实习时间是一个整年。当时，我对张先生安排我到白燕遗址实习的意义还不完全理解，并不知道学习中国考古学还有比考取功名（攻读硕士研究生）更好的路径。没有料到白燕遗址的文化堆积如此丰富且遗迹关系错综复杂；没有料到这里的田野考古教学标准之高和要求之严；没有料到一年的学习能够促成我对中国考古学的认识产生巨大飞跃；更没有料到它对我考古生涯的影响将有多么的深刻，它涉及的中国古代文化与中华文明课题有多么重要。1981 年 3 月我和班上的女生于可可、邢颐三人在好奇与新鲜感的陪伴下走进白燕。开始接触新老师，熟悉共同实习的其他班级新同学，拥抱文化堆积极其丰富的白燕遗址，学习田野考古学理论与方法。这样的组合关系对我而言，占尽了天时地利人和，能否不辜负先生的深情厚谊就要看自己的努力了。

白燕遗址的发掘有特殊的历史背景。得益于 20 世纪 80 年代中国考古界的重量级人物、著名考古学专家——黄景略先生，我们称为黄老师。他曾任国家文物局副局长，是吉林大学考古系的客座教授。60 年代组织山西侯马的考古会战，对山西考古怀有特殊的感情，人脉关系深厚，与张忠培是同窗加兄弟，鼎力支持吉林大学考古专业的建设与发展。那些年，张忠培先生在湖北纪南城，河北易县燕下都、蔚县等地带领吉大考古专业学生实习，都是黄老师从中斡旋的结果。没有黄景略，别说白燕遗址的工作，吉大考古的很多事情就不可能是现在这种状况。许伟老师多次形容他俩的关系犹如鸟之两翼、车之两轮，相辅相成，相得益彰。20 世纪 70 年代末，“文革”刚结束，国内文博系统专业人才极其短缺，特别是大规模经济建设的高潮迅速到来，大量的文物古迹破土而出，解决文博行业青黄不接的问题更显得异常紧迫。为培养考古人才，解决工作急需，为推进区系类型理论的实践，他有计划地推出“一种，二定，三推广”的措施，一是种试验田，办考古短训班；二是制定田野考古操作规程；三是推广考古领队考核上岗制度。1980 年初，国家文物局委托吉林大学考古专业举办田野考古培训班，来自全国多个省市级考古单位的 40 多位文物干部集中在吉大学习中国考古学理论与方法，黄老师亲自担任班主任。多门理论课后，统一安排田野考古实习。实习的地点是苏秉琦先生圈定范围，由许伟老师考察后提出具体意见，再经苏秉琦先生的首肯，最后才选定白燕遗址。白燕就这样走进中国考古界视野的。

这是非常特殊的古代遗址。若用现在的眼光给以简明扼要的说明，它是相同文化大系的遗存连绵发展，不断积累，反复堆积而成的；它是相同血缘的人们共同体在不同历史时期长期从事祭祀活动而保留下来的遗址。所以，我们感到很新鲜，很刺激；两位女同学更是兴奋不已，相当活跃。可能是白燕的毕业实习将结束大学生活的原因，与河北蔚县筛子绫罗的生产实习相比，明显感觉到有某种渴望的冲动和无形的压力在发挥作用。1981 年春，我们和 79 级考古班的同学来到白燕时，进修班有 12 人留下来进入提高班，他们一方面在老师的指导下继续深造，另一方面协助领队辅导新来同学田野考古发掘。

我首先要处理好与辅导员的关系。他们大部分是知青出身，有工作经验，与我年龄相仿，经历相似，说话和办事的风格相同，因此，很容易沟通。另外，我虽然是本科生，但有在长春市五商店工作多年的经验，自然知道人各有所长的道理。我就是来学习田野考古发掘的，所以从不以大学本科生自居，无形中减少了许多隔阂。我的辅导员是易苏昊，北京人，小我两岁，来自中国历史博物馆。据说，现在是国内收藏界大亨，相当了得。此人特点是聪明，好胜，田野考古经验丰富。最初，山东省考古所的张振国与我同住，我俩共同负责当时白燕考古工地的集体伙食，但是账目的进出由我管理。他负责提建议，收集反映。

不久，我宿舍又来一位新人。他叫李言，刚刚从部队转业到吉林大学历史系考古专业。小伙子眉清目秀，一表人才，用“小鲜肉”形容一点儿都不过分。李言的到来，让我不由得想起1979年在河北蔚县筛子绫罗遗址的田野考古生产实习。他的父亲李木庚身为吉林大学副校长，在张忠培先生的陪同下亲自到工地看望我们全班同学，检查考古发掘工作。还给我们讲了生动、难忘的一课，即脍炙人口的诗词：“昨夜西风凋碧树，独上高楼，望尽天涯路”；“衣带渐宽终不悔，为伊消得人憔悴”；“众里寻他千百度，蓦然回首，那人却在，灯火阑珊处”。那个时候，筛子绫罗条件艰苦，考古工地尘土飞扬，石片、陶片枯燥无味。李老师没有用铿锵有力的口号鼓舞我们，而是用王国维推崇的治学“三个境界”加以引导，告诫我们既要脚踏实地，又要登高望远，小陶片有大境界，手铲下有新天地。时至今日，班上的同学回想起来都深感其意味深长，用心良苦。李木庚先生是吉大考古专业的创始人，一向为我仰慕，许伟老师也多次讲起他参加考古实习的故事。现在，李言就在身边，可以从他那里更多地了解李木庚和张忠培创办吉大考古专业的“联剑风云录”。

李言虽初来乍到，却是教师身份。进修班的辅导员都知道李木庚对吉大考古的贡献，关系自然是其乐融融。那时，国内流行砖头式录音机，辅导员们不时来我们住处听几段歌曲，边听边唱，抚掌击节，声震屋瓦，兴致所到还都能扭上几段迪斯科。隔三岔五地喝小酒，最是增进感情的时光。易苏昊、塔拉（云小平）、王爷（王志浩）、海司令（海金乐）、张立明等都是常客。易苏昊酒量不大，常常吐后坚持再喝，不服输的好胜秉性也写在脸上。那些日子，大家相处得既愉快又融洽（图5–1）。7月份以后，陈冰白、滕铭予、蔺新建也来参加白燕遗址发掘。当时，前两人已确定留校。其间，班上其他同学有的在校写毕业论文，有的准备报考研究生，还有的去黑龙江或河北蔚县参加毕业实习。

白燕遗址的特殊性决定了考古发掘的复杂性，这里耕土层下立马见到灰、黑、黄、褐相间的环环相套的不同土色，没有课堂上曾经学到的文化层。此时你必须心无旁骛，聚精会神，否则，对不同堆积的颜色及其相对关系的判断就非常容易出错，难以确定先清理哪一部分。考古发掘的原则是先清理堆积顺序中最晚者，其平面形状完整的晚，若有违于此，那就是发掘中的大忌了。很多通俗读物在讲

图 5-1 与各位老师和进修班同学在白燕的合影

考古发掘与盗墓区别时，特别强调盗墓是挖宝，其实，考古发掘也需要宝贝，宝贝的价值越大，信息含量越高，考古发现就越有意义；所不同的是科学发掘还要正确解释遗迹或遗存生成的顺序与过程，以及它们之间的相互关系。

白燕遗址面积很大。我们的发掘地点当地人称“寨疙瘩”，是处高于四周 8~10 米的土台。上个年度，这里的发掘出土陶片特别的多。每个探方出土的陶片几乎都堆到库房的顶部。辅导老师说这些陶片能拼对出很多器物，若陶片发现新的断碴痕迹，必须去土堆筛选寻找。那时候，很多老师在发掘现场，黄景略、张忠培、王克林三位是白燕遗址考古发掘的领队，执行领队是许伟，协助许伟指导田野考古教学的是辅导员。只要他们在你的探方旁边不走，那你可就要警惕了，要反复检查你的发掘工作是否存在纰漏。有一次，我低头观察土色时，看到一个人影在探方上面晃动，起初并没在意，可是那影子半天也没移动，偷偷瞄一眼才知黄老师正盯着看呢，他见我起身爬上探方，便转身走开了。我站在他刚才的位置往下看，突然发现在探方里看不太清的土色，竟然变得很清晰，是相当完整的圆形。过会儿，黄老师见我已经划出灰坑，笑着说“还算灵光”。不识庐山真面目，只缘身在此山中。自此之后我就懂了，探方内看不清楚的，就要到上边看，自己探方搞不清的，就要参考相邻探方，不放过任何可疑的现象。时间一长，熟悉土质土色，认真对待遗迹现象，谨慎处理早晚关系，就成为自觉的行动（图 5–2）。

图 5–2 在白燕遗址发掘的工作照

几天之后，我的探方出了 1 件小型陶鬲。有发现，热情自然高涨。我称它为“白小鬲”，跟许老师恳求先不交到库房，放到我的住处。每天收工回来都看上几眼，拿来摸摸。不料过两天又出土 1 件小鬲，许老师问这件叫啥名啊，我脱口而出，是“小白鬲”。白燕发掘的特点是能挖出完整的器物，虽然它们有的个头不大，但由于遗迹的层位关系清楚，所以就有意义。每天的心情都处在激动、亢奋的状态。特别是向许老师要给单位（遗迹）号，如果你说不清楚那就要由辅导员重新确认，或者替你介绍。那可是表现的最佳时机，当仁不让，责无旁贷。我的探方有 20 多个灰坑，每天 2 袋陶片并不觉得多，到整理记录翻找陶片的时候，才发现一个探方的陶片竟如此之多，折腾一遍相当费时费力。

白燕的考古教学内容很前沿，很给力。主要是现场教学与课堂教学相结合，强调针对性、实用性和创新性。前者根据发掘进程，遇到新现象、新问题召集大家进行分析讲解（图 5–3）；后者一般是利用雨天或休息时间，由许伟老师主讲田野考古的理论。他的讲授贯穿着研究和创新，很具体，很新鲜，很有针对性和启发性。很多新词是以前没有听说的。此前，我们听到田野考古学理论都是地层学和类型学，在白燕则是第一次听到层位学的概念。主要是根据白燕遗址的具体情况，说明考古学发现的遗迹具有自己独立的年代，指出“遗迹开口于哪层之下就属于哪层”的观点存在问题。白燕遗址耕土层下的灰坑有的属于近代，有的是商代；强调用大地层的概念并不适合白燕的具体情况，层位学的概念更符合中国考古学的实际。其二是反复强调“没有地层就不能对遗址进行分期”的观点存在局限性。

图 5-3 许伟老师白燕遗址的现场教学

自 1921 年河南渑池仰韶村遗址破土发掘到现在，以走上田野为标志的中国考古学即将迎来百年华诞。作为新兴的学科落户在中国这样古老的土地上，从一开始就必然受到传统史学无微不至的关照，也深深地被地质学的方法制约，其他学科的先进理念与经验也有潜移默化的影响作用。可是，在长期的实践中，大量鲜活的考古资料不断地浮现出传统史学难以解答的问题；考古发掘中层出不穷的复杂现象令借来的概念捉襟见肘，简单的“地层”已经不能真实涵盖和准确表述中国古代文化堆积的特点，特别是遗迹之间环环相扣的复杂关系，虽然不曾见诸中外文献的记录，但总是能令人品味出中国黄土特有的醇香；其他学科的经验不时地启发着年轻的中国考古学独立自尊的学科意识，摆脱简单借鉴与单纯模仿、创造学术新天地的渴望与要求不断高涨，甚至达到呼之欲出的程度。于是，实践酝酿的理论革命便在探索与追求的过程中悄然萌动与发生。从简单地层学向层位学的转变就成为必然的趋势。

安特生发掘河南渑池仰韶村遗址是中国考古学史上的值得大书特书的事件。他引进的田野发掘方法和技术含量决不能低估。在发掘工具、地形地貌的测量、使用探沟形式的发掘方法、遗物的记录与提取、对地层的重视等方面，都显示出他的高明与独到之处。但是，安氏也有其学术背景的局限性，这就是按深度计算而不是根据土质土色的变化认识文化堆积层次。在仰韶村遗址的第二探沟，安氏从地表到地下约 320 厘米处分了六层：第一层是地表至 70 厘米处，第二层是 70~150 厘米处，第三层是 150~200 厘米处，第四层是 200~240 厘米处，第五层是 240~270 厘米处，第六层是 270~320 厘米处。由于按深度划分堆积层次和收集记录遗物，所以就难免将不同时期的遗物搞混搞乱，而视为同一时期。

然而，安特生毕竟带来了考古学的新技术、新方法和新理念，揭开了用考古学的手段认识中国古代遗存的帷幕，同时，也极大地激发了中国学者走上田野的热情。1926 年李济发掘山西夏县西阴村便可作如是观。他采用的象限法布设探方，实开中国考古发掘之先河，时至今日此法仍然在使用。然而，李济依旧采用以深度计算的水平发掘方法则没有明显进步。据研究，1931 年梁思永先生在河南安阳后岗的发掘应该是“依自然层进行的”，在 241、243、244 坑的上部除了 20 厘米厚的耕土，又分三层：上层灰土、中层灰褐土、下层深灰土，出土遗物是以三种文化层统计的。此三层即著名的“三叠层”，上层为殷墟文化，中层为龙山文化，下层为仰韶文化，这一重要的发现被认为是“中国新石器时代考古学的钥匙”。至此，田野考古发掘的方法初具规模，中国考古学的体系建设才提到日程上来，地层学的概念也得到了迅速地推广和普及。此后数十年间，按“三叠层”原理进行的考古发掘在中国始终处于主流地位，地层学成为考古工作者的口头禅。但是，多年的实践，并没有促成这种方法向更高层次进步，许多重要遗址的考古发掘反而躺在“三叠层”原理上睡觉，故步自封、缺少追求。面对种类繁多的遗迹及其纷纭复杂的相互关系，依旧只能用“地层”概括，显示出早年从地质学借来的概念在内涵方面的苍白，与中国古代文化堆积的实际情况貌合神离，相去甚远，在推进研究和学科建设方面乏善可陈。更有甚者，是将地层的意义与重要性推至具有排他性的绝对化程度，演绎出“没有地层就不能对遗址进行分期”的错误结论。

有两个例子很能说明这种认识的局限性：其一，是河南郑州二里冈遗址。1953年初至1954年发掘，资料见于《郑州二里冈》。其二，是河南陕县庙底沟遗址。1956、1957年度发掘，《庙底沟与三里桥》报告了该遗址的资料。不能否认，这两部考古学专刊在中国考古学史上有着重要的影响，报告编写的体例、绘图、统计和技术环节近乎完美。但是，如果以今天的眼光分析，依然能够从中发现若干时代局限性的烙印，那就是只重视文化层，而忽视遗迹现象及其打破关系在遗址分期中的意义。《郑州二里冈》在叙述文化堆积时说："就以上商代文化层次堆积关系看，2层压在3层之上。就两层出土的陶鬲、大口尊、斝、豆、盆和卜骨等器的区别来看，第2层和第3层显为两个不同时期的堆积。3层早于2层的形成。因之，2层我们称为二里冈上层,3层我们称为二里冈下层。"这是该遗址商代遗存分期的主要依据，但表述并不正确。因为，这里商代遗存由早到晚堆积的顺序是：压在第3层下的灰坑，然后才是第3层，再后来是压在第2层下打破第3层的灰坑，然后才是第2层，最后是打破第2层的灰坑。也就是说，该遗址的商代堆积过程存在五个阶段，而不是两个阶段。在新中国的考古事业刚刚兴起的时候，当时的主要矛盾是认识考古学文化遗存的年代与性质，郑州二里冈遗址的经验与认识显示出特殊的指导意义，因而也掩盖了它理论上的先天不足，尤其是对遗迹现象的意义完全估计不足，甚至是达到了熟视无睹的境地。随着对商文化研究的深入，特别是早商与先商文化研究课题的提出，势必要重新审视该遗址的发掘经验与认识，邹衡先生关于《郑州二里冈遗址的分期研究》因此应运而生，他运用层位学的原理透析了该遗址商代遗存的堆积顺序，重建了新的年代分期标尺，为探索商文化的来龙去脉奠定了坚实的基础。这些认识都清楚地表述在《夏商周考古论文集》中。

庙底沟遗址的报告者则这样描述六个区的文化堆积：T1区"主要是战国层压在仰韶文化层的上面"；T100区的"堆积，除了仰韶文化层外，在东边还发现有两个龙山灰坑（H27、H35）打破了仰韶灰坑的现象"；T300区的堆积"除了北边有一小部分很薄的汉代层和一条南北贯穿的汉代灰沟外，都属于仰韶文化层"；T400区"自耕土以下系属于仰韶文化的堆积"；T500区"主要是龙山文化的，但也有发现龙山文化压在仰韶文化层的上面"。因此，报告者只提出了该遗址文化与年代的两期说，即庙底沟遗址第一期和第二期文化。前者属于仰韶时期，而对于后者，报告者认为具有仰韶文化向龙山文化的过渡性质。而现在看来，该遗址新石器时代有庙底沟文化、仰韶晚期、龙山早期三个阶段的文化遗存。由于仰韶晚期遗存没有文化层的堆积，只有灰坑的现象，在只重视和强调地层的阶段，遗迹作为具有独立年代意义的单位被彻底忽视，它们之间的打破关系是遗址分期的重要线索的认识根本无人提及，因此，一个重要的历史阶段就这样被完全淹没在庙底沟遗址的茫茫材料之中。可见，单纯依靠“三叠层”的原理已经很难认识和解释田野考古发掘中的诸多复杂现象。以往流行的关于遗址分期的相关理念也失之偏颇。

历史总是在曲折中寻找方向，平凡的发现也可能孕育出新的思想。1951 年苏秉琦先生在陕西西安斗门镇以西的开瑞庄村北，清理了灰坑 7、灰坑 8 和 M2。按他的表述：灰坑 7 原来为一锅底形的灰坑，大部分已被灰坑 8 打掉；灰坑 8 原为平底圆形覆杯状的地下窖穴，西南一大半先被 M2 打破；M2 为东西向的竖穴，穿过灰坑 8，在生土下面，其西部亦被近年取土切去，幸因墓坑底层深在坡下耕地的下面，保存完整；M2 的竖穴坑口以上，现在的耕地以下，是成层的灰土。这样，就形成了以灰坑 7、灰坑 8、M2 及其上层为代表的四个时期连续堆积的断面。由此，苏先生提出文化一、文化二、文化三的概念，指出“这一地区确实存在着三种面貌不同的文化遗存；三者的相对年代关系是文化一早于文化二，文化二早于文化三”。然而，这一发现的意义远不止如此，其重要性在于方法上完全突破了“地层”的束缚，提出了根据遗迹的打破关系进行遗址分期和文化分期的证据，改变了地层学对文化堆积的简单表述，显示出中国考古学在实践中悄然的觉醒。在“地层”占主导地位的学术环境中，能够大胆地提出反传统的新认识，委实需要极大的勇气。

此后，精彩的个案研究依然不断出现，深深地吸引着学术界的关注。1964 年，邹衡先生在《北京大学学报》（人文科学版）发表的《试论殷墟文化分期》中，明确提出了遗迹单位和层位关系的概念，淋漓尽致地阐发了层位学思想，精彩绝伦地演绎出他研究论证的基础，充分展示出层位学的理论意义及其优势。他强调：“在同一基址下或被破坏的单位必然早于基址本身及其所包含的其他单位（主要是葬坑）；在同一基址上或破坏基址的单位必然晚于基址本身及其所包含的其他单位。这样，一个基址及其有关单位，一般的至少可以分为三层，即：基下单位→基址本身（及其所包含的葬坑）→基上单位。”由此提出了层位学关于遗址文化堆积的正确表述方法，将殷墟文化的分期研究推向了一个崭新的阶段。其实，邹衡先生也是从地层学的营垒中杀将出来的，如果回顾历史，则不难发现他曾经也笃信简单的地层学。《考古学报》1956 年第 3 期《试论郑州新发现的殷商文化遗址》说明，当时邹衡先生的思想高度尚未达到层位学的境界，所以，地层、地层叠压关系等概念在文章中随处可见。但是，到了 1964 年，邹衡先生已然放弃了地层学的概念，使用了全新的概念及其表述方法，彻底地完成了向考古层位学的转变，升华了对中国考古学基本理论与方法的认识与理解，其思想的光芒力透纸背，扑面而来。可见,中国考古学在觉醒,独立潮头的学者不再满足于简单的借鉴与拿来，在许多个案的研究中用实际行动表达研究的取向，挑战不适合中国国情的简单借鉴与模仿，并开创出令人耳目一新的学术新天地。

1981 年，中国考古界讨论理论与方法的文章不多。1984 年相关的文章才逐渐增多。显然，白燕的田野考古教学走在时代的前面，我们的新鲜感也就不足为奇了。这当然得益于许伟长期追随邹衡先生学习商周考古，深得其真传，既能够根据白燕的材料消化和理解新理论，又能绘声绘色地讲得一清二楚。过去从没有老师讲得如此深刻、系统和新颖。我们班上的几位同学都被征服了。原来，田野考古也有理论，有方法，有规矩，有干头，有前途。“考古、考古，抬筐挖土”，“考古、考古，连蒙带唬”显然是初学时期的怨言。

许伟,北京人士,长我三岁,吉大历史系考古专业 73 级学生,毕业后留校任教,与张文军、陈雍老师并称张忠培拓展吉大考古事业的三员大将。他被派到北京大学进修，随夏商周考古一代宗师邹衡先生学习，对中国考古学理论与方法具有独到的认识和理解，尤其是对考古层位学和类型学造诣颇深。1992 年他根据落实知青政策调回到北京，在西城区文化局文物科工作。据说，最初，他单位的同志们直呼许伟其名，稍后改称老许，再后来则称许老师。他以自己的专业精神和人格魅力逐步赢得大家的信任与尊重，从文物科的科员到科长，从文物科科长到文化局副局长，最后成为北京西城区主管文教卫生的副区长。他是北京历代帝王庙拯救、保护、维修与研究的开拓者、组织者和领导者，是这座国宝得以重见天日的大功臣，他从挖墓到修庙的历程极具浓郁的传奇色彩。其实，我认为他更适合做教师，他文章数量虽然不多，但系统地讲授过商周考古的课程，有思想、有耐心、有能力，如果仍在吉林大学做博士生导师，必能带出优秀的研究生。圈内的朋友中，能写文章的人为数不少，在指导学生方面却与前辈先生普遍存在明显差距，原因之一是缺乏系统讲授课程的基本训练、对田野考古的理解以及其他知识的储备不够充分。然而，历史没有"如果"。事实证明，他做领导干部也游刃有余，完全胜任。

白燕的教学有内容，发掘现场更热闹。最初，我们班只有3人，79级全班19人，后有张文军、孔哲生、李伊萍带78级20人参加，包括辅导员、山西大学6位在此实习的学生和几十号民工，每每还有成群结伴的村民来观望，寨疙瘩上人头攒动，紧张有序，很像农村插队时修水库的会战。火红年代身披破旧衣裳，尘土飞扬之际激情燃烧，那是不可复制的时光和场景（图5-4）。那些辅导员对白燕的情况熟悉，发掘经验丰富，很负责。辅导我的易苏昊对各种现象很敏感，经常谈及平面出现直线、弧线和夹角的意义与可能性。与我同寝室的山东大汉张振国告诉我，清理灰坑时找边最好用大铁锹拍打一遍，使之成片自然脱落，如此灰坑边缘看上去非常干净利索。这方法在第一次生产实习时我们班老大哥孙力就曾跟我

图5-4　与进修班部分学员合影

们说过，上学前他在辽宁省博物馆工作，多次参加考古队发掘，很有经验。这些实际操作的经验对于发掘而言，具有事半功倍的效果。后来我指导本科生生产实习的时候，才真正懂得，若没有帮手，仅凭一两位教师，管理相对简单的考古实习工地，还可以马马虎虎抵挡一阵，遇到像白燕这样复杂的情况绝对是难以支撑的，一是身体顶不住，二是发掘质量不能保证，三是教学效果肯定不好。

白燕的考古资料非常丰富，极为重要。其中，陶鬲的数量最多，从高领鬲、商式鬲到殷墟时期的都有。这些器物对于练习型式划分、器物排队，认识其发展变化的顺序很有帮助，具有标尺的意义。更吸引我的则是这里的遗迹现象。白燕的寨疙瘩上灰坑分布密集，数量众多，叠压打破关系复杂，有些规整的圆形坑内还见杀殉的动物骨骼，而且其位置恰恰处于遗址平面的四个角落。这些情况与课堂上讲的村落遗址区别明显，是我反复思考的问题之一，成为日后研究方面新的增长点。

为期一年的白燕遗址毕业实习，是我在实践中学习考古的重要拐点，也是考古生涯的新起点。在《文明起源的中国模式》的后记中，我曾写道："山西晋中地区的太谷白燕遗址是我学术生涯的起点，是魂牵梦绕之地。有的学者曾缅怀山西天马曲村北京大学的考古教学基地，说那是第二个殷墟，殷墟的发掘曾培养出中国第一代考古工作者，天马曲村则培养出更多的北京大学考古系的师生。山西晋中的太谷白燕遗址的发掘面积和历时长久都远不及天马曲村，但吉林大学77级考古专业的三分之一，78、79级全体本科生和国家文物局培训的几十名国内的文物干部都是从那起步，其中很多同志现在都在重要的工作岗位之上。所以，在我的心目中，山西太谷白燕遗址始终如圣地一样令人憧憬，如摇篮一样令人依恋，如故乡一样令人怀念。"

悟道者说

田野考古生产实习犹如医生的临床实习，既要学个案，又要学统筹；既要学医术，又要学医德；既要学满腔热情，又要学精益求精。这是培养中国考古学人才的必由之路。而实习的关键在于指导教师的水平。

六、神秘来客　常疑入梦乡

（疑点是研究引力）

神秘来客就是前面提到的二号房址（以下简称 F2），这个白燕遗址典型单位的发现有段传奇故事。这就要先从典型单位说起。白燕遗址发掘要求规范，工地管理特别严格。对于发掘记录和图纸的检查一丝不苟，稍有差错就得返工；而发掘过程中，典型单位更是重中之重，被许多老师盯着，如果发现陶片上有新损坏的碴口，都必须去堆土的地点筛土寻找。考古学上的典型单位首要的标准是出土器物丰富；第二是层位关系必须明确，尤以与其发生关系的早晚单位都出器物者最有意义。

F2 就是这样的单位。它位于寨疙瘩的中心，是双间近似吕字形的建筑，前间为半地下方形，后间是平面圆形的窑洞式。发掘的开始只发现前间，但通往后间的入口始终没有搞清楚，大家觉得应该有门道的地方，就是找不出分界线来。将探方壁淋湿，然后再刮，反复尝试，可谁都没有把握，这样就不能继续挖下去。因为黄景略老师有令，稀里糊涂的挖就是破坏，一定搞清楚再挖。这个探方的工作迟迟没有进展，眼看着其他学员的探方越挖越深，我同屋的那位张振国心急如焚。每天都有老师在探方上走来走去，仔细观察。有一天，黄老师突然从隔梁上跳将下来，拿着草帽遮住太阳，在探方壁上画出清晰的弧线，张振国半信半疑往里掏，入口的部位有边，说明线画得准确。结果很快就清理出一个过道，再往里便是大量的红烧土夹杂陶片，后来才知道这是座完整的圆形窑洞，其上部没有被破坏，黄老师画出的是唯一的进出口。红烧土块、纯净黄土夹杂着大量陶片是后填充进去的。这个房址大约出土 40 多袋陶片，而且，破碎的程度相差无几，大小都在香烟盒的四分之一左右。这些陶片拿回来就开始洗刷和拼对，发现有陶片是新碴，黄老师就会命令张振国去堆土的地方筛土寻找。张振国每次讲到 F2 的发掘，都晃动着他的大脑袋，眯缝着眼睛，显得活灵活现，一副忆往昔峥嵘岁月的神情。其实，进修班的许多人讲起 F2，都是如此的神情，对黄老师崇拜之情溢于言表。不过，他们讲的确实不只是故事，真实地道出了白燕遗址遗迹现象的复杂性和特殊性，从一个侧面反映出这里的考古发掘的要求非常严格。

F2 出土的 40 多袋陶片，经四位民工一年多时间的拼对（有时还有更多人来帮助拼对），碎片竟然全部拼光，换来的是四十多件基本完整的陶器。这些器物，绝大部分是大小相仿，型式相同的泥质红陶宽肩小口壶，有的还施彩。另有完整的陶斝和夹砂罐出土，是庙底沟二期文化典型器物。F2 陶器的拼对与复原，不论是下的功夫还是取得的效果，在中国考古学史上都堪称奇迹。而其特殊性更是中国考古学史上的奇迹。我极其好奇、百思不解的问题是，很多陶片是打碎以后再燔烧的，两个颜色截然不同的陶片竟能毫无缝隙地拼在一起。为什么要将这些陶器砸碎，经过烧烤，然后全部收集起来，再填回 F2 的窑洞中？为什么这里的很多灰坑也存在相同或相似的情况？为什么寨疙瘩高台之上还有商代祭祀坑的分布？它们是偶然的因素，还是必然的因素？这些问题一直在脑海中出现。这是我分析、思考中国古代祭祀遗址的开始，也是探索古礼的起点。30 多年来，我从没有动摇和放弃过最初的感性认识和思考，而是不断地搜集相关的信息和资料，丰富、充实并且努力再现那种特殊活动的场景。所以，以下必须用专业眼光对这座房址进行细致的描述和深入的考察。

F2 是多间窑洞式房屋。平面呈不规则“吕”字形，面积约为 16.4 平方米，由南间、过道和北间组成。南间为椭圆形袋状。壁面平整，加工比较细。在穴壁上有大小不一的壁龛。长 1.4 米的过道连接南北两间。北间位于过道北端，已残破。北间西壁有一孔窑洞，居住面近抹角方形，边长 2 米左右。顶部为圆形拱顶，底部基本呈弧方形（图 6–1）。

房内堆积分两层，下层紧贴居住面的是大量木炭、烧土块、草泥土和少量白灰面。上层土质较硬，颜色深黄，是由纯净的黄土加红黏土构成，含烧土块及少量木炭，纯净的黄土拌有大量陶片，陶片大小比较均匀，边长多在 2.5 ～ 9 厘米，多为四边形或多边形，最小的只有指甲大小。彩陶片比素面陶片更碎。窑洞内的堆积和陶片破碎的情况说明，这些器物应该是被有意打碎后经过燔烧再与纯净黄土搅拌，然后收集起来填入窑洞之中。因此器物虽然被毁得粉碎，但陶片却未丢失，拼对复原的陶器几乎很少有石膏填补的空白，而且完全烧黑的彩陶碎片竟然

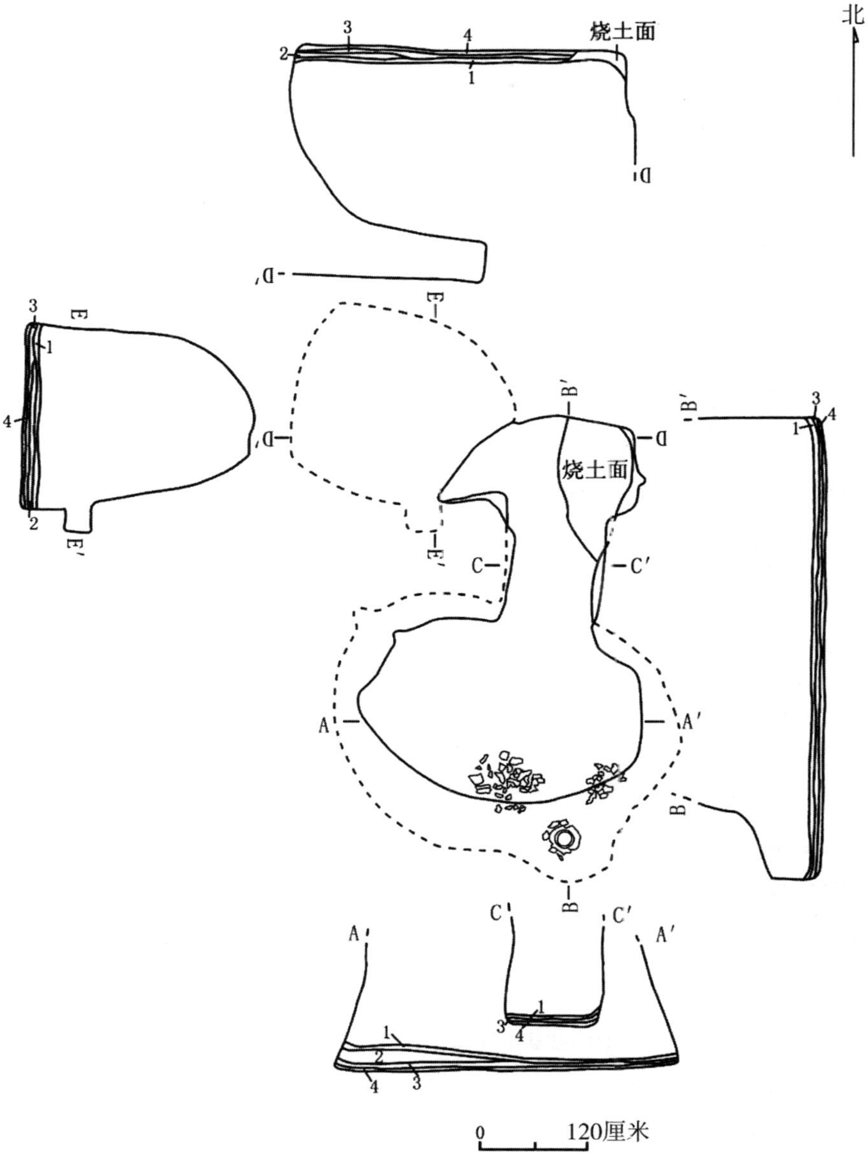

图6-1　F2平、剖面图

1. 最上层居住面　2. 草拌泥面
3. 红烧土面　4. 料姜石上的一层居住面

可以与颜色完全不同的陶片拼接在一起，说明这些陶器是打碎以后再进行燔烧的，有的陶片未经火烧，故颜色依然鲜艳。这些陶片经过粘对，复原出近 40 件基本完整的陶器，其中有 30 余件彩色陶器。显然，F2 中透露出某种仪式的信息："燔烧"——是中国古代祭祀天的必备程序；"黄土"——垫道，清水泼街也是隆重仪式的重要内容；"毁器"——古往今来的送葬祭奠活动中仍然长期存在；"瘗埋"——文献记载祭地的主要仪式。所以，F2 不是形成于简单的废弃，而是出于复杂的社会动因，绝不能等闲视之！

F2 位于寨疙瘩遗址中部，是此地年代最早的单位。同时期遗存还有 F14，出陶斝等少量器物。这个高出附近地表约 10 米的土台，基本没有文化层堆积，反倒是密集分布、环环相套，连续不断的灰坑非常抢眼。几乎每座灰坑都出土数量众多的陶器残片。进入商时期，其周边的四角都有规整的圆形筒状灰坑，其中不乏被杀殉的牛马骨骼。

F2 还有两点值得关注。其一，此类陶器在整个白燕遗址属极少数一组。寨疙瘩周边的棉花地等几个发掘点说明，在这个遗址群落中，F2 这类遗存几乎是孤家寡人，形单影只。就是把它放在晋中地区考古调查的全局来看，这类器物的线索也奇缺。但是，晋南地区的垣曲、襄汾等地却是屡见不鲜。所以，这类遗存当不是此地土生土长，而一定是从晋南地区传播进来的。其二，F2 的陶器分两类：一是生活器皿，如夹砂陶罐、斝，基本保持完整；二是彩陶折肩小口罐都被打得粉碎。这种器物数量很多，如果它们都是完整器，这个窑洞怎能装得下？只能徒增居住者的行动困难。这些器物的用途究竟何在？这些现象究竟怎样形成？特殊遗存的神秘使者于此地出现又传播的究竟是哪种信息？

这些问题用传统认识和课堂上学到的知识难以解释。因为课堂上老师都不会讲自己不懂的问题，学术刊物的编辑也不会发表连自己都迷糊的文章。只有另辟蹊径，坚持逻辑学的充足理由律，从祭祀活动的特殊用途分析，才能够说通。它们是某种仪式的产物，具有神秘的寓意。它们是偶发的现象，还是长期坚持的行为活动？是存在于某地区的个别现象，还是广袤地区普遍都有的特殊活动？这种特殊活动是否拥有不同的内容与形式？留校后，我开始收集相关的研究与资料。因为工作主要在山西白燕遗址，因此，经常就此问题向许伟、陈冰白请教。他们虽不完全赞同我的观点，但鼓励和支持我深入做这方面的研究，指出很多可能性必须给予回答。否则，祭祀遗存说就难以成立。

不断地收集资料，反复地争论与思考，我终于悟出一个道理，那就是要解释某些具体遗迹单位的特殊性，还必须从整个遗址着眼；要说明一处遗址的特殊意义，就必须放眼更辽阔的区域；要阐述多个考古学文化特殊现象，就必须概括理论。简单地拿考古学资料对号入座，可以证明文献记载的正确，但并非属于真正意义的考古学研究，因为文献历史学家也可以采用同样的方法研究。而考古学研究欲走出简单对号式的套路，必须从资料中发现问题，发现逻辑，揭示规律，概括理论，提出自己的理论模式，建立自己的理论体系才能从根本上说明问题。特别是要防止简单地把祭祀遗存的考古学现象纳入古代宗教仪式的范畴。早期中国根本没有宗教，只有礼教。

三十多年前，中国考古界对灰坑的认识还很肤浅，泛泛地认为有垃圾坑或窖藏坑等说法。在我看来，像 F2 这种情况应该是某种仪式行为的物质遗留。很多灰坑是因为这种活动形成的，既是原因也是结果。我收集的资料分类表明，在早期中国的黄河流域的广袤区域存在着两种截然不同的遗址，一类是有房址、陶窑、窖藏、墓葬，遗迹现象门类齐全者；另一类是单纯的以灰坑为主体结构的。按照“结构决定性质”的原理，前者属于村落遗址毫无问题，后者则是用于特殊活动的地点，我称其为祭祀遗址。而且，许多祭祀遗存的特征与文献和甲骨文的研究成果辉映成趣，于是，遗迹构成的特点和遗迹本身的特殊现象这两个基本点就成为考察遗址性质的标准。

如此，就清楚地看到，不仅是山西太谷白燕遗址，几乎所有已知的遗址都能按我对祭祀遗存的理解加以区别。那些遗址中的特殊现象都能得到合乎情理的正确解释。不仅可以纠正垃圾坑说法的错误，揭开某些窖藏用途的神秘面纱，更有助于说明灰坑内涵差异性，就在于祭祀活动的对象与内容，级别与规模的差别。但是，按中国考古界的惯例，白燕资料尚未发表，是不宜用于个人研究的。有鉴于此，我选择河北武安磁山遗址作为论证的突破口，写成《磁山祭祀遗址及相关问题》一文，发表在《文物》1987 年第 11 期，大胆地向中国考古界提出一个崭新的学术观点：在距今 7000 多年前的中国古代，就已经存在用于祭祀活动的专用场所。其后，这种活动依然长期存在，祭祀遗存陆续破土而出，与先秦文献记载的祭仪形式遥相呼应。随着研究的深入，这种祭祀活动是西周之前还有个古礼时代的见证。中国古代文明起源的特点在于礼制的发生、发展与成熟、完善的体系性认识日渐清晰。磁山祭祀遗址是中国古代礼制思想发端的直接证据，集中反映了中国先民对自然界的认识基础。

在早期中国，不论农业、采集和狩猎都靠天吃饭，人们盼望风调雨顺，祈求丰年，寄希望于上天的神奇力量保证生活的安定。古往今来，“人在做，天在看”是最流行的思想观念。回报自然的首选就是祭天祭地。“天人合一，道法自然”“天人感应”不仅是认识论的基础，也是方法论的原则。中国古代崇尚“天圆、地方”则是早期先民特有的认识。在磁山祭祀遗址中，用于瘗埋仪式的坑坎基本是方形和圆形两种，在红山文化牛河梁祭祀遗址用于奉献的祭坛也是方圆两种形式，充分说明“天圆、地方”的观念由来已久。“祭日于坛，祭月于坎”的仪式起源甚早。

后来，湖南沅水流域洪江高庙祭祀遗址的发现提供出更多的佐证，说明我对磁山祭祀遗址的分析认识完全正确。在高庙不仅发现大量祭祀灰坑，祭祀白陶，还有祭祀专用的建筑牌楼，其年代距今7000多年。现在来看，中国古代的祭祀场所源头的年代可能更早，祭祀遗存的种类可能更多。不同的地区、不同的考古学文化、不同的经济形态都存在特定的祭祀生活，从而形成早期中国不同的古礼体系和多个古礼类型共存共荣的总体态势与基本格局。从祭祀行为到礼制思想，再到文明进程，中国古代社会独具特色的演进方式和经历逐渐清晰；文明起源的基本脉络初步显现，中华文明的核心特色昭然若揭。中国古代社会复杂化进程的实质就是古礼的系统化、等级化和制度化过程。而这个过程的结束，必将迎来崭新的礼制时代，成文礼制——周礼正是古礼的集大成者。

悟道者说

学术研究与战场、商场、人生一样，要紧紧抓住机会。一个念头的闪过，一种火花的跳跃，一丝疑问的不解都可能引发原创性和体系性研究。想象力就是创造力，偶然性为必然性开路。白燕遗址的F2让我走进中国古礼的大门。

七、初访吕梁　建业绩荣光

（华渭模式闯天下）

1982 年 3 月，我按张先生的计划留校任教。教学与科研仍以晋中地区为基点。求学悟道进入到实践中学习的第二阶段。

1980 年开始的白燕考古发掘取得超乎预料的崭新成果。逐渐识别出晋中地区新石器时代、夏代和商时期一批考古学文化遗存的面貌与特征，但是，它们的文化谱系关系及其地位却不甚清楚。为进一步探索吕梁山以东汾河流域的考古学文化的区、系、类型，张先生命我和陈冰白指导 78 级部分本科生毕业实习，在汾阳、娄烦两县开展考古调查，指导毕业论文和组织答辩。具体方法就按“华县渭南模式”[1]办。这是以点带面突击式工作思路，是通过“解剖麻雀”快速建设考古学文化编年体系的方法，时间短、效率高。这种模式要求工作人员必须心有目标，脚踏实地；合理设计，路线优先；抓住重点，科学清理；迅速解读、指导实践。20 世纪 30 和 50 年代，苏秉琦先生在宝鸡斗鸡台和西安就多次运用这种方法开展工作，事半功倍，发现很多重要线索。此方法传承至张忠培先生后，又被推广到东北地区、河北蔚县和晋中地区。

1982 年春节前我去先生家辞行。因为，正月初四我将从长春去太原，陈冰白从武汉出发，我俩约好在太谷白燕集合。先生把多年前的笔记本拿出来，边翻边找，告诉我去太原的博物馆查杯形口的小口尖底瓶出土地点。反复叮嘱半坡文化的彩陶是红色，庙底沟的是黑色，还让我看了他在山西参观时画的一些草图；调查的方法就按他华县渭南的工作套路做；调查路线确定了南北两个方向；调查时间约一个月；整理资料与编写实习报告回总部白燕进行（图 7–1）。

晋中考古调查如期开始。我带 78 级的乔梁、杨贵金、张玉石去娄烦县；陈冰白带朱泓、高蒙河、田立坤去汾阳。我们 77 和 78 级两个班，入学时间只有

图 7-1 聆听张忠培先生教诲

1978 年 3 月与 9 月的半年差别。他们班的许多人比我年龄大，杨贵金是其中之一。按吉大的规矩，先入校的是师兄，同时入校的才看年龄，所以，78 级的同学被戏称为“师弟级大哥”。我们两个班通常是一起上课，现在让我和冰白当老师，总感觉有点别扭，外人看着也觉得师不像师，徒不像徒。

娄烦县位于太原市西北的吕梁山区，地势山峦起伏，沟壑纵横，唯河谷地带较为平缓，却又相当狭窄。我们到达该县城，即与文化局取得联系，了解以往工作的情况。县城东面有座容量为 7 亿立方米的汾河水库，据许伟老师讲当年他来时水库边上可见散落大量陶片。所以，我们首先就去水库。可惜，水库边缘的断崖都早已荡然无存了，陶片不多，倒是石斧一类的器物很多。这东西很重，年代和文化性质很难确定，从新石器时代到战国时期都有出土。刚开始见到时热情很高，不过，很快就知道这东西不能多捡，只能选几个标本，否则将不堪重负。

在娄烦县我们住招待所，吃食堂。一天三顿只有窝头和咸菜，窝头硬，咸菜又特别的咸，不像现在的窝头掺有白面或豆面，连着几天不换样地吃，因此非常怀念白燕的面条。我们分兵两路，我与乔梁结伴，杨贵金与张玉石同行，在该县踏查。一天，杨、张两人走到某公社所在地，见天色已晚，就同那里的值班人商量临时住在公社的客房，也可能是电话室和其他值班人员的住房。此地偏僻、冷清，能找到免费投宿地点他俩非常满意，这为考古队省钱嘛。房间里整洁的一铺火炕令他们知道找对了地方，这里比一般的招待所要暖和许多。老杨年长自然就住炕头，炕梢留给玉石。不料睡到半夜，一位女子悄无声息地摸了进来，坐在炕头的边沿，边脱衣服边搭讪，还没等往被里钻，朦胧中的老杨感觉有人，下意识地用浓郁的焦作口音问道"谁呀,不中",那女子猛然发现不是自己要找的人,惊慌失措，披上衣服夺路而逃。原来杨贵金和张玉石被安排住到某些人的"幽会之处",那日，来访者大概没有收到业务改期的通知，径直扑将上来，幸好78级的师弟级大哥出门在外比较警觉，才避免了一桩投怀送抱的桃色事件。

不速之客的事件是我们将要返回白燕时，杨贵金一口葡萄酒下肚后透露的真情。据同行的张玉石说，那天他并没有睡着，见有人进来快速脱衣，以为能看场好戏，没料到悄悄地来竟然变成惊慌地逃，眨眼间消失得无影无踪。他绘声绘色地讲解，狡黠的目光中流露出大失所望的神情，令人忍俊不禁。此事成为这次考古调查的笑料，多年以后还常常被人提起。搞考古走南闯北，什么事情都能遇到！

此行我们新发现遗址16处，复查河家庄、旧娄烦等遗址，并在童子崖、河家庄做小规模试掘，收获约有四个时期的遗存，能够复原的陶器50余件，还有一些石器和骨器等小件标本。考虑到这些材料已经足够完成实习报告的编写，我们便返回白燕总部，向许伟老师汇报工作情况。到了白燕才知道汾阳组还在工作，为了协调进度，我们几人立马南下汾阳增援。

汾阳属吕梁地区，位于太原盆地汾河西岸河谷地带，良好的黄土发育优于娄烦山地。发源于吕梁山的屿道河、向阳河、阳城河等多条河流的切割，使这里沟壑纵横，阶地错落，断崖林立。陈冰白正带领他指导的学生在杏花村遗址做考古试掘。杏花村由东堡和西堡两个村子组成，因唐代杜牧的"清明时节雨纷纷，路上行人欲断魂。借问酒家何处有，牧童遥指杏花村"的诗句而闻名于世。杏花村汾酒厂就在东堡（图7–2）。遗址坐落在汾河西岸,面积超大,冲沟交错,断崖纵横，多处挂有灰坑、墓葬等遗迹，遗存的丰富程度远远超过娄烦所见到的遗址。我见陈冰白灰头土脸的正在5米 ×5米的探方刮平面，1.5米深处的探方壁上还有瓷片出土，知道他的探方可能是遇到再生堆积。我介绍娄烦集中力量清理断崖的做法，留下杨贵金、张玉石听他调遣，带着乔梁奔着文水、孝义的方向继续南行。

汾阳的地形地貌让我隐隐感觉到晋中盆地南缘的古代遗存更丰富，我应该多

图 7-2 在杏花村酒厂留影

走几个地方才能对晋中地区形成正确的认识。我喜欢田野考古调查，倒不是因为年轻不知疲倦，而是习惯于自由自在，我行我素，无拘无束，可以跟着感觉走；又能体会“将在外，君命有所不受”的感觉。孝义之行本无人派遣，就是心血来潮，这个潮显然是考古人的责任心，灵机一动才能想到搂草打兔子的举措。

孝义县比邻汾阳。地势颇为相近。我们像往常一样，在县招待所入住后便租上自行车沿着汾河的支流开始调查工作。在薛家汇村民的宅基地，我们发现一座出高领鬲的灰坑孤零零地暴露在地表，找清楚范围后随即进行清理，边挖边拼对陶片，约 5 件能够复原的陶器呈现在面前，属于白燕夏代早期。在临水村附近的断崖边缘却遇到了新的课题。在检查一段高度 1.5 米左右的断崖时，发现一个器物的口沿镶嵌在断崖的底部，结果越挖器物越大，最后竟然是件近 50 厘米高、毫无破损的双鋬耳袋足陶鬲。这个时期，如此完整、硕大的陶鬲过去在晋中地区还没见过，沿断崖仔细寻找，又发现两组对扣在一起的陶鬲。器内还有破碎骨渣，因此可以断定形态相似的陶鬲是用来作为葬具的鬲棺葬。我和乔梁对这意外的收获真是又惊又喜，一时间，不知道用什么办法才能运回招待所。眼看着天色已晚，情急之下我决定要将陶鬲肢解，回到白燕村再进行修复。乔梁揶揄我破坏文物了。被分解的陶鬲装进两个大编织袋，我俩一人驮一个，回到“笑意”（孝义）县城。

翌日，我俩再去临水。不过，那段断崖经昨日扫荡，早已风光不再。幸好壕沟边上还挂露着年代更早的灰坑，出土陶片与白燕新石器时代早期的相同。因为断崖高五六米，乔梁在断崖边缘采集陶片时，塌下来的堆积竟然将他从高处掀了下来，万幸的是这小子挺机灵，没有摔坏，只是有点鼻青脸肿的皮外伤。否则，我作为教师责任可就大了，今天国家文物局也就少了一个万能型考古专家（图 7–3）。

眼看着收获的陶器和陶片越来越多，带的钱又不够用，只能电告许伟老师求助总部派车。那天，我在招待所等许伟，过了约定的时间，就去大门口等。没想到的是，走了个对面他竟然没有认出我，擦肩而过了。我连忙喊了声“许头”，他才停住脚步，惊讶地说，你咋整成这样了？我长时间没理发，蓬头垢面，背包里陶片、小件标本和馒头混在一起，让许老师十分感慨，动情地赞许了一番。30 多年过去以后，他还屡次提及此事。其实，当时没有别的念头，就是一心想多跑些地方，多弄些资料，深入了解白燕遗址发掘的成果究竟有何意义。为进一步的学术研究打基础。因为，我还是在学习和积累经验的阶段。

晋中调查可以说是我毕业留校后的第一个战役，首战告捷，极大地鼓舞士气。调查所获的资料与白燕发掘的成果进行排比，竟然建立起从仰韶时代的半坡、庙底沟、半坡四期、庙底沟二期、龙山中晚期、夏、商、周，直至春秋早期的 33 段考古学遗存编年体系，由点到面，时空切换，考古学文化大格局的整体框架令我等惊讶不已；其年代跨度之巨，不同遗存亲缘关系之清晰，为我等始料不及。“华渭模式”如此神奇，就连张忠培先生自己也被感动得泪流满面，叹为观止。

张忠培先生早期对中国考古学有两大贡献：一是他独创“元君庙模式”，即运用墓葬资料研究古代社会亲属组织与制度的研究模式；二是“华县渭南模式”（华渭模式），这既是建立一个地区考古学文化编年体系，开展“区系类型”研究的工作模式，也是探索一个地区考古学文化谱系关系的研究模式。在创办吉大考古的过程中，张先生先后在东北、河北蔚县、山西晋中、河北易县涞水，辽宁彰武等地反复使用后者，这种超级短平快的工作方法，有利于早出成果、早出人才，

图 7-3　与 78 级本科生山西组毕业实习学生合影

是吉林大学考古专业早期发展的重要经验，也是张忠培门下的看家本领，相当于霍家拳里的“霍家四路”。而我能够出色地演绎“华渭模式”可能正是出于被张先生看上的某种潜质吧？

78 级的毕业实习尚未结束，我又被派往河北蔚县庄窠前堡遗址，寻找与发掘夏家店下层文化的墓葬。8 月份，又回山西汾阳杏花村，参与指导 79 级部分本科生田野考古实习（图 7-4）。那些年，我们那几位留校的青年教师就是这样连轴转，张忠培先生指哪我们打哪，毫无怨言。他的人格魅力和教学思想能够充分激发我们的主观能动性，这是他创办吉大考古最成功的经验！骨子里的东西是没有人能够复制的！

首进吕梁是我求学悟道考古探索的新驿站，开启了在实践中学习的新阶段。有目标、有计划、有抓手是关键的关键。坚持数年，必有好处的回报，我等年轻人当时全然不知，几年之后则发现功夫有所长进，对许多问题可以评头论足，坐

图 7-4　与张忠培先生、许伟老师和 79 级部分同学参加杏花村遗址考古发掘 30 周年纪念表彰大会

而论道。即使现在，我依然能够运用那时的知识在不同地区审视相关资料，并能够迅速抓住问题的要害。

注释：

1. 张忠培：《华县、渭南古代遗址调查与试掘》，《考古学报》1980 年第 3 期。

悟道者说

中国考古是既有热闹又有门道的学科。基本功和悟性相辅相成、相得益彰。考古学资料能看进去靠基本功；出得来取得新认识则靠悟性。首进吕梁的成功，就在于这两种能力的完美结合。

八、再进吕梁　遇高辿希望

（走出自己精气神）

1982年初，晋中地区考古调查的收获很大。一是为该地考古学文化的编年体系的建设增加新的资料，排出从仰韶时代相当半坡文化时期到春秋的33个阶段陶器发展变化的顺序；二是认识到庙底沟文化在汾河流域独大的历史事实；三是明确龙山期双鋬耳袋足鬲遗存年代晚于庙底沟二期文化陶斝而早于白燕高领鬲；四是识别出文化面貌与白燕晚商遗存性质完全不同的杏花村商代遗存，提出了一系列重要的学术新问题。因此，黄景略先生、张忠培先生和许伟等老师又开始惦记吕梁山西侧的考古学文化状况。因为，1982年的晋中调查集中在吕梁山东侧汾河水系，而其西面属黄河水系。加之陕西清涧正在进行考古调查发掘，据说有所发现。况且，柳林高辿遗址曾有青铜器出土。那里的陶器与白燕又有怎样的区别、联系？与山西石楼青铜器是何种关系？这对于长期思考晋中考古学遗存的诸位先生而言，那真是太有吸引力了，派谁去呢？他们的目光再次聚焦在我的身上。历史再次选择了我。

不过，此时，我对华渭模式已经拥有了更深刻的思考。那就是考古调查首先要懂得遗址分布规律，了解不同时代的遗存偏爱不同的地形地貌和高度；要创造条件认识遗址地下的堆积状况，注重断崖边缘遗迹的清理；要像苏秉琦先生西安郊区的考古调查那样重视层位堆积和典型单位，按田野考古发掘规程要求清理遗迹现象；要像正规的田野考古发掘那样重视陶器的拼对，抓典型器物的复原，抓共存关系的质量。在娄烦和孝义搞调查时就是抓住了陶器拼对的环节，才获得了许多重要的信息。因为，完整的器物才有利于比较研究，只有口沿、裆、底等局部的残片很难形成器物的完整概念。我之所以重视陶片的拼对，是白燕毕业实习训练的结果，许伟老师反复强调拼对陶片意义重大，显然是得到邹衡先生的真传（张先生在邹衡逝世五周年的纪念文章中，特别说明邹衡先生酷爱陶片拼对与复原)。再进吕梁，我已经准备就绪，求战的心情极为迫切!

临行之前，许伟老师反复叮嘱，工作重点是三川河中部，务必要去早年曾出土小件青铜器的柳林县高辿村。那年，他随邹衡先生考察石楼青铜器出土地点时曾到过该村。当地老乡带他们找到了青铜器的出土地点，但没有发现其他痕迹。许伟念念不忘，难以释怀的情结在多个场合表示过。我明显感觉到他的叮嘱中满怀着期望和热切的憧憬，有一种特殊的情感和极大的信任在涌动。他尽量控制着不想给我造成很大的压力，因为，他是我的老师，知道我有“拼命三郎”那种特别能战斗的特质(图 8–1)。

1983 年 3 月 11 日，我带 79 级本科生马昇、王万辉和技工张尚正(村民都称他柱头)和李胜利进入吕梁山地区的离石县，开始为期一个月的三川河流域考古调查。三川河流域，庙底沟文化发育得相当充分，很多遗址的断崖都能见到红烧土堆积的房址，我们选择了几处地点进行清理，获得大量的实物资料，对于认

图 8–1　与许伟、陈冰白、李言在白燕合影

识本地区庙底沟文化独立成长的事实提供了重要支撑。资料表明，这里与娄烦县一样相当于半坡文化时期，也存在一种与庙底沟文化系统渊源很深的遗存，因此，吕梁山东西两侧，当然可能包括陕北地区都是庙底沟文化的主要分布区域。重新认识半坡与庙底沟文化的关系也就提到日程上来。

三川河流域的遗址有自己的分布规律。龙山时期遗存分布的地势比仰韶时期的高。山顶相对平坦者大都可见其分布。离石乔家沟遗址的袋状灰坑给人留下深刻印象。过去，在河北蔚县和山西太谷县白燕遗址的发掘不是没有见到过袋形灰坑，只是那些灰坑都已遭到破坏，并非初始的状况。离石乔家沟的灰坑，平面是1米左右直径，挖下去1米多，坑壁向四周延伸，坑深4米左右，底部直径约5米，形状颇似倒扣漏斗。其中的堆积是大量红烧土、草木灰和可以拼对复原的陶器。我们每天都用自行车运回几袋陶片，白天清理灰坑，晚上拼对器物。开始的时候，每天服务员还来端茶倒水，我们走后打扫房间。时间长了，床底下都是灰土和拼对的陶器，服务员自觉地不再光顾我们的房间了。看来，文物工作者往往不被理解，灰头土脸的样子很容易被误认为是收破烂者。

柳林的高辿村是我二进吕梁山的重点。目的就是寻找与山西石楼商代青铜器相关联的考古遗存。安顿好马昇在离石县马茂庄遗址试掘后，我和柱头、胜利找到了高辿出青铜器的地点。但初见时感觉那里距离河流较远，塬上平坦，断崖的黄土很纯净，一时间无从下手。于是，就转向距河流相对近些且有一定高度的土塬。吕梁山里的遗址大都与河流关系紧密，高度不是特别重要，但其上一定要平坦。我们一般都是走盘山路，寻找断崖才能确定遗址的存在与否，因为陶片罕见。初春的阳光特别的温暖，照在身上暖洋洋的。果然，在接近土塬顶部的时候，看到路边断崖上挂露着一个灰坑，其直径约1.5米，深0.5米，周围均是生土。这条路是新开的，宽2米左右，灰坑的高度恰恰在齐胸的位置。所以，很方便清理。为了保证它的单位质量的单纯性，我们先清干净脚下的浮土。该坑体量不大，很快就被拿下。此坑出土陶鬲的个体较多，其中一件基本完整，表皮沾满炭灰，花边口，通体绳纹，柱状足，还有假腹斗、肩部饰雷文的小口折肩罐、大口尊、瓮足等，周围有散落的陶片，虽然可能出于此坑，但都作为采集品处理。看陶片上的雷纹和大口尊，感觉其年代不会很早，陶鬲的样式似乎又不会太晚。具体年代必须回总部才能确定，不过，我知道自己已经完成了任务，应该是不虚此行！

此坑编号为高辿 H1，是吕梁山访古的重大收获之一。回到白燕，许伟老师着实为该坑兴奋了许久，时至今日，但凡提到高辿 H1，他都能如数家珍般说出那时的兴奋之点和许多思考。据说，1983 年底，邹衡先生会同陕西考古所韩伟、焦南峰和主持陕北清涧遗址发掘的多人专程来白燕，晚饭都顾不上，直奔库房看此坑出土的陶器。老一辈考古学家如此敬业，对新资料如此敏感，对高辿 H1 如此重视，令我这位发现者非常感慨和自豪。邹衡先生认为许伟对此坑年代的推断正确，它们是吕梁山里年代与石楼青铜器最接近的陶器，两者可能就是一回事。但是，当时可资比较的材料几乎没有，仅仅根据器物形态与制法，便做出如此准确的判断，令邹先生也感到震惊。高辿 H1 年代清楚，不晚于殷墟二期，是该地区晚商时期考古学文化大格局和石楼青铜器的研究的全新资料，其重要性不言而喻。正因如此，20 多年以后，回到山西考古研究所工作的马昇，重新勘察该遗址，并在其顶部进行了一定规模的发掘，发现大片夯土台基以及陶器和小件青铜器，其重要成果被评为 2010 年中国考古十大新发现。显然，高辿遗址的特殊遗存已经具备了考古学文化命名的要素。

4 月 16 日，我们回总部白燕整理资料，马昇、王万辉开始编写实习报告，并顺利通过论文答辩。毕业后他俩都去山西省考古研究所工作，成为日后的合作伙伴。他俩曾分别担任山西省文物考古研究所的书记和所长职务。

自白燕毕业实习到两进吕梁山，我的工作始终围绕着山西古文化的发现与研究，“从战争学习战争”的方法，极大促进我业务能力的提高：一是在思想中树立一面旗帜。这旗帜就是实事求是的世界观和方法论，坚持让材料牵着鼻子走。留校之后，先生曾要求我们 5 年之内不要急于写文章。在晋中地区工作时，白天整理资料，夜晚讨论中国考古学的诸多问题，从吉林大学考古专业创业史到当前学术界的热点问题；从仰韶—龙山的考古学文化编年体系、时代分野、基本格局到商代陶鬲的具体型式；从白燕遗址的遗迹特点到新石器时代遗址类型，每每争论不休直至天明。有时为证明自己的观点要翻阅很多资料，准备下次的讨论能够说服别人。这就如同自然界中幼小的肉食动物在嬉戏玩耍的过程中培养日后猎食能力和本领一样，真正是活跃了思想，加强了交流，促进了学习，锻炼了论证问题的能力。这期间从个人的角度讲，对中原祭祀遗址已经形成了基本看法，怎样表述最佳，选择什么样的遗址为突破口，就成为看材料时最关注的问题之一。最后选中了磁山遗址，《磁山祭祀遗址及相关问题》在《文物》杂志的刊出，恰好是我留校任教的第六个年头。

二是在心中形成一个考古学的标尺。这个标尺主要是考古学文化的编年序列，其中，既有年代学的也有类型学、层位学和谱系学的知识和思想。当年吉林大学考古专业在山西晋中地区的考古工作是以太谷白燕遗址为基地，由张忠培、黄景略先生筹划，许伟老师组织，先后在娄烦、离石、柳林、汾阳、孝义等地开展考古调查与试掘，在汾阳杏花村做了大面积考古发掘，最终形成晋中地区从前仰韶到东周时期的33段的编年体系。对于刚刚步入考古学研究领域的初学者，这个标尺的意义远远要超出对晋中地区本身的认识，除了提供了在一个相对独立的自然地理单元中考察考古学文化演进的过程、时代的风格、递嬗的逻辑之外，主要是方法和理论上的训练。用这种尺度分析周边地区的考古资料和相关的研究，心中自然就有了底数，即使20多年后到远离中原的岭南地区，这个尺度提供的经验依然发生作用，认识陶片的能力可以触类旁通，能够比较迅速地发现原来研究中存在的问题，资料中存在的矛盾，从而确定学术研究新的生长点，提出指导地区性研究的规律性认识。

三是培养出独立思考的习惯。不迷信前人的研究结论，不盲目崇拜前人治学方法的说教，不拘泥前人划定的路径，是我研究中国古礼和文明起源中国模式的基本原则。因为，一代人有一代人思想，习惯于跟在别人后面跑，乐于在人家的布局里做文章，怎能达到自由之思想，独立之精神的境界？哪能闯出自己的天地呢？

悟道者说

获取考古遗存的工作方式有游击战、运动战和阵地战三种。阵地战是固定地点的大面积发掘。游击战是指单纯采集文物标本的考古踏查。运动战则指辅之以小规模试掘的考古调查。三者都必须强调遗存的数量和质量。“言之无物”的田野教学没有实际意义。

九、作歌易水　回燕赵故乡

（从必然走向自由）

1985年初，考古教研室让我负责指导吉林大学历史系考古专业81级部分本科生毕业实习，地点在河北易县和涞水县。当时这个班的同学分为四组跟随不同的教师奔赴不同的地区：一组跟我去河北易县和涞水县搞考古调查与试掘，并完成毕业论文；一组随许永杰去甘肃民乐东灰山遗址搞小规模发掘和写论文；一组随滕铭予去山西侯马整理上马墓地的发掘资料写论文；余下的同学为一组在校写毕业论文。金旭东、王炜林、丛德新、孙秉君、夏志峰、南海森6人主动报名，要求去易县和涞水搞考古调查。可能是因为金旭东对我有所了解，他母亲在长春百货公司第五商店鞋帽组，是我多年的老同事。同窗朱永刚正读张忠培先生的硕士研究生，兼顾学分到我组参加毕业生实习指导工作。他为人忠厚，学习刻苦，踏踏实实，从无怨言。当年他身强力壮，曾是班级体育委员，有他加盟自然有一加一大于二的效果。

因为有指导78、79级两次毕业实习的经验，从华渭模式闯天下，到走出自己精气神，实践总结，再实践再总结，对考古调查与试掘的理论认识已经升华，易县、涞水之行我已然成竹在胸。与前两次指导本科生毕业实习相比，我热情更高。因为我祖籍就在易县梁格庄。那里属于清西陵，居住在此的大多是守陵的旗人。听老姑卜效昭讲，我爷爷的弟弟是守陵人，若然，我家原来可能是满族，不知何种原因成为汉族。反正满汉一家亲嘛，在多民族国家里生活，哪种可能都会出现。行前，根据吕梁山考古调查的经验，那就是大学教师在当时的地方不那么受重视（中国自古就有官本位的传统，没有行政级别的知识分子从来都不受待见），所以，去易县路过北京时，特意到国家文物局文物处同窗王军那里“顺”了几个印有国家文物局字样的大信封，以备不时之需。

易县和涞水县南北相连，都处于太行山东麓，西面是大山，东面是华北平原。我们历次考古调查的要求都是速战速决，做到“三个保证”，一是保证有一定数量的陶器资料，二是保证有一定时间消化材料，三是保证有一定时间编写实习报告。以往，带两三个人，压力不大，这次是6个人，所以考古资料能否满足需要就显得非常突出了。因为，我不想让6人写同一个题目，那样对教学不利。

记得当时，街上流行牛仔裤，歌曲唱响邓丽君，小说呈现金庸热，改革开放的大潮已然兴起。该班级学生能够集中精力到比较艰苦的地区搞田野考古调查证明了他们的专业思想牢固。与我们77级考古班一样，他们也是从河北蔚县走出来的。也是说，是张文军老师调教的学生，严格意义上讲是我们的师弟。不过，张忠培先生也说过，前后差四届及其以上应该以师生相称为好，所以，他们还是称我老师。说这些情况，是要交代几件事，一是他们田野考古的基础好，专业思想牢固；二是他们单兵作战的能力强；三是张文军、陈雍老师正在石家庄整理多年发掘的考古资料，离我们不远，如有难以应付的新问题，外援不成问题；四是这几位同学在他们班上思想比较活跃，爱说爱笑，爱玩闹。尤其是有金旭东的关系，见面之后自然有许多亲近的感觉。天时、地利、人和的因素注定了作歌易水，必有不虚此行的结果。而我要指导他们的，就是怎样找遗址，如何认材料，尝试编写实习报告。我的思路是先涞水后易县。也就是集中在涞水县练兵，然后去易县分组调查，如此，容易发现他们各自的特点。

涞水有2处遗址材料相对丰富。一是炭山，一是富位。有几个不同时期的文化遗存，试掘的收获还可以，能够复原的陶器数量超出预期。在涞水时，白天调查、发掘，晚饭时间集中会合，大家边吃边聊，互通工作信息，我和朱永刚点评。潜移默化之中，同学们自然就增强了与地方文物干部打交道和管理民工的能力。那时，白天有阳光，心中有目标，身边有学生，休息的时间打打羽毛球，聊聊金庸的武侠，讲讲吉大的考古传统。我时常拿着国家文物局的大信封，自称是省文物局的处长，几位同学分别被封为科长，与地方文物干部打交道，我行我素，十分惬意，虽然行为过分，但日子过得逍遥自在。晚上去集市上抓点瓜子和花生，下酒菜就齐了。那个时候，苦啊累啊，名啊利啊，全都丢在脑后，就是一个心眼多发现资料，把他们几人的毕业实习搞好。

接下来的易县调查，北福地和下岳格庄两处遗址着实让我们惊喜了一段时间。北福地遗址地处易水河畔。那天，我随孙秉君、南海森这组沿易水河踏查，行进到北福地村发现以前未曾见过的一种陶胎中掺杂云母的陶片，以及陶支脚一类的器物。估计是新的文化类型，这个可遇而不可求的机会，当然要搞它一下。况且，历史名胜易水河，殷商以来典故多。不死荆轲刺秦王，世世代代称绝唱。两千多年前，燕国太子丹身穿孝服带领众人，送荆轲行至易水，明知有去无回，但壮士义无反顾，成就了“风萧萧兮易水寒，壮士一去兮不复还”的千古绝唱。而今，我们在易水调查，风尘仆仆，蓬头垢面，迎来新的重要考古发现，难道不是天赐良机吗？当然要摆开架势，一探地下究竟如何。我让孙、南两人不再前行，就地试掘，能挖多少来多少，先搞断崖边缘，做局部清理，速度一定要快，层位要清楚，单位的质量要高。交代后，我满怀喜悦的心情去丛德新和王炜林那组的下岳格庄。正是“春暮暮兮易水暖，青春福地兮作歌还”。

几天后，北福地果然传来喜讯。发现遗物很多，以前完全没有见过这些材料。因此，我只得刚到即返，不能久留。不过，易县下岳格庄遗址文化堆积丰富，有墓葬，有居址，遗存年代集中在夏商时期。丛德新和王炜林足以应付这里的发掘工作，他俩是我最放心的一组。

北福地的资料令我大开眼界。这是我求学悟道第二次发现新的考古学遗存，第一次是山西柳林高辿遗址 H1。这两次发现成就了后来它们分别入选 2006 年和 2011 年“中国十大考古新发现”。因为过去无人知道它们的存在。调查试掘工作的重要性由此可见一斑。北福地的早期遗存有一部分与河北武安磁山遗址相似，其中石碗、刻划纹面具都是首次发现，当时由于资料少，并不认识其真正的用途。有些遗迹现象虽然都作为灰坑处理，但我知道其中必有若干房址，否则，哪能出土那么多完整或接近完整的器物呢！不过，短平快的调查试掘只能如此。后来，我曾想过，那个年代，通信设备落后，社会舆论对考古发现还不很重视，倘若换作今天，每天的收获都能引人关注，不时受到媒体采访，重要收获会经常见报，不断地向社会展示成绩，美美地享受劳动成果，可能对调查试掘产生更大影响，促进毕业实习的教学质量发生飞跃。

一个月的调查试掘转眼过去。我们按计划在易县文管所进行整理与实习报告的编写。正在石家庄做蔚县考古资料整理的陈雍老师来易县指导，6 位同学喜出望外，本科生的生产实习他们班就是在蔚县考古工地受训的。能在毕业实习阶段继续得到陈老师指点，更有雪中送炭的意味。他们前呼后拥，争着摆陶片，拿标本，让陈雍老师讲意见，提看法。我和朱永刚都感觉到，陈老师的到来，极大地推动了资料整理和实习报告编写工作。

是年 6 月下旬，我们回到石家庄，他们 6 人在那里通过了毕业论文的答辩。涞水易县之行，我收获很多，因为，前两年在指导 78 和 79 级部分学生毕业实习时，我是在自己熟悉的晋中地区开展工作，有太谷白燕总部做后盾，有标尺和经验作为参考，认识新材料相对容易，用体育界的术语讲是难度系数不高；而河北拒马河一带过去很少考古工作，遗存资料相对陌生，在这里能够迅速认识理解新材料，捕捉研究课题，提出学术见解，做到教学与研究两方面游刃有余，显然已经提高了技术难度。因为，他们 6 个人的毕业论文不能马虎，结语部分必须回答整理资料的特征、年代、性质和谱系等关键问题，结论认识正确与否直接反映指导教师的认识水平和辅导能力。记得前几年，王炜林对我讲过，他的毕业论文曾被北京大学出身的陕西考古名人赞扬，他始终以此为荣。

那个时候，吉大考古的学术氛围相当浓郁，许伟、陈雍、张文军等老师和新留校的我、陈冰白等聚到一起不是讲考古学史，就是讲目前中国考古学存在的问题，再就是分析考古学理论与方法进展状况，从鬲谱、瓶谱到鼎谱，无所不谈，真是雄心勃勃，踌躇满志，没有时间打小算盘、表现自己，特别讲究团队精神。所以，下半年在张忠培先生安排我整理这批调查资料、编写报告之前，我特意去了一趟泰山，就是想寻找“无限风光在险峰”的感觉（图 9–1）。由于得到陈雍老师的指点，不到半年的时间顺利完成了调查试掘报告的编写工作。听说张先生看到稿件后非常高兴，曾对

图 9–1　1985 年在泰山

别人赞扬说，“这就是副教授的水平”。因为那时我仅仅才是助教，所以记忆尤为深刻。先生耳提面命，又嘱咐我此文单位署名的先后按照以往吉大考古专业在后的惯例，执笔署名顺序是朱永刚、师弟吴东风的名字依次在我之后；拟在《考古学报》发表，具体由他联系。记得当时吉林大学有位教师认为此文写得不错，说水平很高。听此议论，我非常兴奋，自己感觉到毕业虽然不久，可考古的水平却是明显见长，真应了父亲常说的那句话，“孺子可教啊”！想不到别人也会有此同感。

20 多年过去了，当年的王炜林已经成为陕西省考古研究院的院长，后去陕西省历史博物馆任领导职务，退休后受聘于山西大学；金旭东由吉林省文物考古研究所所长的位置走上吉林省文化厅副厅长的岗位；丛德新曾任中国社会科学院考古所科研处处长，后任新疆队队长；夏志峰任河南省进出口文物鉴定站的站长；孙秉君在陕西省考古研究院由于韩城梁带村周代墓葬的发掘而闻名于考古界；南海森则从河南省文物考古研究所回到濮阳文化局，从文物管理所所长的位置退休，已经是多年没有见面了。2009 年 11 月陕西省考古研究院成立 50 周年庆典时，王炜林、金旭东、丛德新、孙秉君特意向我敬酒，津津有味地回忆易县、涞水的美好时光。带他们实习时因为名额限制，学校规定我们组优秀名额只一个。那年在石家庄，由孔哲生、张文军、陈雍、朱永刚和我组成的答辩委员会综合考虑，优秀授给丛德新。其他几人对当年毕业实习成绩没有获得优秀耿耿于怀，在酒桌上径直追问缘由。可见，他们还记得那次毕业实习带来的非同凡响的欢乐、有益人生的启发和值得重复的思考，因此很在意自己成绩的名次。1988 年《考古学报》刊出的《河北易县涞水古遗址调查与试掘报告》却没有留下他们名字，是我从事考古工作以来的憾事。不过，那许多个“第一次”，依然可以使我们重温过去的精彩，回顾成长的历程，回味初学的兴奋、新鲜和刺激的感受（图 9–2）。

《礼记》说“教学相长”。山西、河北的考古调查大大增强我认识陶片、认识遗址、认识文化的能力，也让我看到自己的短板，那就是穷于应付教学，科研方面缺少必要的系统性规划，有些思想火花在记忆中逐渐暗淡下来，进一步深入思考已经刻不容缓。

图 9-2 与 81 级河北组毕业生合影

悟道者说

大学毕业留校工作后，连续接受三个任务都是考古调查与试掘。到易县、涞水时，我已经有了新的追求。考古要有点野性，喜欢下田野，愿意行万里路；有点个性，自己有主见，解决问题思路清楚；有点悟性，拥有想象力，能举一反三。

一〇、鳝鱼之血　诉苦恋情长

（偏方治病的联想）

前些时候，微信有一则消息介绍“中医偏方”，其中一条是说鳝鱼血能治疗中风引起的面瘫，其效果极佳，屡试不爽，值得收藏。这不禁令我想到30多年前曾用此方救治许伟老师的情景。往事历历在目，仿佛就是昨天。苦楚和心酸撞开了思绪的闸门。

1987年初，考古教研室安排我负责指导85级本科生生产实习，去山西中部选发掘地点。当时，张忠培先生调北京故宫任职的事情已经明朗。他的意见是，发掘地点还应围绕这些年吉大在山西发掘调查的工作考虑，是否适合考古教学和晋中地区科研要由许伟老师决定。3月24日我到太谷白燕见许老师，他提供忻定（忻州和定襄）盆地几处遗址，是当年为进修班发掘选址时勘察过的。考虑到张家口地区与晋中地区的文化关系、晋中地区的陶鬲谱系的学术背景和有利于田野考古教学，有必要进一步考察忻定盆地。26日我带李胜利赴忻州考察，与山西省考古研究所马昇、忻州地区文物管理处李有成勘察多个遗址，认为忻州董村镇游邀村居住和遗址各方面条件最佳（图10–1）。4月1日许伟老师接到事前相约的电报就直接来忻州找我。

游邀遗址地势与汾阳杏花村几乎相同，并密集分布大量龙山时期的遗存，散见一些高领鬲残片和带沟槽的鬲足。一看这些就知道非常适合先民的居住，且现在的村落规模很大，人口又多，安排生产实习的种种条件明显优于其他地点。许伟见到这些马上兴奋起来，扳着手指进行总结，当即拍板说“好地方，就这儿了”。4月4日我们回太原向山西省考古研究所王克林、陶正纲两位所领导汇报情况。王克林先生是张忠培的大学同窗，在白燕遗址与我们同吃同住，平易敬人，经常提携后辈，得到他的大力支持当然不用多费口舌。剩下的工作就是我去学校联系

图 10-1 与马昇、李有成勘察游邀遗址

发掘经费，回来后要对遗址做些试掘工作，以选择古遗存相对丰富的地方做具体发掘的位置，避免出现空方的情况。

真的是好事多磨。当我 6 月 27 日再次去白燕请示试掘工作时，却发生了我意想不到的事情。以往，我去白燕都是自己从太原坐长途公交车，可那天为了赶时间，想当天返回，便请山西省考古研究所派车。司机赵仁柱经常接送客人来此，轻车熟路，十分顺利。但一进白燕村，就感觉与往日有些不同：黑压压的天，大雨将至；空荡荡的考古大院，门窗不时被风吹得吱吱作响——总之，有种不祥之感暗暗袭来。我一边喊许老师一边往里走，喊了几声，才见他从库房缓慢走出，远远看去就能感觉到他一副心神疲惫、无精打采的样子。走近一看，我大吃一惊，只见他嘴歪眼斜，脸色漆黑，说话已然吐字不清。原本英俊潇洒的面孔，两个月不见咋成了这番模样？莫不是脑中风不成？我反复搜索记忆中病情症状，看他手脚还利索，就动员他马上回学校治病。可他坚决不肯，说没有向张忠培请假。情急之下，我只能往严重上说，并强调“将在外，君命有所不受”“留得青山在，不怕没柴烧”等道理，劝他说如果是心脑血管疾病可就麻烦了，现在赶回去，抓紧治疗应该问题不大，否则，后果不堪设想。见他有些犹豫，我又抬出张先生，说如果你病倒，最痛苦的还是先生；现在再不走，大雨马上来到，到那时候想走可就出不去了。他终于被我说服了。

从白燕村的土路到县级的柏油公路还有十八里。如果是雨天，汽车打滑将寸步难行。天色越来越黑，司机小赵不顾颠簸，以最快的速度驶向公路。我们的车刚踏上柏油路，瓢泼的大雨就从天而至。在太谷县住过几年的时间，从来没见过这么大的暴雨，如果晚几分钟，我们的车很可能就陷在土路上，难以自拔。大家都感叹：老天有眼！

到了太原却不能取道北京回长春，许老师怕惊动年事已高的老母亲。所以，就选择了绕开北京，经石家庄回长春的路线。在太原驶出的火车里，许老师紧紧拉着我的手，偶尔开两句玩笑。我知道这病因始终是个悬念，他心情非常沉重。只是强作笑脸。虽是归心似箭，可是归途漫漫。1987 年的时候，改革开放的浪潮已经席卷全国，社会上很多观念开始转变，下海经商，弃文入商、辞职从商成为很多人的狂热追求。还有多少人躲在消息闭塞的农村，不忘考古初心，坚守本职工作，忍辱负重，默默前行？许伟就是这种人。这些年他常年在外，驻守白燕。那年他夫人怀孕，为不影响工作，商议到最后还是没有要，对于非常喜欢小孩的许老师而言，显然做出了不少的牺牲。想到他曾经激动地给我和陈冰白讲 1984 年在北京参加全国青联大会的盛况，北大进修时跟随邹衡、俞伟超、严文明等先生学习的记忆，对中国考古事业的憧憬，真是意气风发，激扬文字，现在却已是疾患缠身，前景未卜！若干年后又有谁能体会到个中的滋味？

少帅张文军、李言老师正在石家庄市的高柱村整理河北蔚县的考古材料，看我们如此狼狈进得门来，马上嘘寒问暖，张罗做饭。匆匆赶来的任亚珊非常担心许老师的病情。亚珊是白燕进修班和后来提高班的成员，与许伟的感情相当深厚。那时他还只是无名小卒，后来却荣任河北省文物保护中心主任，他的夫人是 76 考古班师姐刘建华，故我等称他为“师姐夫”。我告诉他用鳝鱼血可以治疗面瘫的偏方——就是本节开始讲到那个偏方。亚珊立马用一个月的工资，买了两条大鳝鱼为许老师治疗。我和李言喜出望外，忙乎了大半天，又是宰鱼，又是抹血，许老师左脸涂了几层鱼血，但歪的部分怎么看都还是歪的。据说，若力道过足，矫枉过正，则须将血涂在另一侧脸上，方可纠偏。所以，还预留了鱼血，但始终没有派上用场。他的脸仍然坚定地歪向一侧。当时，我们并不知道偏方也有真假，始终以为可能是操作方面有失误所致，没放在心上。或许是享受了一顿全鱼大餐，大家还是很满足的。在那个年代，真的没有试过如此尽兴的大快朵颐，师姐夫的燕赵豪情也成为业内佳话。

翌日晨，张文军老师弄了辆旧三轮车，和李言我等三人送许伟老师去石家庄的医院看病。骑三轮需要技术，看上去很简单，不会使劲立马跑偏，很容易撞到马路牙子上。我和李言都是门外汉，好几次差点就让许老师从三轮车中飞出去，所以，最后还得让文军老师亲自护驾，我和李言打打下手或者帮忙推车。那个年代是自行车的天下，不像今天有出租车，公交车也发达。真遇到急事心里干着急。好在路途不太遥远。值得欣慰的是，检查结果说明许老师的血压和化验指标都没问题。

从石家庄到长春路经天津。陈雍老师带其女陈畅已经在天津站台恭候多时。停车时间短暂，两位老师手拉手，饱含热泪相互问候。他们说什么我听不到，但知道男儿有泪不轻弹，是感时花溅泪，还是恨别鸟惊心？此情此景在多年后的今天依然记忆犹新。在那个变革的时代、在那种特殊的环境，能把考古干到许伟老师这个分上，真让人动容啊！考古真的不是游山玩水，不是鉴赏古物；考古是一种坚持、是一种奉献，更是一种情怀和一种追求。事后，才知道因为我确实有很长时间没换衣裳了，所以，小陈畅问她老爸，那位卜叔叔身上咋有股动物园的味道？这在朋友圈内一时成为笑谈。

7 月 1 日到长春以后，许伟老师没有回家，径直去白求恩医科大学第一临床医院耳鼻喉科住院。我父亲在那工作，他让我放心，说这是贝尔式面瘫，不属于心脑血管疾病的范畴，百分之七十五的患者能够自愈。中医是世界医学宝库的瑰宝，但江湖郎中的偏方也有言过其实者，甚至骗人者。令人奇怪的是，这偏方的谎言竟然可以代代相传，时至今日，依然能够招摇过市。

许伟是我亲老师。他是吉林大学在山西的考古教学与科研工作的总负责人。

因落实知青政策离开吉林大学。回京后在西城区文化局工作。他令北京历代帝王庙重光，新建李大钊故居纪念馆，完成《西城史迹：辛亥前后三十年》的出版，在抗击非典疫情的斗争中做出重大贡献。我们在白燕结下深厚友谊，真想等他康复再走。可是，还有很多工作，包括那个绝顶重要的、关系到教学质量的考古试掘工作在等待着我，所以，只能默默地为他祈祷。安顿好许老师，我又登上去忻州的火车。车轮滚滚，碾压出有节奏的声音与震动，许老师的康复让我挂念，鳝鱼香滑油腻的口感让我回味。此后，吃鳝鱼次数不少，可始终没有高柱村的那种味道。因为，再没有什么比考古人对事业的苦恋情怀更值得回味！

悟道者说

有一种情怀叫苦恋，有一种精神叫奉献，有一种境界叫无我。许伟回京后，从文物科员做到北京西城区副区长的经历证明：有此三者，做任何事情都必有前途，必有作为，必有贡献。

一一、主持发掘　练阵地攻防

（考古也练童子功）

1987 年 7 月 6 号我再进忻州。

想到马上就要主持忻州游邀遗址的发掘，指导本科生的考古生产实习，心情格外激动。但先生的反复叮嘱却让我压力山大。他分析吉大考古这些年的生产实习安排，深有感触地说：考古教学基地是教学和科研的重要保障。83 级本科生生产实习，因为没有基地，我们只能借船出海，到国家文物局考古领队班兖州考古工地去练。84 级本科生去黑龙江生产实习，本想就近建立基地，结果大队人马拉上去才发现大面积空方。不得已只能转场，把实习学生的队伍拉到三峡中宝岛遗址去打隔梁，严重影响考古教学的质量。你前几次指导毕业实习的表现说明，统筹能力、识别材料的能力、艰苦奋斗的能力都让人放心。但是，这次要练的是阵地攻坚战，而非运动战，要杜绝空方出现，只能试掘勘察清楚。主持考古发掘工地需要统筹能力，讲究系统性、大局观和应变能力，这是考古人的看家本领。当代中国考古学专业知识和基本要领均源自田野考古学；纯熟的田野经验和发掘现场的组织管理最能锻炼人，若能胜任考古工地领队，就完全有能力胜任系主任的职务。所以，你这个领队的责任很大（图 11–1）。

图 11–1　1987 年 7 月 14 日在忻州宾馆的纪念照

先生说是由我领队主持游邀考古工地发掘，实际上我当时相当于今日的执行领队，因为发掘执照上负责人是张忠培和王克林两位先生，我身后还有许伟老师从中斡旋，坐镇指挥。

跟中国武学的道理相同，未曾练过童子功也能够成为武学名家。在中国考古学史上，有些长期从事考古学研究的学者从未参加过田野考古发掘，没写过发掘简报或未曾参与整理考古资料和编写考古学专刊，但同样可以发表文章，其中，不乏见地、影响。这是因为中国考古学与历史学研究有相当部分重合。许多研究者原本多是历史研究的行家里手，主要靠文献功底打天下，两重证据法是其强项，考古资料多用以做注。因之，貌似考古学的研究其实属于史学范畴，分水岭就在于研究是以考古学遗存还是以文献资料为本位。现在的考古学研究比以往门类复杂、课题细化，大量课题与考古学文化相联系，若无田野考古的基本能力，不仅实物材料看不懂，甚至连考古学文献也很难读懂。越是宏观、越是综合性强的题目，越是需要驾驭材料的能力，田野考古的功力就越能表现出来。很像童子功，只有在关键时刻、关键场合、遇到关键对手才能显示出来一样。这种认识和理念，几乎是当时吉大考古专业田野考古教学的指导思想，不仅深入人心，而且相当流行：教师主动要求指导田野考古实习，学生踊跃参加生产实习，形成有目共睹的良性互动。

我喜欢挑战，岂敢怠慢！第一件事先是去忻州市运输公司租货车回太谷白燕拉桌椅、文物架子和灶具，接李胜利一家人（他夫人小刘和4岁公子李海洪）。那些年，我在山西、河北演绎“华渭模式”，指导本科生毕业实习，每年都带李胜利随行。他喜欢考古，老实憨厚，吃苦耐劳，不抽烟不喝酒，没有坏习惯，调查发掘得心应手，尤以拼对陶片修复器物在江湖上享有盛誉，曾驰援国家文物局领队班兖州发掘工地，每到一地成绩斐然，令当地考古人刮目相看，口碑甚好。

第二件事就是租房子。吉大考古安排生产实习的惯例是学生住在老乡家，这一点并不难办，考古队部则需要一定条件。许多民房都不适合。游邀村北有座古庙，其后身有排房间是废弃的教室改成的放棺材的仓库，地点相对僻静，独门独院比较理想。我请村长找人搬走棺材，清扫各房间堆放的谷糠，用塑料薄膜将窗户遮住，用简易文物架子作间隔，再支上行军床，就成了考古队的办公地点。当晚只能在此过夜。屋外电闪雷鸣，屋里蚊虫扑面，专往耳朵和鼻子里钻，加上老鼠蹿来跳去，相互追逐，真是难以入睡。夜雨提醒我这房子不仅破旧，更有多处漏雨。考虑到若要换屋顶瓦片工程量太大，且费用颇多，翌日，安排李胜利用铁丝在屋顶拉成网状，再铺塑料薄膜，这样既不掉土，也不怕下雨。几番收拾，这狭长小院就有了模样和生气。桌椅板凳、炊具和修复工具都是从白燕拿来的。所以，开销甚微。艰苦奋斗是张先生田野考古十六字方针的原则之一，我当然时刻谨记在心。

第三件事就是开始试掘以确定具体的发掘地点。然后便是与生产队谈民工工资，土地赔偿，准备厨房用具和粮食等。几天以后，遗址的大致情况逐渐明朗。这些事情都办妥了，同窗许永杰也被先生派到游邀遗址。在我领导下工作，他心情始终很好，对发掘前景和教学效果充满期待，用枕戈待旦形容毫不过分。

说来也巧，当时，著名考古学家苏秉琦先生正在五台山疗养，吉林大学在山西的考古工作从一开始就是苏先生运筹帷幄，亲自过问，具体指导，包括白燕遗址发掘都是经他老人家拍板确定的。游邀近在咫尺，说不定哪天他就可能杀将过来。有了这种心理准备，我把那些能够反映遗址年代及文化性质的典型标本都挑了出来，洗刷干净，注明编号，尽量拼对，以备不时之需。果然不出所料，7 月 13 日，忻州地区文化局副长张亚平陪同苏先生到游邀遗址考察（图 11–2）。国家文物局考古处处长黄景略、刚刚走马上任的故宫博物院院长张忠培、山西省考古

图 11–2　1987 年 7 月 14 日与苏秉琦先生等在忻州宾馆合影

研究所所长王克林，侯马工作站站长杨富斗、吴振禄和考古摄影大师梁子明等先生随行（所以，特别感谢梁子明先生拍摄和保存了苏秉琦先生视察忻州游邀遗址的珍贵历史瞬间）。

简陋的考古队部，迎来最尊贵的考古专家（图 11-3）。刚刚主持大规模考古发掘工地，就在五台山下拜见师祖，我的心情可想而知。苏先生对游邀遗址非常重视，因为采集和试掘的陶片有两大时期的，一是龙山晚期的鬲、瓮、斝，二是夏代初年的高领鬲，正是他老人家关注的“大青山下斝与瓮”那个年代代表性的器物，尤其是编号 H2 灰坑的陶片引起他老人家关注和思考，他将其拿在手里反复揣摩，一再强调这单位的高领鬲绝非一般的器物，应该是当时社会生活的重器，要认真注意特殊现象。第二天，我带上文物标本又到忻州宾馆苏先生下榻之处，聆听他老人家教诲（图 11-4）。说起来，这是我第三次见到苏秉琦先生。1979 年大学生产实习结束，在归途的京城曾聆听他给我们班讲课，那是第一次，1983 年我随张忠培先生去辽宁喀左东山嘴参加红山文化学术会议，后去这个社会科学院考古所内蒙古队的承德

图 11-3　苏秉琦先生考察忻州游邀遗址

图 11-4　聆听苏先生教诲

图 11-5　1983 年喀左东山嘴会后与苏秉琦等前辈的纪念照

工作站，那是第二次（图 11–5）。而这次是零距离的单兵教练，耳提面命的教诲，真是受益匪浅，受用终身。那时，我对磁山祭祀遗址已做过认真研究，对特殊现象的特殊意义有些体会，苏先生的教导令我更加坚定了今后研究的方向（图 11–6）。

张忠培先生的到来让我们感到有些意外。他刚调到故宫，却还惦记着吉林大学考古系的工作，因为他太重视田野考古生产实习的教学质量，而阵地攻坚战对我等而言又是第一次，经验自然不足。听了我汇报的调查试掘情况，看过遗址具体情况和准备工作，他很满意，又问了学生食宿安排等问题（图 11–7）。黄景略、王克林老师也都认为这个遗址可以补充白燕缺少龙山时期遗存的不足。三位先生的首肯让我忐忑的心情恢复平静。

先生们的鼓励和表扬成为首战必胜的动力。我们总结了当年我班两次田野考古实习和指导 78、79 级毕业生实习的经验，觉得有必要建立一套新的管理制度和方法：一是抓田野教学阶段性重点内容。重要的问题反复讲，基本常识天天讲，出现问题深入讲。因为我对这个地区古文化比较了解，几乎所有陶片和年代都能够说得相当准确，教学因此得心应手。二是抓田野考古生产实习的考核标准，一

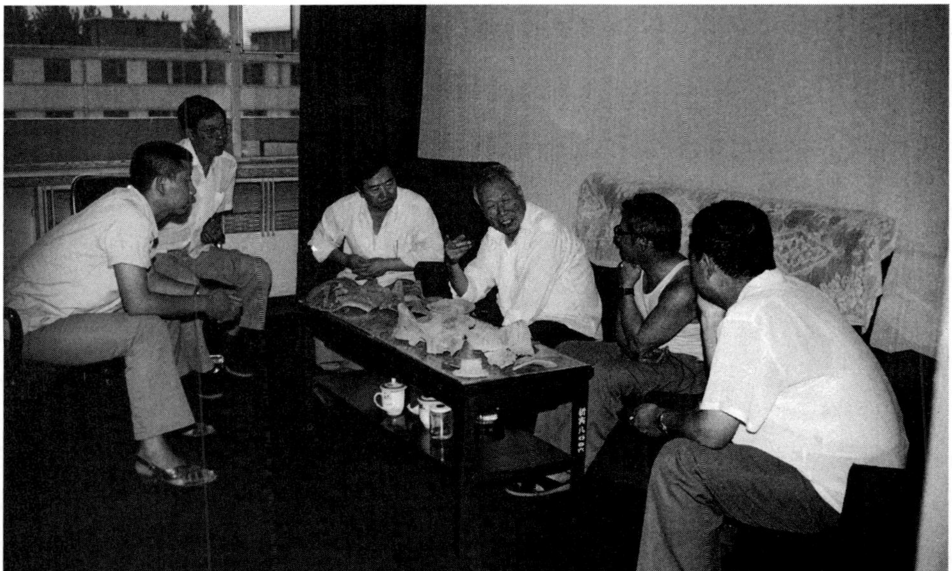

图 11–6 聆听苏秉琦先生教诲

图 11-7 忻州游邀遗址发掘现场

方面给出的成绩有板有眼、有根有据；另一方面可以让同学们铭记教训，印象深刻。没有料到此举竟然成为这次生产实习的创新亮点，得到考古诸先生的一致好评。三是抓生活保障。要提高待遇，尤其要保证女同学的身心健康。在自己的一亩三分地上，真是想种啥种啥，就这么简单，只要能想到，没有办不到。

在考核制度方面，我们的设计是：将整个考古教学过程分为探方发掘、资料整理、笔试考察三个阶段，各阶段成绩相加为最后的综合得分，其权重分别占 50%、30%、20%。探方发掘是考古层位学和田野技能训练。第一个探方是体验过程和方法不计成绩；第二个探方进行考核，每人都有 100 分的基数。若发现有下列情况之一者，一次扣除 5 分。这些情况分别是：到一定深度探方剖面未及时清理者；遗迹现象在探方壁显露 10 厘米未察觉者；遗迹单位的清理未亲自动手者；先后关系弄反，违背发掘顺序与原则者；清理后的遗迹边缘非原始状况，未到边或底者；陶片有新碴口者；未按单位收集遗物，或违反层位关系待确认的遗物应单独处理原则者；小件标签记录不规范，有遗漏填写项目者；探方上下不规范，上宽下窄，四壁凹凸不平者；收工时探方内不卫生，乱堆浮土，遗漏陶片者；遗迹或探方平、剖面不符者等。一般是警告一次后才开始扣分。也就是说，失误率越高，分数则越低。资料整理的考核是对探方平剖面图、探方记录、各种遗迹记录、日记是否达到质量要求的检查。遗物方面一是看小件标本的上交、陶片的清洗与拼对，二是看对典型标本的认识能力。笔试考核是根据不同班级学习情况决定。

游邀遗址接待了 85 级和 87 级两届本科生的田野考古生产实习，坚持用严格的考核制度要求同学。1989 年曾在此实习的硕士研究生王立新，是吉林大学考古系的博士生导师，2015 年在内蒙古呼和浩特相见时，他还提到至今仍然采用当年游邀的考核方法要求他的学生。

游邀的发掘按计划开始。85 级同学于 1987 年 8 月 17 日乘火车到忻州火车站，工地租大巴车前往迎接，男男女女 20 人，大包小裹的行李塞满后排座位。这个班的同学聪明好学，上进心强，可谓是个个争先，不甘落后。特别是对田野发掘方法的悟性很高，能够严格按照工地的发掘要求去做，自律性很强。进入考核阶段，就连平日不善言辞的同学，遇到扣分的情况都据理力争，不断申辩。要使他们心悦诚服，指导教师真的必须谨慎认真，以理服人。

发掘工作日复一日，探方逐渐变深（图11–8）。每天不是这位同学喊你看遗迹现象，就是那位同学的探方有新的发现。我们反复强调的就是在发掘中要注意3个变化：注意堆积颜色变化、体会发掘手感变化、及时了解出土遗物变化。把握3个“结合”：探方平面与剖面结合、单个遗迹平面与剖面结合、重叠遗迹的平剖面结合。甄别3种关系：堆积之间的早晚关系、平剖面的对应关系、堆积顺序的连接关系。重视3种现象：夹角可能坑套坑、直线或有墓葬与房屋，繁复线条有交代，立体形状常思量。清理遗迹现象尽量做到露头就被发现、到底就能停清理，完整收集遗物，再现初始形状。绝对避免遗迹挂在壁上，遗迹悬空壁上。那时，20个探方爬上爬下，还要动手铲刮平面，虽然年轻，有的是力气，但仍然能感觉到疲劳。不过，每天都有新发现，时刻都有新情况，高度兴奋的状态一直保持到发掘结束都难以平静下来。

图 11-8　张忠培先生检查游邀遗址发掘准备

其实，指导本科生的生产实习，教师关心最多的还不仅仅是教学质量和古代遗存发现的数量，而是保证学生的安全，调剂好学生的生活。长期在艰苦的农村实习，城里的学生有很多不适应。恢复高考以后国内高校考古专业的数量增加很多，精心安排学生的生产实习是各个高校必须思考的问题，有建立稳定教学科研基地的，也有游击式的，还有借船出海的。无论何种方式，学生的安全与生活绝不能忽视，否则，整个队伍难以稳定，考古教学难以为继，此类教训在一些高校，甚至是在经验丰富的名校发生，经验值得汲取。此时，距我们 77 级考古班生产实习将近 10 年，改革开放使得我国经济状况明显好转。艰苦奋斗的传统要坚持，与时俱进的新措施也要及时推出。这次实习，我安排发掘工地每隔 10 天休息一次，届时让班长带 5 名女同学进城住店洗澡。在此之前，吉大考古尚没有这种先例；每天的饭菜都及时过问，有时我还亲自上灶，做点红烧肉调剂生活。在教学方面主要抓田野考古的基本理论与方法，阴雨天气在室内讲授，山西省考古研究所所长王克林先生多次前来指导。“十一”期间，我们组织学生前往五台山进行古建

图 11-9 与 85 级本科生五台山合影

筑的学习考察（图 11-9）。严格的教学要求和生活上的周到安排，有利于教学的顺利展开，有利于促成师生之间深厚的友谊，更有利于发挥教学相长的优势，提高我们自身。所以，到现在，我们师生之间依然保持密切联系。

是年的阵地攻坚，收获实在是太多。首先是发掘完毕便形成了对遗址年代分期的认识，拿出遗址分期图，写出年度考古发掘简报，完成遗址遗迹平面图的汇总图纸，提炼出本科生田野考古生产实习的一套考核办法。12 月 5 日我们同 85 级同学一道返校。途经北京时，一方面组织 85 级同学参观北京故宫，听课；另一方面，分别向苏秉琦先生、黄景略和张忠培老师汇报工作。而先生们关注重点也各有不同。苏先生非常关心遗址陶器分期，刨根问底，思考陶鬲的变化逻辑；黄老师拿过遗址总平面，就知道遗址的文化堆积相当复杂，反复询问发掘的进程是否顺利；张老师审阅年度考古发掘简报和本科生田野考古生产实习的一套考核办法，目不转睛地盯着你，不时地点头称赞。汇报完毕就像完成考试答辩一样，弄出一身汗来！

1987 年我第一次主持大规模考古发掘，指导 85 级本科生田野考古生产实习的工作就这样圆满完成。回顾这些年在游邀指导 78、79 级本科生的田野考古生产实习和几届毕业班实习的经验，我逐渐明白了一个道理：作为考古领队指导本科生田野考古生产实习责任很大，工作头绪很多。在教学、科研、工地管理等多个环节中，强调指导思想要以学生为中心最为重要，各项工作都要向教学倾斜。在强调艰苦奋斗的作风时要安排好学生的生活；在加强工地管理时让学生主动参与以提高他们管理工地的能力；在紧张的发掘工作中引入竞争机制让他们体会田野发掘的乐趣，用教师的言传身教帮助他们巩固专业思想，掌握田野考古教学的基本内容和各种要求。所以，统筹安排的能力是个前提。包括衣食住行各个方面，以及如何恰到好处地满足学生合理要求，在做好服务工作的过程中落实政治思想工作，而不是将政治思想工作停留在嘴上。其次是学术眼光和认识材料的能力。我在太行山东西两翼工作多年，手上有晋中地区 33 段考古学遗存的年代标尺，心中装文化大系的长远课题，因此，拥有指导田野考古发掘的大局观。至于教学基地的建设，那只是提供更好生活条件的辅助手段。以学生为中心的田野考古教学是考古领队的职责范围，是教学互动、教学相长、教学效果的基本支撑。1987 年游邀遗址考古发掘与教学取得成功，说明这种理念符合实际。当然，也与先生关怀、搭档合拍、学生给力、准备充分等诸多因素密切相关。

1989 年 7 月，考古学系再次派我主持忻州游邀遗址的考古发掘，指导 87 级本科生田野考古生产实习。

1990 年，国家社会科学青年基金有两个项目落户吉林大学文科院系，其中之一就是“忻州游邀考古”发掘与研究。我看着张贴的告示，注视着项目负责人卜工那段文字，思绪万千。忻州游邀遗址发掘一定给苏秉琦先生留下深刻印象，特别是 1987 年 12 月的汇报，可能超出了原来的想象，陶鬲的排比和遗址分期的图纸肯定会让他老人家欣慰。正是由于苏先生的鼎力推荐，游邀遗址才有可能获此殊荣进入国家资助的行列。那个时候，能申请到国家基金扶植的项目实属凤毛麟角。可见，该遗址的发掘意义非同寻常。苏秉琦先生慧眼识游邀，不仅亲临指导，而且，关键时刻极力推荐，他的学术敏感性、预见性和对后学的栽培都彰显出学术泰斗的风范。

那么，忻州游邀遗址发掘究竟有何意义呢？在中国版图上，距今4800~4000年间，晋陕高原和内蒙古河套地区活跃着以双鋬耳袋足鬲为标型器的考古学文化。这类遗存分布地域辽阔，不同地点屡有零星发现。但由于各路研究习惯于抢先命名，而忽视对已知资料深入研究，造成对该文化名称过于繁多的倾向，如：老虎山文化、朱开沟文化、大口二期文化、杏花村文化，等等。但是，这些遗址的遗存没有一个能够全面反映双鋬耳袋足鬲发生发展全过程，目前唯有山西忻州游邀可担此大任。该遗址1987、1989两年度发掘资料2004年出版的《忻州游邀考古》已全面报道，不仅提供了双鋬耳袋足鬲不同阶段的发展变化特征，更提供了向高领鬲商式鬲发展演进的递进线索，进而盘活以往该地区龙山、夏、商几个时期的考古学遗存。典型性最具代表性。根据用典型遗址命名考古学文化的原则，将这类遗存称为游邀文化显然是再合适不过。因为，有了这个基础，才能探索双鋬耳袋足鬲代表的族属，才能确定有娀之墟的遗存与地望，才能定位该地区在中华文明进程中的杰出地位与重要贡献。陕西神木石峁古城的年代属于游邀文化的中期以后，当然，这种认识本人也是30多年后才感悟到的。

后来我离开吉林大学南下珠海，所有资料包括编写考古报告已经完成的卡片，都悉数移交大师姐李伊萍。几年后，张忠培先生组织我、许永杰、马昇、李有成等参加《忻州游邀考古》的编写工作，经先生修改审查并写出结语，具体分工记录在报告的结语部分。1999年交由科学出版社出版。与《晋中考古》一样，这两部考古学专刊是吉林大学考古系早期的成果，都有我提交部分章节初稿的记录。当然，很多值得记忆的故事与往事只能记录在本书中。游邀遗址调查和许伟老师拍板的过程以及苏秉琦先生光临指导的细节应该算是补记了。

悟道者说

忻州游邀考古在田野教学的探索，科研上的突破，综合管理的水平，特殊情况的应变能力等多个方面都是可圈可点的，这是我被张忠培老师表扬次数最多的时期。那时的许多场景和先生的谆谆教诲经常在脑海中浮现。

一二、磁山情怀　记泰斗指航

（文明机制的灵感）

1987 年的岁末，一封来自北京的信令我激动不已，振奋至今，鼓舞和鞭策我坚持进行并不被看好的研究。这就是中国考古学的泰斗、著名考古学家苏秉琦先生写来的信。信的全文如下：

卜工同志：

你好！感谢你在此新年到来之际送给我设计如此美妙、言辞如此感人的纪念卡！《文物》11 期你写的文章我读过了，把它和黄展岳同志文一起发表，这就更加重了它的分量。

最近由北大部分朋友所发起召开的一次“走向二十一世纪考古讨论会”，听到新一代考古工作者的声音，恰似卅年前北京大学 56 届同学的声音，天下事多么巧合啊！但我认为你写的这篇文章更令我高兴！

忻州发掘材料初步整理出的那张器物图表请复印一份给我，遗址图能复印一张更好，请注明那个大灰坑位置和这次发掘坑位关系为盼！

祝

进步！

苏秉琦

1987.12.24

附：伟超和我在《瞭望》发两篇文章，供参考、讨论。（附件本书略）

那时，学术界对中原地区祭祀遗址特点还缺乏研究，特别是磁山文化那样早的年代就存在祭祀活动的专用场所，更是闻所未闻、匪夷所思的命题，原始社会哪来的礼制？蒙昧时代居住尚无定所，何来祭祀专用场地？考古发现的新现象充其量是巫术或原始崇拜仪式罢了。当时已经出版的所有历史教科书都没有古礼的内容。基本的体例都是将夏代前后作为分水岭，其前为原始社会，其后为阶级社会。原本连续发展，环环相扣，稳步演进的中国古代史，便被截然分为两个完全不同的阶段。在考古学上，前者就成了新石器时代考古，后者就是青铜时代考古；在民族学上前者是母系氏族社会，后者是父系社会；在史学研究中，前者是史前时期，后者是历史时期；在文献学中，前者是传说时代，后者是有文献可考的时代。这种情况显然有悖于中国古史连续发展的真实，与考古资料见到的“打断骨头连着筋”情况完全相反。那么，究竟问题出在哪里？

我正是带着对中国古史的种种疑惑检索已知的考古资料，研究磁山祭祀遗址。发现《周礼》记载的“夫先王之制，祭祀也”，确实长期存在于中国古代社会。磁山遗址相当典型。但是该遗址的灰坑被认为是储藏粮食的窖穴，组合物被视作是粮食加工场所的物质遗留，可是，我的处女作《磁山祭祀遗址及相关问题》（《文物》1987 年第 11 期）却从一个全新的角度提出了完全不同的认识。虽然没有文章对此加以反驳或商榷，但不以为然的有之，嗤之以鼻的有之。时至今日，并不认同者当然也可能大有人在。由于我是考古战线的新兵，又没有按惯例从陶器入手做排队分期之类的研究，而是直接进入到精神文化和社会秩序的层面，难免有胡编乱造之嫌。人微言轻，有口难辩。就在这个时候，苏秉琦先生敏锐地发现了问题的重要性，及时做出了肯定的结论，赐函予以鼓励（图 12–1、图 12–2）。真是有久旱逢甘露之感，喜出望外之余，我认真学习了苏先生的相关文章，梳理了自己的思路，明确了中国古代社会三维的特征，进一步坚定了从社会秩序和精神文化的层面做研究的信念。经过 20 年的积累，逐渐形成了一些想法，于是，便形成了文明起源的中国模式系列认识。这些话写在《文明起源的中国模式》前言中，是真实感受的记录。

研究磁山遗址时，没有电脑，都是用稿纸誊写稿件，我字迹潦草，夫人怕我受累，主动请缨帮我抄写。她白天上班，只有夜深人静才开始为我工作。因为是处女作，写的又是新课题，加之对文章的质量没把握，反复地修改，改了抄，抄

图 12-1　聆听苏秉琦先生教诲

图 12-2　聆听苏秉琦先生教诲

了改，自己都不清楚有多少遍，更不知道能否被刊用，不仅苦了夫人，自己也有压力。直到文章发表后才如释重负。若非苏秉琦先生赐函称赞鼓励，真不知是否能继续后来的研究。

关于磁山遗址的灵感来源于山西太谷白燕遗址，思考了多年才决定动笔，已然是水到渠成，瓜熟蒂落的程度。毕业实习的时候，就对该遗址灰坑密集，且打破关系复杂，出土陶器甚多的情况发生兴趣。留校以后围绕白燕遗址的历次工作，都很少见到相似的现象。我曾向许伟老师提出该遗址性质可能有其他用途，而非普通的居住址，并以 F2 的特点加以分析说明之。由于白燕遗址的资料尚在整理之中，而且，对我的认识还有不同看法，我只能另辟蹊径了。

我翻遍已发表的考古学专刊和“三大杂志”(《文物》《考古》《考古学报》)，终于找到了能够印证我的认识的材料，特别欣慰的是数量超乎我原来的估计。河北武安磁山遗址资料在考古学报发表，其年代属于前仰韶时期，距今约 7000 年，披露的遗迹现象特点鲜明，但该报告对遗迹现象的解释却显得牵强、苍白和漏洞百出，作为探讨早期中国祭祀活动的切入点非常合适，自然成为我首选的案例和研究的突破口。但如何表述却难以定夺。换言之，是写一个磁山遗址，还是写中国古代祭祀起源的大文章。这当然与学识和把握资料的能力有关。开始，我是想写大的，尝试了几次都觉得费力，很多地方还说不清楚。几易其稿仍是洋洋数万言，论点不突出，论证不集中，读后印象不深刻。后来，终于改成由小见大的写法，即小题目做大文章，不求字数，不拘泥形式，以说清楚论点为目的。经过多次反复，我的这篇处女作总算可以脱稿了。

去哪家杂志发表？以我自信的性格当然是非国家级刊物而莫属了。于是，我找到《文物》编辑部主任张昌倬，他答复正在组这方面的稿件，可以刊用。真是巧极了。对他而言是发一篇稿子，对我来讲却是找到能够展示自己研究成果的平台。张昌倬与我同龄，中山大学人类学系 77 级考古班才子，当年也是中大著名的靓仔，回头率极高，而且，围棋、象棋都是高手。经过这次相识和日后逐渐相知，他对我的文章也不断加深印象，对我考古研究的帮助非常之大。人是需要帮助的，关键的时间、关键的场合、关键的事件有人帮助你，往往可以化腐朽为神奇。所以，我们年轻时很看重朋友，很讲情谊，很重感情。张昌倬慧眼识珠和果断处置，令我敬佩不已，感激不尽，难以忘怀。需要指出的是，苏秉琦先生的信中强调，“把它和黄展岳同志文一起发表，这就更加重了它的分量”，显然有赞许《文物》编辑部学术眼光和能力之意。

下面让思绪回到《磁山祭祀遗址及相关问题》原文：

磁山祭祀遗址及相关问题

据古文献记载，我国古代的祭祀活动在人们的生活中占据相当重要的位置。“国之大事，在祀与戎”，就是这一情况的生动写照。

迄今，考古工作者相继发现的辽宁喀左东山嘴[1]、内蒙古包头附近[2]和辽宁牛河梁[3]等祭祀遗址，已证明这种活动的发端颇为久远。然而，中原地区在前仰韶时代是否已经存在祭祀遗址，构成这类遗址的基本特征是什么，似言者甚少。本文主要根据磁山遗址[4]遗迹构成的具体情况做一些分析，以便对上述两个问题做初步探讨。

一

磁山遗址的总面积约80000平方米，已发掘2579平方米。在三个发掘区中，共发现灰坑474个，房址2座。灰坑有长方形、椭圆形和圆形三种，长方形灰坑345个，数量最多。该遗址有两期遗存，均属磁山文化。第一期有186个灰坑，长方形的157个，其中62个埋有粮食。无其他遗迹。第二期有房址2座，残存的烧土面和卵石面各一处，灰坑282个，其中长方形的188个，18个坑的底部埋有粮食，2个埋有树籽。磁山遗址的主要特点集中表现在遗迹的构成上：缺乏居住址，以灰坑为主体结构。与同时期黄河中上游地区的其他古代遗址有着较大的差别。例如，裴李岗文化的莪沟北岗遗址[5]，面积约8000平方米，已发掘2747平方米，发现房址6座，灰坑44个，墓葬68座，与磁山相比，有两点最显著的区别：①磁山尚未见墓葬。同时期的遗址，除莪沟北岗外，大地湾[6]等地也在居住区附近发现有墓葬。②磁山的房址和灰坑总数之比为1：234，第二期为1：141。磁山第一期遗存在第Ⅱ区有4个排列整齐的椭圆形坑，报告者推测可能是遭到严重破坏的居址；磁山第二期有烧土面和卵石面各一处，报告者推测后者可能是建筑遗址。如将上述都作为房址考虑，则磁山第一、二期房址和灰坑之比分别为1：46.5、1：75。莪沟北岗为1：7.3，由于尚有分期的可能，有一部分灰坑又与墓葬有关，因此，1：7.3只能是最大的比值，与磁山相去甚远。如果说灰坑因深度的原因更易于保留，那么，磁山同样也保留了房址。可见，以自然或人为破坏作为磁山房屋遗迹稀少的理由也是不充分的。

就以上比较，莪沟北岗作为村落遗址当无可置疑，而磁山遗址则不能作此解释。由于磁山是以灰坑为主体结构的遗址，因此，确定磁山遗址灰坑的用途和性质就是至关重要的了。

过去，考古发掘中常见的灰坑多被解释为垃圾坑。那些形状规整的，或经特殊加工的则多被视为窖穴，或是废弃的窖穴。可是灰坑无论是作为垃圾坑，还是作为窖穴使用，都应该与居住址发生联系，并构成一定的关系。它们当分布在居住区内，或居址附近，与居址的数量构成一定的比例。仰韶时期的临潼姜寨[7]和龙山时期的客省庄遗址[8]的部分灰坑，正是由于这个缘故才可以确认是窖穴。而磁山遗址的情况却完全不同，只是极个别的房址与数量众多的灰坑相混杂，因此，用窖穴和垃圾坑来说明这些灰坑的用途和性质就显得缺乏根据了。

实际上，磁山遗址的灰坑恰恰不能作为窖穴和垃圾坑来解释。在该遗址345个长方形灰坑中，有80余个埋有粮食或树籽，现存的粮食堆积厚0.3～2米，报告者因此判定它们是贮藏粮食的窖穴。但这类坑中常出有猪、狗的骨架。其中，H12、H14、H265的猪骨架均出于粮食堆积的底部，H5粮食堆积底部有两具猪骨架。不论是把活猪还是死猪置于粮食底部，都显然没有考虑猪肉腐烂的因素。这种现象不能作为贮藏解释是显而易见的。即使坑底堆放的是零乱的猪骨，仍然不能作为贮藏理解，而只能具有某种象征性的意义。有的同志曾指出磁山遗址葬猪的宗教意义[9]，是很有道理的。如此，则同坑埋入的粮食也必然与宗教活动有关，两者都是祭祀的奉献，而不是被贮藏的食物。

值得注意的另一个现象是，这类灰坑上部是灰土，内含大量的陶片，有的与粮食之间隔有一层黄色硬土。当粮食腐烂下沉后，便与黄硬土形成空隙（如报告者所举的 H386）。这表明，黄硬土不是自然形成的堆积，而是放入粮食后有意填入的，甚至经过踩踏或夯打一类的处理。很明显，贮藏粮食是不需要经过这一类处理的。再者，这类坑中多出完整的陶盂，或成组的陶器。盂是当时的主要炊器，并非盛食器，显然不是无意的遗漏；成组陶器则明显是有意放入的。这些现象都不是灰坑废弃后的结果，而是灰坑形成的原因。因此，我们有理由怀疑传统的窖穴和垃圾坑说，并依据整个遗址遗迹构成的情况和特点，推定磁山遗址数量众多的灰坑应是祭祀遗迹。

磁山遗址的其他遗迹现象也有助于说明这个问题。

先说房址。磁山遗址被明确定为房址的只有 F1、F2 两座。这两座房址均为半地穴式，共同特点是都没有灶坑和经烧烤、铺垫的硬面，坑底和周壁都未做细致修整，与莪沟北冈和大地湾同期的房址有很大的差别。莪沟北岗的房址均有灶坑或烧火之处，居住面平整，并铺垫有一层坚硬的灰白色土或白胶泥或硬黄灰土。如果以莪沟北岗的房址作为居址的基本标准，那么，不具备灶坑和居住面的磁山的房址显然不是为居住而建造的。它们是用于祭祀活动还是其他，尚待研究。需要说明的是，祭祀场所并不排除房址（包括居址）存在，辽宁喀左东山嘴祭祀遗址就发现过房址 1 座。

其次，磁山遗址 T27、T28、T25 的表土下，发现卵石面 1 处，系用大小不等的卵石平铺而成，宽 1.1 ~ 1.5 米，平面呈“S”形，报告者推测为建筑遗迹。这种遗迹现象尚不见于一般的村落遗址，相反却与甘肃永靖秦魏家墓地[10]中用天然砾石排列的石圆圈有共同点，后者被发掘者认为与祭祀活动有关。

第三，磁山三个发掘区都有出土石磨盘、石磨棒、陶盂、陶支脚等成组器物的地点，共 45 处。这类出土点均发现在第二期遗存中。距离现在地表的深度虽不相同，但基本在一个平面上。各出土点组合物的数量、位置和组合情况不完全一致，主要由石磨盘、石磨棒、石斧、石铲、陶盂、陶支脚、陶三足器等组成。有圈足罐的组合中不见陶盂和支脚，有的组合中有小口长颈罐、深腹罐等。石磨盘大部分是平放的，磨棒竖立，一头插入土中。陶盂、支脚多分散放置，有的将支脚放入盂内，其他石器、陶器均在磨盘附近。组合物出土点附近有陶片、兽骨和烧土等，有的遗物则很少。这样的出土点比较集中，多者十几组，少者三五组，很少有单组的，最密集的如 T110 在 18 平方米内就有 10 组。报告者认为："组合物中的石磨盘、磨棒是粮食加工工具，石斧、铲等可能是修整场地的工具，陶盂、支脚等陶器应是劳动者生活和劳动的器皿。根据以上对组合物的不同用途分析，初步认为组合物的出土点可能是粮食加工的劳动场所。"遗憾的是报告者没有发表有关的图表，从而无法对这样的出土点做细致的比较。但是根据报告，生产工具、粮食加工工具和陶器是集中在一起的，给人的印象是有意的布置，而非劳动的现场。何况当时 10 个劳动单位的人们集中在 18 平方米的狭窄范围内进行粮食加工和生活，既无必要，也不可能。因这些组合物基本上出在一个平面上，大体应视为同时的遗迹。退一步讲，就算是略有先后，也无必要为了粮食加工，而在短时间内在同一地点连续舍弃当可继续使用的同类器物，如花费相当劳动制作的石磨盘等。实际上，45 处组合物反映的应当也是一种祭祀活动。组合陶器、生产工具和粮食加工工具结合起来应是一种祭祀语言。以物代言来表达思想和意图的方式，不论在古代的中国还是外国都曾存在。因此，有理由断定磁山遗址的 45 处组合物也是祭祀的奉献。

另外，磁山遗址灰坑的内涵并不完全相同。埋粮之坑仅限于长方形者，说明当时以粮为奉献已有一定的形式。而贮藏粮食的窖穴不应如此一致。其他坑内堆积中多包含炭粒、草木灰和红烧土块的现象，表明是经过燔烧的，就整个遗址遗迹构成和分布的特征来看，也应当是一种祭祀活动的遗留。结合上述 45 处组合物分析，磁山遗址应包括几种不同的祭祀方式，两期中祭祀方式的侧重点也有区别。由于资料不完备，还不可能对此做详细的说明。但有一点比较明确，无论哪种方式，都应当是祭地祈年，表达了人们祈求丰收的心情。

甲骨文研究成果和有关文献记载，也为我们上述分析提供了佐证。甲骨文中有一类从兽从"U"的字，于省吾先生释为陷的初字，作动词用，并指出是一种祭祀行为[11]。依据字形，当为埋兽于坑中。卜辞中陷祭多用羊、犬，以祀河最多，也用于祭方、社。根据有关学者的研究，无论是祀河还是祭方、社，均与祈求丰年有关[12]，陷祭主要是祭地祈年的活动。《尔雅·释天》：“祭天曰燔柴，祭地曰瘗埋。”瘗埋当与陷祭同义。《礼记》曰：“祭日于坛，祭月于坎。”陷祭、瘗埋以及坎中所祭，均要破土挖坑。这些记载，无论是对于说明磁山遗址灰坑的性质，还是对于说明灰坑中所埋粮食和猪、狗骨架的现象都有重要的参考价值。可以认为，磁山的灰坑就是甲骨文“陷祭”和文献中“瘗埋”的前身。考虑到磁山尚有更大的面积有待发掘，未发掘区有可能存在着居住区，因此，至少可以认为已发掘出来的Ⅰ～Ⅲ区是当时祭地祀年的场所。

二

磁山是目前国内发现的最早的新石器时代的遗址之一。因此，它后来的情况就不能不特别地加以重视。为了便于说明问题，我们选择黄河中上游地区 6 处新石器时代和 2 处商代的经大面积揭露的遗址做遗迹构成的比较（表一）。

表一　遗迹构成比较统计表

<table>
<tr><td rowspan="6">甲</td><td rowspan="2">遗迹</td><td colspan="2">磁山</td><td>庙底沟</td><td colspan="2">紫荆</td><td>二里冈</td></tr>
<tr><td>1 期</td><td>2 期</td><td>（仰韶期）[13]</td><td colspan="2">（第四期）[14]</td><td>（商代）[15]</td></tr>
<tr><td>房址</td><td>无</td><td>2</td><td>2</td><td colspan="2">无</td><td>无</td></tr>
<tr><td>灰坑</td><td>186</td><td>282</td><td>168</td><td colspan="2">90</td><td>24</td></tr>
<tr><td rowspan="2">比例</td><td></td><td>1∶141</td><td rowspan="2">1∶84</td><td colspan="2" rowspan="2"></td><td rowspan="2"></td></tr>
<tr><td colspan="2">1∶234</td></tr>
<tr><td rowspan="6">乙</td><td rowspan="2">遗迹</td><td colspan="2" rowspan="2">莪沟北岗</td><td rowspan="2">北首岭[16]</td><td colspan="2">东下冯[17]</td><td rowspan="2">台西[18]</td></tr>
<tr><td>早期</td><td>晚期</td></tr>
<tr><td>房址</td><td colspan="2">6</td><td>50</td><td>2</td><td>10</td><td>14</td></tr>
<tr><td>灰坑</td><td colspan="2">44</td><td>75</td><td>16</td><td>20</td><td>133</td></tr>
<tr><td rowspan="2">比例</td><td colspan="2" rowspan="2">1∶7.3</td><td rowspan="2">1∶1.5</td><td>1∶8</td><td>1∶2</td><td rowspan="2">1∶9.5</td></tr>
<tr><td colspan="2">1∶3</td></tr>
</table>

根据这8处遗址，可以看出，仰韶、龙山以至商代，黄河中上游地区的古代遗址，存在两类截然不同的情况。乙类以居址为核心，包括灰坑和其他一些遗迹。基本上可以认定是当时的村落。甲类遗址的遗迹构成与乙类遗址判然有别，而与磁山非常相似，即均以灰坑为主体结构。如庙底沟遗址，该遗址仰韶期的灰坑以平面圆形和椭圆形为主，其中圆形最多。9个坑中发现有人、猪和狗的骨架。共埋人骨架5、猪骨架2、狗骨架9具。此外，一些灰坑出土完整陶器，其中，H12、H203等多达10件以上。某些灰坑集中出某一类器物，如H59，发表的8件陶器中盆就占6件；H12发表的14件陶器中，釜类器达5件，而整个遗址已发表的釜类器也不过七八件。这种情况当不能简单地视为偶然因素。该遗址另一个重要的现象是：T1区灰坑分布呈圆形，似有规律；而T300区则灰坑密布，在约百平方米的范围内即发现有20多个灰坑，其中打破关系甚为复杂，多者竟有17个互相套在一起。按照一定的格局布置灰坑和反复在一个地点挖坑都必有一定的目的，如果这种目的是修筑窖穴和垃圾坑，那简直是不可思议的。

再如二里冈遗址。该遗址的灰坑以长方形为主，均为口略大于底的竖井式，一般距地表5～7米尚未到底，多数坑的两壁都挖有对称的脚窝，并也有完整的人、猪骨架。H5深0.9米处，发现完整猪骨1具； H17深4.1米处，坑壁四周向外凹陷0.3米，在凹陷处放一完整猪骨架。二里冈C5.1H171[19]共埋3人，第一人的头骨在深3米处发现，但其腿骨却在深3.6米处； 第二人双手作反绑状，缺一手指和两足趾骨，趾骨断处颇平，似被斩断； 第三人头东面北，俯身，手臂似被斩断，双足交叉，显系捆绑所致。此人之北，放置一对完整的牛角。M1第一层有人骨架3具，第二层有人、猪骨架各1具，其下又摆放着4个人头骨。报告者推测此墓可能是灰坑，因其深度和形状与长方形灰坑相同，这是正确的，但报告者认为坑内“人骨可能是灰坑废弃后随便抛掷进去的”，则很难解释该坑下部4个人头骨的放置现象。

另外，该遗址H9、H10也有集中出土某类陶器（夹砂红陶大口罐）的现象。报告者认为：“这类器在其他灰层和灰坑中是很少见的，而在这51平方米范围内就这样集中，显然有着它的特殊意义。”这种现象与庙底沟H12、H59出土陶器的情况完全相同，足证按照陶器的用途分置于不同的灰坑当出自某种意图，而非偶然的巧合。

按照传统的认识，二里冈遗址的长方形灰坑都被解释为窖穴。因为这类坑作为居址显然是太深了，并且也难以说成是垃圾坑。其实，作为窖穴的根据，大概是因为坑壁上有供上下的脚窝，但这并非窖穴的唯一特点，侯马盟誓遗址中的“坎”也有可供上下的脚窝[20]。可见，仅仅依据脚窝推测二里冈灰坑的用途并不可靠。考虑到此处与商城的关系，以及灰坑内成组陶器和人兽同坑等诸种现象，此处当是固定的祭祀场所。这里形制规整的长方形或圆形灰坑当是甲骨文所指的“陷祭”活动的遗留。

根据对前仰韶的莪沟北岗，仰韶期北首岭、姜寨，龙山期的白营[21]、后冈[22]等典型村落遗迹构成的分析，可以得出这样的认识：在一般村落遗址中，居址和作为窖穴或垃圾坑的灰坑的比例在1∶3左右，高于此值者当有用于祭祀的灰坑存在。两者之比与本文甲类遗址相近的，当不是村落遗址所应有的现象。由于各种迹象与当时的宗教祭仪有密切关系，应认定为当时的祭祀场所。

明确用于祭祀的灰坑在村落中也有发现，例如陕西的半坡[23]、客省庄[24]，山西的东下冯遗址[25]等都有。这表明，当时的原始宗教祭仪不是单一的，而是多层次的。如果说磁山一类遗址是公共的祭祀场所，那么，半坡、客省庄和东下冯遗址中的祭祀坑便当与某一村落或某一村落中的某些人相联系。

三

如果本文的观点尚有几分道理的话，那我们可以看到，至少在距今7000年前，我国黄河中上游地区原始先民的自然崇拜意识已发展到了一定程度。与社会基本经济——农业相联系的祭地祈年活动，是这种崇拜意识的核心。这种宗教意识一直延续到有史时代，至少遗留的迹象如此。

还需要顺便提到一点，过去的传统看法认为，灰坑是垃圾坑，坑内堆积是长时间而不是短期或一次形成的，坑内器物共存的或然率小于墓葬和房址，因此，不止理论上灰坑共存关系的级别低于墓葬，在实际资料的处理上，灰坑的待遇也不及墓葬。考古报告对墓葬描述得详细程度大大超过灰坑，墓葬大都有统计表，可以给人全面的了解，而灰坑却不然，这对于考古资料的综合研究是不利的。因此，对于灰坑应当给予必要的介绍和分析。

注释：

1. 郭大顺、张克举：《辽宁省喀左县东山嘴红山文化建筑群址发掘简报》，《文物》1984年第11期。
2. 包头市文物管理所：《内蒙古大青山西段新石器时代遗址》，《考古》1986年第6期。
3. 辽宁省文物考古研究所：《辽宁牛河梁红山文化“女神庙”与积石冢群发掘简报》，《文物》1986年第8期。
4. 河北省文物管理处、邯郸市文物保管所：《河北武安磁山遗址》，《考古学报》1981年第3期。
5. 河南省博物馆、密县文化馆：《河南密县莪沟北岗新石器时代遗址》，《考古学集刊》（1），中国社会科学出版社，1981年。
6. 甘肃省博物馆、秦安县文化馆、大地湾发掘小组：《甘肃秦安大地湾新石器时代早期遗存》，《文物》1981年第4期。
7. 西安半坡博物馆、临潼县文化馆：《临潼姜寨遗址第四至十一次发掘纪要》，《考古与文物》1980年第3期。
8. 中国科学院考古研究所：《沣西发掘报告——1955—1957年陕西长安县沣西乡考古发掘资料》，文物出版社，1962年。
9. 王仁湘：《新石器时代葬猪的宗教意义——原始宗教文化遗存探讨札记》，《文物》1981年第2期。
10. 中国科学院考古研究所甘肃工作队：《甘肃永靖秦魏家齐家文化墓地》，《考古学报》1975年第2期。
11. 于省吾：《甲骨文字释林》，中华书局，1979年。
12. 陈梦家：《殷墟卜辞综述》，科学出版社，1959年。
13. 中国社会科学院考古研究所：《庙底沟与三里桥》，文物出版社，1959年。
14. 商县图书馆、西安半坡博物馆、商洛地区图书馆：《陕西商县紫荆遗址发掘简报》，《考古与文物》1981年第3期。
15. 河南省文化局文物工作队：《郑州二里冈》，科学出版社，1959年。

16. 中国社会科学院考古研究所：《宝鸡北首岭》，文物出版社，1983年。按层位统计房址和灰坑的比值，Ⅰ区二层为1：0.67，三层为1：1.25；Ⅱ区二层为1：0.63，三层为1：2.86。
17. 东下冯考古队:《山西夏县东下冯龙山文化遗址》,《考古学报》1983 年第 1 期。
18. 河北省文物管理处台西考古队:《河北藁城台西村商代遗址发掘简报》,《文物》1979 年第 6 期。
19. 河南省文化局文物工作队第一队:《郑州第 5 文物区第Ⅰ小区发掘简报》,《文物参考资料》1956 年第 5 期。本文所引二里冈其他资料，均出自《郑州二里冈》一书。
20. 陶正刚、王克林:《侯马东周盟书遗址》,《文物》1972 年第 4 期。
21. 河南省安阳地区文物管理委员会:《汤阴白营河南龙山文化村落遗址发掘报告》,《考古学集刊》(3)，中国社会科学出版社，1983 年。
22. 中国社会科学院考古研究所安阳工作队:《1979 年安阳后冈遗址发掘报告》,《考古学报》1985 年第 1 期。
23. 中国社会科学院考古研究所、陕西省西安半坡博物馆:《西安半坡——原始氏族公社聚落遗址》，文物出版社，1963 年。该遗址 H167 便是本文所指的祭祀坑之一。
24. 中国科学院考古研究所:《沣西发掘报告——1955—1957 年陕西长安县沣西乡考古发掘资料》，文物出版社，1962 年。该遗址 H45、H46、H96、H156、H164、H173 均为本文所指的祭祀坑。
25. 东下冯考古队:《山西夏县东下冯龙山文化遗址》,《考古学报》1983 年第 1 期。该遗址 H205、H221、H231 均为本文所指的祭祀坑。

（原载于《文物》1987 年第 11 期）

悟道者说

磁山祭祀是我对中国古代文明认识的基础。在好奇心的驱动下，我不经意地闯入历史的迷宫。随着研究的深入、个案的积累，历史的真相逐步浮出水面，终于形成独具一格的理论体系和学术风格，或成为一家之言。

一三、胜利逃亡　抖回马金枪

（三十六计走为上）

记不清楚20世纪90年代的哪本杂志报道，长春电影制片厂在晋东南拍电影。来时村民热烈欢迎，争先恐后一睹演员风采，走时却被村民堵住路口，阻挡回程。他们要求电影厂赔偿拍摄电影期间造成的损失，否则，不予放行。因为索要赔款数额很大，该厂人员只得趁风高月黑的夜晚逃离此村。记录这段文字的小标题就是"胜利逃亡"。

我们在忻州游邀遗址考古发掘的结束阶段也遇到完全相同的经历，由于声东击西，巧妙周旋，才艰难突出重围，没有使国家财产蒙受损失。现在回想起来，那种斗智斗勇的程度相当惊险与刺激！

这就引出一个话题：考古也有社会学。中国考古，尤其是田野考古绝对不能脱离社会大舞台，更不能忽视"三农"的问题。在农村搞发掘，与农民打交道本身是现实版的社会学。20世纪80年代，改革开放之初的中国，城乡生活水平普遍较低，技术落后，物资匮乏，边远地区的农村生活更是艰难困苦。所以，每次考古发掘前，都要几经周折谈妥青苗赔偿费、民工日工资、房屋租赁费、探方回填费等。不仅与村干部谈，还要分别与涉及的各家各户谈。发掘的地点、堆土的地点、包括上工踩出小路损坏的庄稼都要逐一落实，具体赔偿标准又存在差别。总之，事前没约定好的，事后来找你索要，价格就一定翻上几倍。农民面朝黄土背朝天，吃苦耐劳，优点很多，但也有狡黠的特点。跟他们打交道，凡事都要先期谈妥，签订书面或口头协议，若有变化则须做细致工作。最忌过于强硬，激化矛盾。那样的后果不堪设想。

1989年，吉大考古学系的教学安排因张忠培先生的调离开始转向。据说田野考古生产实习将就近在东北地区选址。忻州游邀教学基地完成其历史使命，马上就面临撤点。消息传开，游邀村干部感觉很突然，议论纷纷。他们找到我，说你们的考古发掘动了我们的先人，必须给以赔偿，以前你们在此发掘，村里人有收入，所以我们没有追究，现在你们要走，就必须解决赔偿的问题。显然，村干部以为学校是国家单位，有的是钱，这竹杠不敲白不敲。最初，他们张口就是 50 万元，这天文数字令我等目瞪口呆，真是又可气又好笑，就是把我们卖了恐怕也凑不齐这么多钱吧。后来，不断地接触，反复地说明，苦口婆心、软磨硬泡，村里将钱款降至 3 万，再后来 1 万元也认了。

面对无理的要求，有妥协和强硬两种态度选择。妥协就是给钱，可以息事宁人，免生纠葛，顺利撤退，但明显失职，没法回校交代；强硬就是坚持不给钱，但要想办法如何脱身。可是，在人家地头上怎样才能平安地走出去？忻州民风彪悍，素有“跤乡”之称，村干部一呼百应，不明真相者若真的滋事，后果不堪设想。在山西工作这么多年，还是第一次遇到如此棘手的事情。

我是游邀考古工地的领队，当然不能轻易送钱，原则问题绝不能退让。一旦有辱使命，既无颜见江东父老，又无法向组织交代。所以，只能顶住压力，琢磨如何脱身的办法。想来想去，安全撤退要分步进行，首先是化整为零减小目标；其次是加快资料整理进度；再次是扎扎实实准备撤离；最后是伺机而动，悄悄走人。这就是我设计的明修栈道，暗度陈仓。但当时要处理的事情很多：工地结算，青苗赔偿，陶器拼对，修复文物，照相绘图、标本包装，学生撤离，文物移交，还要去忻州市文化局告别，到太原市向山西省考古研究所领导汇报考古学系有关撤点的事宜，等等。

那年，87 级本科生的生产实习安排在游邀，还有一位马里留学生马哈马纳，张忠培先生的 3 名硕士研究生母涛、王立新、刘文，教师有陈雍、许永杰、朱泓、陈国庆、李言等。这么多人目标太大，不可能说走就走、悄无声息地顺利脱身。所以，第一步我安排 11 月上旬结束实习，这个时间比以往田野实习结束要早了许多。先将本科生、研究生、留学生送走，尽量减少人员数量，降低风险系数。第二步是我集中精力加快考古资料的整理。是年遗址与遗存分期基本与 1987 年认识相同，新增的只是一些重要器物。按遗址分期统计的器形、纹饰、质地等也已经做好，所有完整器物、石器、骨器、重要陶片标本等，考古报告所用的绘图与照相相关资料都已经在工地完成。以后编写考古报告根本不用再来游邀，只做文字描述即可（图 13–1）。同时，安排许永杰等继续与村干部周旋、砍价，谎称我等要在此过年，以使他们放松警惕。第三步是由我准备撤离工作：去太原山西省考古所汇报工作，并请示移交文物的存放地点。所长王克林认为，游邀遗址的发掘品暂存元好问墓管理所（山西省文物保护单位）为妥。他开具介绍信，并带我去见管理所领导。此处距离游邀村仅 20 多里，在回太原的途中，因此比较理想。第四步是去忻州市运输公司，预约货车来游邀的具体时间，缴纳运送文物标本的费用。

大队人马走后，考古队留守人员有我、许永杰、陈雍、李言教师四人（图 13–2）和技工李胜利一家三口。完整器物和标本都已装筐，各类账目和照相器材也收拾妥当。我的计划是分两组，一组是李言租村里面包车去白燕，顺路将财务账目和照相器材放太原我大姨家，同行的还有李胜利一家三口；另一组负责运送文物标本去元好问墓管理所。我们将同时从游邀村出发，来个人不知鬼不觉的全面撤退。我们相约当晚在太原电力大厦汇合。真的有万事俱备，只欠东风的紧张感觉。

图 13–1　整理忻州游邀遗址发掘资料

图 13-2 忻州游邀遗址修复的器物与留守四人的合照

天有不测风云。翌日清晨 5 点左右，一辆破旧的解放牌卡车果然如约而至。还没等我们欢呼雀跃的时候，那卡车便瘫在离考古队部不足百米的桥头上。经检查，方向盘连接大轴的部位彻底断裂。出此意外，我血往上涌，有蒙头转向的感觉，真是不知如何对应？悄悄地来可以，悄悄地走却不成，如果被村干部发现，那样以后就不容易脱身了。好在天刚放亮，考古队部又在村子的边缘，没那么多人行走。我突然想到附近场院有电工，平日常来聊天，如果能焊接修复，这辆车没准还可以对付使用一阵。电工说应该没大问题，大概需用个把小时。是否真能修好我也半信半疑，心情难以平复。经过认真考虑，还是决定让李言等乘面包车按原计划去太谷白燕，但嘱咐他今天无论多晚务必到电力大厦碰面。清早 7 点钟左右，破旧的解放牌卡车终于焊接完毕。我等迅速装车，那时候真的是年轻，加之情况紧急，不到半小时就将解放牌卡车装满。出村前，将锁好院门的一串钥匙交给正在磨坊干活的老乡，告诉他中午 12 点以后再给村里的老书记送去。然后，我们驱车直奔元好问墓文物管理所，有王克林所长的交代，有单位介绍信，完整器物和各种标本都顺利移交，管理处的同志出具接收手续，并高兴地收下我们送他的两袋白面。路过到忻州时，我去忻州市文化局汇报工作情况，他们正在开会，加上以前疏于联系，对我们撤点的事情并不关心，简单说说情况就立刻走人了。

到了太原，我直接去山西省考古所王克林所长办公室汇报工作，然后去一墙之隔的侯家巷大姨家。李言已按计划将照相器材和工地财务账目存放那里。其实租用本村的面包车是个致命的漏洞，将导致撤离计划全部落空，我丝毫没有意识危险正悄然袭来。但是，本能却让我改变了以前去大姨家一般都不说自己住在哪里的习惯，那天我告诉她们我住在电力大厦，万一有事可以联系。晚上 7 点多钟，李言终于按时间到宾馆。我们看忻州方面没有什么反映，都长舒口气，觉得成功逃离，万事大吉，甚至可以弹冠相庆。

第二天清晨 6 点多钟，大家都还没有起床，服务员敲门说有我的电话。是大姨家表嫂孙小梅打来的，说忻州来了很多人围住她家，要强行进入索拿东西。幸亏表哥余晓晖在家，他原是篮球运动员，身材魁梧，现在又是《山西经济日报》的记者，见多识广，能说会道，那些人才没有坚持硬往里闯；况且，他家在侯家巷太原师专的宿舍前有省公安局，后有太原市公安局，村民当然不敢造次，只能在外面守株待兔，伺机下手（图 13–3）。怎么办？我回到房间，他们三人正焦急等待，听到如此情况，都为之震惊，没想到村民不依不饶追到太原，而且还知道我们东西存放的地点，这可是完全出乎意料啊！他们几人都眼巴巴地指望着我拿主意。

至此，暗度陈仓的计划彻底胎死腹中，正式逃亡的序幕已然拉开。我没时间考虑租用本村面包车的后果，只能随机应变、见招拆招、走一步看一步。现在回想起来，事后诸葛亮容易，突发情况只能果断应对，不能犹豫；关键时刻必须头脑清楚，反应敏捷；胆大细心，才能如臂使指。突然，一个念头闪过，我马上回前台给山西省考古研究所办公室打个电话。大姨家的侯家巷隔壁就是省考古所，说不定那里也有村民的造访。平日，转业军人出身的办公室范主任，像出操一样总是来得很早。那天，他果然在，但刚一通话我便发觉电话里的回声很大，很嘈杂，估计可能用的是免提，他身旁似乎还有人在，这么早能是谁？难道被我猜中了？此时，声东击西的想法已经成形。我尽量大声说道，忻州工地考古发掘已结

图13-3 与大姨一家人

束，我们要回校复命，正在太原火车站买票，因为很快就要开车了，这次就不来所里看望办公室的领导，非常感谢办公室对考古队工作的支持，等等。说完谢谢，没等他回话立即将电话挂断，看着手表时间，五分钟后再次拨通他电话，果然刚才他在使用免提，是因为有几位游邀村的追捕者围在他身旁，不过，听了我刚才的电话，这些人都赶去太原火车站了。我将事情的原委向他仔细说明后，请他马上派小车来电力大厦接我们，嘱咐一定不要被发现与跟踪等。

游邀村的干部群众一向团结紧密，战斗力很强。尤其善于围追堵截，设卡抓人很有经验。发掘期间，就曾听说该村时有被拐卖来的妇女成功出逃，却又被捉回的事件；也有骗婚团伙侥幸逃脱的教训。骗婚团伙的招法是将谎称的表妹许给某大龄男子，索要一定钱财，夜晚小女子使用媚术将那男子弄得筋疲力尽，趁其酣睡后翻墙而出，等候的摩托车带她迅速离开，狂奔而去。那次，村民的围追堵截没有奏效。看来，计划得好是可以逃脱的。

可是，当时的交通工具只有火车和长途汽车，而且班次很少。太原火车站已有村民设伏，长途汽车站更是他们容易想到的地点，我们又该何去何从呢？我让省考古所司机邢晋中沿着迎泽大街向西面的汾河驶去，这个方向与太原火车站背道而驰，应该不会有问题。随着车轮摩擦马路的声音，我不断地梳理思路。声东击西虽然成功，但接下来要瞒天过海，从大姨家取回账目和照相器材。否则，回学校不能报销账目，财务处这关就很难过。那个时代，学校经费紧张，一个子都不能多花，再来趟太原谁出钱？我电话与表嫂约好，把账目和照相器材装入拉货的纸箱内，上面堆上家电总汇的什物，大摇大摆地将这些贵重物品从那几位坚持守株待兔的“猎人”眼前走过。我等则重新打扮一番，悄悄潜入表嫂的“家电总汇”后院等待。那个铺面临街，在五一广场隔壁，热闹非凡，但后街小巷却空无一人，异常寂静。那情景，犹如地下工作者的接头行动。

调虎离山争取到时间，瞒天过海顺利取回贵重物品。但如何离开太原呢？我们几人面面相觑、一筹莫展。关键时刻领队就是主心骨。我分析当时的情况说，若想离开太原，只有去北京和石家庄两个方向，如取道榆次走石家庄，恐村民有所防备，因为吉大山西考古总部在太古白燕，离榆次很近。如取道忻州走北京，则出乎村民的意料，可能更安全。而且，最危险的地方可能最安全，不如咱们反客为主，杀个回马金枪，返回忻州再想办法！大家看我信心满满，都表示赞成，但我感觉到压力越来越大。到忻州火车站外面，我让李言先去打探情况，因为他特别机灵，能言善辩，且在室内工作时间多，村民对他印象不深。他回来说有几人不像是出门的旅客，东张西望，形迹可疑，别看人数不多，但都是当地人，一呼百应的可能性也是存在的。为了保险，我让司机小邢北上去原平火车站。那里果然没有设防，我们顺利登上开往北京的列车，看着远去的忻定盆地，心里的石头才算落地，有了踏实的安全感觉。

事后才知道，那天，游邀村的追捕者是十几个年轻力壮的小伙子，在民兵连长带领下挤满了村里那辆面包车，连夜追到太谷白燕，目的是抓李言抢夺照相器材，以此相要挟，逼我等就范。他们扑空以后想到太原师范专科学校宿舍有我们的贵重物品，先是硬闯我大姨家不成，便埋伏在山西省考古研究所和我大姨家附近，这样一来，反倒惊动了我等。1989 年时，太原市没有几栋高楼大厦，山西省考古研究所附近只有电力大厦、三晋大厦、迎泽宾馆三家大宾馆，村民很少进城住店，当然不知道去前台查找住客的方法简便易行，我们因此侥幸躲过一劫。他们的失误是急于求成，没有耐心，守株待兔的方法也显然不得要领。

到北京和长春后，有人还担心游邀村民是否会追来。我说，放心吧，若有这笔钱，他们就更不用折腾了。我们根本就不欠钱，他们是仗着人多想弄点小钱。如果真的欠钱，不论是否在自己的地盘都要跟你死磕。都是钱惹的祸。考古从来都不是单纯的学术，社会工作的使命贯彻始终，宣传群众，组织群众，执行政策是必须认真落实的工作，是学习考古的必修课程。“三十六计，走为上计”，胜利逃亡则是考古社会学最后的教程，是保护国家财产不受损失，保障农民感情不受伤害的双赢之举。此后，因工作和讲学去过几次太原，都因时间关系没有故地重游，但游邀遗址却是见证成长，伴我飞翔，终生难忘的战场！

悟道者说

小人物也讲大原则。也有值得回忆的往事和过关斩将的故事。这些记忆的涟漪编织着个人成长的过程和快乐生活的乐章。胜利逃亡中随机应变的招法，蕴含着中国智慧的大道理，是中华文明有序传承的结晶。

一四、“庙二”研究　求创意思想

（创新研究的魅力）

创新研究魅力无穷。我喜欢论证性、说理性较强的文章，对以描述为主的文章则不屑染指。尤其不喜欢反复介绍研究简史，旁征博引很多文献资料，描述性文字超过半数，最后是寥寥无几的认识和若干模棱两可的结论。写文章讲自己的认识才有可读性，充满原创性才有新鲜感，逻辑清楚才有生命力。发表在《文物》1990 年 2 期的《庙底沟二期文化的几个问题》（简称《庙二》）是我山西工作多年的心得。能够在走上工作岗位后不久便展露学术锋芒，应该归功于张忠培先生，应该归功于当时吉大的学术团队。该文受到学术界的广泛重视，并引起讨论。

该文的主要观点：其一，庙底沟遗址第二期遗存可以分为 A、B 两群，年代上是前者早于后者，两者各有自身发展序列，文化性质完全不同，具有鲜明时代界标的意义；其二，陶寺遗址龙山时代的早期也就是大型墓葬代表的遗存与 B 群的文化面貌和特征完全相同，是陶鬲大系的晚期；其三，陶鬲大系与大汶口文化的陶鬶渊源颇深，是后者影响的结果。

庙底沟二期文化在发现之初和后来相当长时间内，学术界普遍认为该文化属于仰韶文化与龙山文化间过渡性遗存，包含有与两者相似的文化因素，这种认知的重要起因是囿于“没有地层就不能分期”的传统认识，忽视了该文化的内涵与年代都具有可分性。庙底沟遗址缺乏 A、B 两群遗存直接叠压的地层依据，但恰恰是能够相区别的；加之对陶器“五要素”（质地、颜色、纹饰、器型和制法）中的领军器物的关键作用和重要意义认识不足，也表现出理论上的局限性。我是按层位学的理论，依具体单位的包含物寻找区别，从共生关系的异同发现和确认它们年代必定存在早晚的逻辑线索。理念与方法注定了与以往研究结论完全不同，因此对我的《庙二》出现争论与批评在所难免。1991 年《文物》6 期发表中国社会科学院考古研究所山西队高天麟的商榷文章，虽然来势汹汹，但不论怎样辩解，捉襟见肘之处颇多。多年以后，该同志参加编写的陶寺遗址发掘报告却恰恰充分证明我的认识和结论是正确的，因为，那里的庙底沟二期文化已然不是 A、B 两组的混合体，而只有清一色的小口尖底瓶代表的 A 类遗存（实际上的仰韶晚期遗存）。基本上可认为其基本上消化理解了本人的观点，尽管在该考古学专刊中极力回避其认识产生飞跃的原因，却难以掩盖从拙文中吸取的养分与提高的不争事实。拙文对于澄清某些研究致命的误判，具有拨乱反正的重要意义。更重要的是，后来的几十年间，山西河南等地的相关发掘都证明拙文对该文化的研究不论是 A、B 两群的划分，还是陶器的排序与阶段性考察都是完全正确的，显示出创新研究魅力无穷。再回首，细品此文成为特殊的享受。

原文如下：

庙底沟二期文化的几个问题

一

庙底沟二期文化是黄河中游地区最先进入龙山时代的考古学文化。它得名于 1956 年发掘的河南陕县庙底沟遗址[1]，但最初的发现可追溯到 20 世纪 20 年代初瑞典学者安特生发掘的河南渑池仰韶村和不召寨遗址中[2]，对此我国学者早有论述[3]。60 多年来，这种文化的资料虽然不断有所积累，但对它较全面的研究却是最近几年的事情。

目前，在该文化的研究中，存在着一个应引起重视的倾向，即不论从纵的方面探讨它的年代分期，还是从横的方面探讨它的类型划分，都有不断扩大概念的趋势。有些文章把山西夏县东下冯龙山早期、芮城西王村上层、陕西商县紫荆四期遗存的部分单位、扶风案板三期遗存，甚至把河南郑州大河村五期遗存统统包括在该文化中[4]。如此，庙底沟二期文化的年代跨度拉长了，类型增多了，但它的概念却更加模糊了。这种使概念不断外延的倾向，主要是由于《庙底沟与三里桥》（以下简称《庙底沟》）及后来的一些研究者把庙底沟遗址第二期遗存视为一个不可分割的整体所造成的。因此，这个文化自被认识以来，便具有天然的模糊色彩[5]，直接影响了后来的研究。事实上，庙底沟遗址第二期遗存是包含了不同年代、不同性质遗存的复合体，是可以进行再分析的。

二

属于庙底沟遗址第二期遗存的有房址1座、陶窑1座、灰坑26个、墓葬145座，它们大都分布在T500区。通过第551号房址被同时期的灰层所叠压的零星介绍可以了解到，这些单位间存在着一定的表明时间早晚的相互关系。遗憾的是《庙底沟》一书插图中没有T500区的遗迹平面图，文字中也没有详细介绍该区遗迹间的相互关系，给进一步研究带来了一定的困难。本文的分析只能依靠《庙底沟》一书所提供的陶器共生关系，并通过对陕晋豫地区早于和晚于庙底沟遗址二期阶段的有关遗存的同类器物的演变规律，辨识和确认诸单位的相对关系，进而探讨它们的年代及差异。

《庙底沟》提供的资料较全面的单位有：H568、H563、H569、H202、H558、H35、H564、H570。

H568发表的陶器有瓶口、素面折沿罐、鼎、罐、双耳盘、盆、夹砂折沿罐、器底等9件。其中，瓶口（H568：21）的喇叭状颈下都有1周凸棱，细泥黑陶。素面折沿罐（H568：36）为宽折沿，鼓腹，细泥黑陶。鼎（H568：35）为罐形，宽折沿，鼓腹，唇按压指印纹，鼎足外撇。夹砂折沿罐（H568：29）方唇，深腹，腹微鼓，唇按压花边，通体拍竖向篮纹，其上又饰附加堆纹，夹砂粗陶。盆（H568：30）口部亦印有花边，弧腹较直，大平底。

H563发表的陶器有平底瓶、杯、盆、器盖、罐、钵、釜8件。平底瓶（H563：44）喇叭口，溜肩，腹饰横篮纹，泥质灰陶。杯（H563：07）和盆（H563：50）均细泥红陶。钵（H563：45，《庙底沟》原称盆）大敞口，斜壁，近底处曲收，小平底，饰横篮纹，夹砂粗灰陶。釜（H563：34，《庙底沟》原称盆）方唇，折沿，夹砂粗灰陶。

H569只发表了2件完整器。鼎（H569：19）折沿，深腹，圜底。斝（H569：03）高领，扁腹，三空足上部内聚。

H202发表的器物也不多。盆（H202：27）深腹，壁微内弧，平底，夹砂粗灰陶。夹砂罐（H202：04）方唇，折沿，整体作筒状，饰篮纹，口沿以下饰附加堆纹。单耳罐（H202：20）尖圆唇，折沿斜侈，腹饰篮纹。

H558发表了6件陶器。鼎2件（H558:54、H558:50），其一卷沿圆唇，斜直腹，平底；另一件（H558:50）圆唇侈口，斜直腹，近底处折收，均夹砂粗灰陶。斝（H558:52）直领，深腹，下腹圆折，三空足上部分离，夹砂粗灰陶。盆3件（H558:42、H558:35、H558:53），一件（H558:42）敞口，圆唇微侈，深腹；另两件盆均浅腹，平底，腹附錾耳。

H35是发表陶器较多的单位之一。其中有夹砂罐2件、灶2件，斝、盆、碗各1件。夹砂罐（H35：93）口微侈，斜直腹，饰篮纹，其上又饰若干周附加堆纹。斝（H35：92）高领斜侈，扁腹圆折，三空足分置于器底的边缘。灶（H35：90）整体器身为筒形，近底处有近方形的灶门，接近口缘处有4个相对称的灶眼，饰横篮纹，其上又饰数周附加堆纹。

H564发表的陶器有小口折肩平底瓶、小口圆肩罐、斝、鼎、罐、盆等。小口折肩、平底瓶（H564:23）肩、腹均饰横篮纹，泥质灰陶。斝（H564:20）斜直领，腹饰绳纹，三空足分置于器底的边缘。鼎（H564:25）鼓腹，夹砂粗灰陶。另外，罐（H564:37）为直领，鼓肩，底微上凹。

H570发表了细泥黑陶圈足碗（H570：23）和折沿夹砂粗灰陶罐（H570：21）两件陶器。

如果将上述单位做一比较，可以发现它们之间存在着区别：H568的喇叭口瓶、素面折沿罐和口部压有“花边”的鼎不见于其他单位；H569、H558、H35、H564的斝和釜灶也不见于H568和H570，这些单位的夹砂罐既不像H568的那样在方唇上按压“花边”，口沿宽、折的程度也明显不如H570的为甚，而后者的圈足碗（H570：23）又与H568：33接近。据此，可把上述单位分为A、B两群。A群有H568和H570两单位，B群包括H563、H569、H564、H202、H35、H558等单位。

将A、B两群陶器与目前一般称为“庙底沟二期文化”的遗存做比较，可看到这样的情况：

第一，有一部分遗存与A群相同。山西夏县东下冯[6]小口尖底瓶（H230:1）、夹砂罐（H208:5），芮城西王村[7]小口瓶（H4:2:45）、素面折沿罐（H3：3：2），襄汾陶寺[8]喇叭口瓶和夹砂罐（H356：18、H356：14），陕西商县紫荆[9]的喇叭口瓶、夹砂罐（H124：20、H124：21），长安花楼子的喇叭口瓶、夹砂罐（H11②：1、H11②：5），华阴横阵[10]H37的尖底瓶，山西平陆盘南村[11]H1的夹砂罐，分别与庙底沟A群的同类器相同（图一）。华阴横阵H91的彩陶与盘南村H1，东下冯H215：1、T202④：1相同，这不仅表明它属于A群，而且反映了彩陶是A群的基本特征之一。至于庙底沟C3深腹盆（0：13），显然应归入A群。

第二，有一部分遗存与B群相同。山西垣曲龙王崖[12]的小口瓶（H106：11）、釜（T105：5）、灶（H104：8），垣曲古城东关[13]的小口平底瓶、釜灶、斝、鼎、钵（H251：54、H251：45、H251：16、H251：43、H251：58），垣曲丰村[14]的釜（H204：6）、夹砂罐（T212：4：15）、单把罐（T201：3D：21），以及襄汾陶寺早期[15]的小口平底瓶和斝（M3002：10、M3002：2）、釜灶（T1：3B：3）、夹砂罐（H103：7）、鼎（M2053：4）、单把罐（M1111：5），陕西绥德小官道[16]G2F2：8，二里头H1等，都可以在庙底沟遗址B群中找到对应的器形（图二）。需要说明的是，B群中的小口瓶、斝、夹砂罐和釜灶等尚有型别差异和指示年代差的式别变化。

第三，有部分遗存与B群有某些联系，但又有许多区别。陕西扶风案板三期[17]的夹砂罐（H7：24）、斝（H20：37），武功浒西庄[18]的斝（H33：16），与庙底沟遗址B群同类器相一致，但这些单位中其他数量较多的器物又与庙底沟遗址B群陶器判然有别，两者之间显然不能简单地画一等号。

第四，还有的遗存既不同于A群，又与B群缺乏联系。河南郑州大河村五期遗存[19]中既没有A群的喇叭口尖底瓶，又没有B群的斝、夹砂罐、小口平底瓶及釜灶等器物，显然与庙底沟遗址第二期遗存无涉。陕西长安花楼子遗址[20]所谓庙底沟二期文化，实际上属于半坡四期遗存的偏晚阶段，这两种遗存泾渭分明，不能混淆。

耐人寻味的是，已有的资料表明，属于庙底沟A、B两群的陶器绝不共生，凡A群的单位就不出B群的陶器，B群的单位也不出A群的典型陶器。

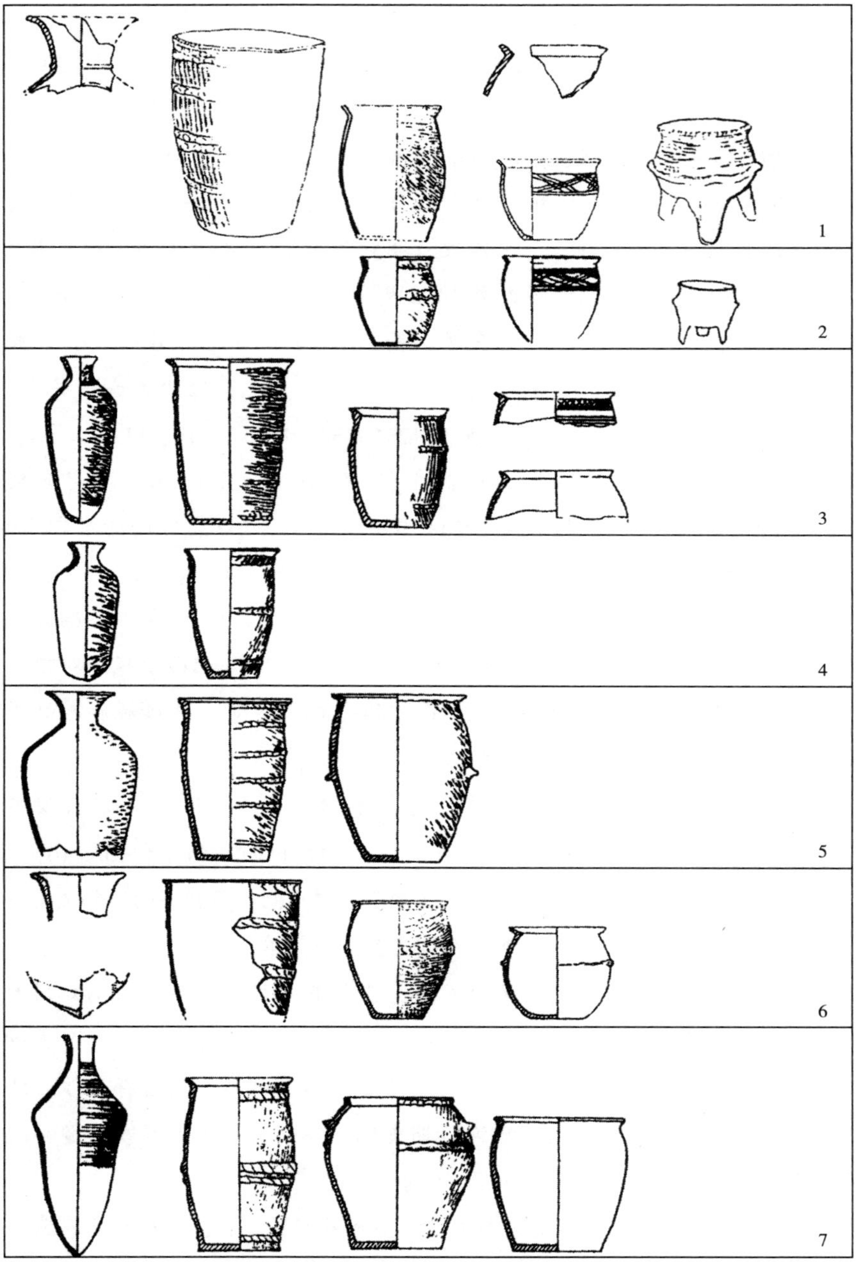

图一 庙底沟遗址 A 群及其他遗址同类陶器的比较

1. 庙底沟 H568、H570 2. 盘南村 H1 3. 东下冯 H230、H208
4. 紫荆 H124 5. 陶寺 H356、H3438 6. 西王村 H18 7. 花楼子 H11

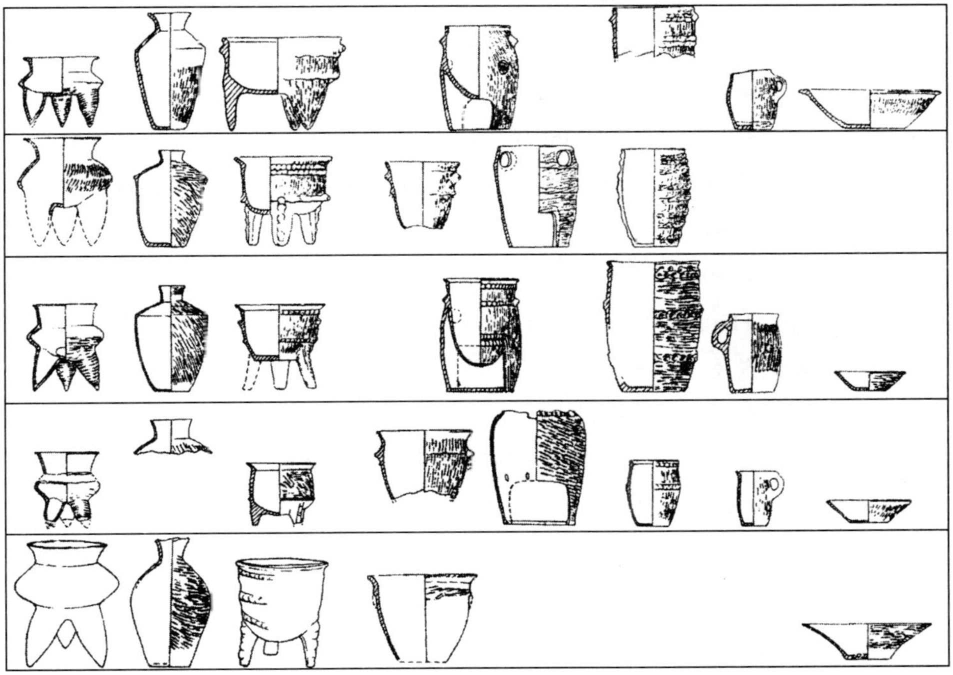

图二　庙底沟遗址 B 群及其他遗址同类陶器的比较（庙底沟二期文化典型器的演进趋向）

自下而上：Ⅰ. 庙底沟 H563、H569　Ⅱ. 二里头 H1、龙王崖 104　Ⅲ. 古城东关 H251　Ⅳ. 庙底沟 H35、H564　Ⅴ. 陶寺早期

三

以往对庙底沟二期文化的认识主要来自庙底沟遗址第二期遗存。上文已将该遗址第二期遗存分为 A、B 两群，因此，这两群陶器的年代和性质等问题，是认识庙底沟二期文化的关键。这里首先分析庙底沟遗址数量最多的 B 群陶器。

从陕晋豫地区半坡四期以后的陶器演化规律来看，庙底沟B群的H563的喇叭口平底瓶（H563：44）应是A群H568同类器物的继承者，年代应晚于H568，而H564小口折肩平底瓶（H564：23）又当晚于H563：44，据此可推知H564晚于H563。H564的斝（H564：20）与H35所出的斝（H35：92）形制虽有区别，但斝足与器底结合的部位相同，可作为两者年代相近的证据。H35的夹砂罐（H35：93）折沿已经消失。从本地半坡四期以后的夹砂罐口部折沿由加厚到竖立直至消失的规律看，H202所出的夹砂罐（H202：04）明显早于H35所出者。另外，这里的釜源于夹砂罐，因而其口沿变化与后者自有相通之处。H563釜的口沿外侈程度较H202的夹砂罐为甚，故H202当早于H35和H564，晚于H563。H558斝足的位置与H564的相同，故年代相近。H569所出的斝三空足上部内聚相连，且深腹罐形鼎都早于H35和H564的同类器，这里暂归入H563代表的阶段。

根据以上分析，可把庙底沟遗址B群的单位分为3个年代组：H563和H569最早，H202次之，H35、H564和H558最晚。按照这种认识分析山西垣曲古城东关、龙王崖、丰村、襄汾陶寺的资料，可以把庙底沟遗址B群陶器的演变关系归纳为图二。

图二中显示出陶器的以下一些演变过程：釜由折沿向直口发展，它与灶的结合部位逐渐升高；夹砂罐由折沿或侈沿向无沿直口的方向变化；斝由三空足内聚相连而逐渐走向分离；单把罐折沿趋于消失，把手的位置下移；鼎由深至浅；钵由斜直口发展到平沿。

B 群陶器的演进特点及陶器组合特征鲜明地反映出与 A 群存在着质的区别，可以断定 B 群在年代上晚于 A 群。现在的问题是，两者能否归为同一种考古学文化。

先看 A 群陶器。从宏观方面考察，A 群陶器与半坡四期遗存（或西王村Ⅲ期遗存）最为密切，它们的陶器组合基本相同，至少小口尖底瓶没有中断，彩陶还在延续，夹砂罐依然是主要的炊器。如果把小口尖底瓶和彩陶作为陕晋豫地区仰韶时代的特征，那么 A 群当归入仰韶时代。与此相反，B 群陶器则具有质的变化。尖底瓶被平底瓶所替代，斝脱颖而出，釜灶大量使用，一改仰韶时代的传统。这种变化既鲜明又突出，远远超过了 A 群与半坡四期的差别，充分显示了一个新时代的到来。过去，把庙底沟二期文化称作“过渡性遗存”[21]，是因为 A 群陶器确具有仰韶时代的特征，而 B 群陶器又具有龙山时代的特征。在资料和认识都不充分的 30 多年以前，未能将 A、B 两群陶器正确地区分开来是可以理解的。现在众多的资料都证明 A、B 两群面貌截然不同的陶器绝不共生，在襄汾陶寺还获得了 A 群早于 B 群的直接层位关系[22]，因此，把两者区分开就不仅是必要的，也完全是必然的。“过渡性遗存”的概念应该随着认识的深化而被淘汰。

如果根据A、B群陶器将庙底沟二期文化仅仅划分为早晚两个阶段，实际上是抹杀了A、B两群陶器在质的方面的差别。同一考古学文化不同阶段遗存的差别和同一时代的不同考古学文化之间的差别，以及不同时代的不同考古学文化之间的差别，显然是不相同的。以一二种典型器物为代表的陶器组合的变化应是不同考古学文化之间的差别。对于庙底沟A、B两群陶器来说，它们的差别更具有表示时代的意义。正是基于这种认识，有的学者在10年前就将西王村遗址中与本文A群相似的遗存称为西王村Ⅲ期文化[23]。

至此，可以得出这样的认识：庙底沟A、B两群陶器所代表的遗存年代不同、性质有别，当分属于两个不同的考古学文化。A群为半坡四期文化或西王村Ⅲ期文化，B群才是庙底沟二期文化。以小口平底瓶、斝、釜灶、夹砂罐和鼎构成的陶器基本组合是庙底沟二期文化的本质所在，是该文化时间和空间方面的重要指征，也是确认和讨论庙底沟二期文化的基点。换言之，该文化的陶器组合、特征与早于它的遗存相比是含斝而无喇叭口尖底瓶，与晚于它的遗存相比则不包含鬲，这正是它处在龙山时代早期所特有的标志。本文把陶寺早期归入庙底沟二期文化，将陶寺中、晚期遗存排除在外，其主要依据也就在此。

关于陶寺早期与庙底沟二期文化的关系，一般认为，两者的陶系十分接近，灰陶都居绝对多数，陶器的制法基本相同，器类器形方面存在较多的共同之处；生产工具与庙底沟二期的同类器的形制颇为一致；陶寺早期半地穴式白灰面房子常在室内一侧掏小龛或窑洞的做法、灰坑的形制等，都与庙底沟遗址二期的相似；就墓葬形制、葬式和没有随葬陶器这几点看，两者也颇为相象[24]。概括地说，陶寺早期斝、釜灶、夹砂罐、鼎、折肩平底瓶的基本组合没有变，构成文化特征的基本要素没有变，传统的生活习俗没有变，因此，它应属于庙底沟二期文化。河南渑池郑窑[25]、仰韶村和不召寨[26]，以及陕西华阴横阵[27]发现的釜灶都与陶寺早期相同，可见它的分布范围远远超出了临汾盆地，正与庙底沟遗址B群陶器的分布相吻合。陶寺早期也有它自身的特点，有一些庙底沟遗址所不见的器物，新出现了凿井技术、玉石器磨制穿孔技术、镶嵌工艺和复杂的图案，这些新的现象多出自大型墓葬中，是墓葬中的特殊现象。由于陶寺遗址的规格、级别和性质是庙底沟遗址所不能等量齐观的，因此，不能根据这些特殊的现象否定陶寺早期与庙底沟遗址B群陶器在陶器组合方面的共同性。依照庙底沟二期文化的指征，陶寺早期的遗存应属于庙底沟二期文化，而陶寺中、晚期遗存则属于另一种考古学文化。

四

与庙底沟遗址B群陶器有所联系的陕西扶风案板三期遗存和武功“浒西庄类型”是否可以归入庙底沟二期文化呢？限于资料，这里只分析前者。

扶风案板三期遗存所包含的文化因素比较复杂，因此，有必要对典型单位做具体分析，才能得出接近客观实际的认识。

H26是发表陶器最多的单位。其中，夹砂罐（H26：50）最有特色，它与庙底沟二期文化的同类器相似，但侈沿、鼓腹与后者折沿筒腹有着本质不同。就整体形态看它与陇东镇原常山下层[28]的夹砂罐（H26：10）几乎没有区别。此外H26所出的双耳罐、双大耳罐、单耳杯等也与常山下层的非常相似或完全相同。

H20发表的陶器虽多，但年代很不单纯。H20可分为上下两层，“上层灰土与下层灰土之间夹有一层较纯净的黄土，可知上下两层堆积，应有一段时间的间隔”[29]。根据层位学，H20的两层堆积当作两个单位处理。令人遗憾的是，报告者却把两个单位合并在一起，笼统地以H20一个单位表示。这样有悖于划分两层的初衷，也人为地丧失了一组极好的层位关系。幸好，发掘者指出了上层基本不见喇叭口瓶，据此可推知已发表的两件瓶（H20：59、H20：61）应该出于下层，瓮（H20：55）也有此可能性。如果把其余的陶器姑且作为H20上层所出，那么斝和鼎（H20：37、H20：46）显然与庙底沟二期文化的比较接近，斝的空足上部相连与庙底沟H569：03基本一致，反映了它们的年代当相距不远。子母口罐（H20：56、H20：57）榫卯结构的鋬耳与陕西宝鸡石嘴头东区[30]H1：12、H1：18完全相同，此类器耳也见于客省庄遗址[31]；釜（H20：43）与客省庄斝的上部（H68：16）形态酷似；双耳壶（H20：42）则与属于常山下层的六十亩坪01形态相同。

H7被认定是较早的单位。但筒形夹砂罐（H7：26）和单耳罐

（H7：20）与庙底沟遗址H35的同类器几乎完全一致，年代亦应相近。罐形斝、瓮、器盖（H7：29、H7：10、H7：85）分别与客省庄遗址的Ⅱ式斝（H85）、覆盘式器盖（H110）及Ⅳ式器盖相近。

基于上述认识，可把案板三期遗存进一步分为三类：第一类以H26为代表，包括H20：42，是常山下层因素；第二类以H20：56、H20：57、H20：43、H7：29、H20：85、H20：10为代表，是客省庄文化因素[32]；第三类以H20：37、H20：46、H7：26、H20：20为代表，是庙底沟二期文化因素。泾水流域相对单纯的常山下层遗存，西安以西的渭河流域地区和以东的渭河下游地区相对单纯的客省庄文化，以及庙底沟二期文化，为辨识和区别案板三期中的这三种文化因素提供了比较依据。泾渭之交的地区比上述地区相对复杂，在这里三种文化有过频繁的接触和交流，因而是研究三种文化年代关系的关键之所。

关于以上单位的相对年代，发掘者认为H20、H26属偏晚阶段，H30和H7则早于前两单位。不过从武功赵家来T101⑤层的夹砂罐与其所叠压的H12所出夹砂罐的差别看[33]，这里的夹砂罐也有折沿、侈沿向无沿发展的趋势，以及鼓腹向筒腹变化的过程。准此，H30、H7的直口筒腹夹砂罐应晚于H26侈沿鼓腹夹砂罐，前者与庙底沟遗址H35接近，后者的与西王村H18的夹砂罐相似，这种对比或许有助于说明它们的年代关系。与案板H26面貌相近的常山下层14C测定数据为2930±180B.C.[34]，而案板H7为2670B.C.[35]，与本文据类型学推测的结果相符。至于所谓案板H26与H20上层的面貌相同，从目前发表的资料中很难得出这样的认识。案板H26年代稍早，内涵单纯，完全可以从案板三期中区分出来。如此，案板三期遗存的主体是上文分析的第二、三两类文化因素。

目前，不论对案板三期遗存持何种意见，都不否认它与客省庄文化有某种联系，也不否认与庙底沟二期文化有某种联系，这反映了上文对第二、三两类文化因素的划分是大体上接近客观实际的。现在见诸报道的类似案板三期的资料中，这两种文化因素所占比例大体相当，难分伯仲，在这种情况下，与其把它勉强归入两种文化的任何一方，不如把它作为一个独立的文化类型划分出来，这样似乎更符合客观实际。因为任何一种考古学文化都不仅具有时间方面的过渡性，也具有空间方面的过渡性。这种过渡一般是通过诸多遗迹单位包含的陶器显示出来的，而有时一个遗迹单位包含的陶器反映这种过渡性更为鲜明。遗迹是构成遗存的骨骼，而它们包含的陶器等既决定遗迹的属性，也规定遗存的面貌，如果某遗迹单位所出陶器与另一单位完全不同，那很容易将两者分开，并确认这两个单位是不同个体的骨骼。假若两种完全不同风格的器物出自一个单位，那这个骨骼便无法再行分解了，这样的单位自应属中间类型。陕西彬县下孟村F1[36]就出有半坡文化和庙底沟文化两种不同风格的陶器，其性质无疑介于两者之间。其实，这种现象在哲学领域早有讨论，恩格斯曾说过："中间形态是存在的，有些机体我们简直没法说它们是植物还是动物，因而我们总不能在植物和动物之间划出鲜明的界限。"[37]目前属于案板三期的遗迹单位中，尚未发现一种单纯文化因素的陶器独立存在，那么，这种不同性质的文化因素混合共生的现象本身就是它的特征。这样，也就无法将它归入庙底沟二期文化了。

五

以本文确认的庙底沟二期文化的指征来考察庙底沟二期文化的空间分布，大体上可以勾画出两个层次。山西省南部以及黄河对岸的河南省灵宝、陕县和渑池是庙底沟二期文化的中心区，其东大致以新函谷关为界，西安以东的渭河下游是它的西区，晋南以北及陕北的黄河两岸是它的北方区，北面似不能越过管岑山。至于庙底沟二期文化影响的波及区则远远超出了上述区域。北面河套地区有它的影响[38]，东面达到了河南偃师、登封[39]，西面波及陕西扶风，南面越过秦岭，陕西西乡李家村遗址也有它的因素[40]。需要指出，这些地点的庙底沟二期文化因素，都属庙底沟二期文化较早阶段，它们在当地都缺乏连续发展的线索。

以晋南为分布中心的庙底沟二期文化，发展到陶寺早期终止了自己的前进步伐。据已知的^{14}C年代测定数据，庙底沟H558为2780±145B.C.[41]，陶寺早期的Ⅱ区T101H102为2875±185B.C.，Ⅱ区T1：3B为2465±130B.C.，Ⅱ区T2：3B为2460±140B.C.，Ⅱ区T2：3B为2340±130B.C.，墓地H1102：2为2340±130B.C.[42]。庙底沟H558陶器在庙底沟二期文化的年代序列中显然不早，故庙底沟二期文化的年代上限不应以H558的^{14}C年代数据为依据。陶寺早期另四个年代数据比较接近，自可反映庙底沟二期文化的下限。考虑到甘肃秦安大地湾仰韶晚期[43]、常山下层遗存及陕西商县紫荆H124[44]均在2895B.C.以前，由此可推知，庙底沟二期文化大约从2900B.C.到2300B.C.，经历了600年左右的时间。

目前可以断定庙底沟二期文化的直接前身和主要来源是西王村Ⅲ期遗存。后者很少见到釜灶，但大量口沿加厚、腹贴附加堆纹的夹砂罐似乎与灶的配套使用有所联系，若然，釜灶可能不是庙底沟二期文化所独有的器物，而同夹砂罐一样是从仰韶时期延续下来的。鼎在晋南的出现始于庙底沟二期文化，从其形态来看不外乎折腹和圆腹两类，它们与泰沂地区大汶口文化系统的同类器物完全一致的事实，可证这两种形态的鼎均来自泰沂地区。关于庙底沟二期文化斝的来源，就已知资料分析，尚难以做出肯定的结论，但从现有的资料中可以找到一些线索。河南禹县谷水河[45]Ⅲ期的高领罐形鼎与庙底沟二期较早的斝形态酷似，特别是它上部素面磨光，下半部较为粗糙，也与后来斝的这种特点相同。尤为值得重视的是，谷水河Ⅲ期已经存在着空足三足器——鬶。而禹县谷水河Ⅲ期与西王村Ⅲ期年代相若，早于斝出现的年代。庙底沟二期文化早期的斝足上部内聚，与谷水河Ⅲ期鬶足的形态非常相似。据此可以推断，斝很可能是在鬶的直接影响下，对象谷水河Ⅲ期那种高领罐形鼎加以改造而产生的。这种创造要首先归功于庙底沟二期文化的居民。他们的体质特征与“接近东亚蒙古人种”的大汶口文化系统的居民相似，同时又具有接近“蒙古人种的现代和新石器时代的南亚类型”的仰韶文化居民的特点[46]。这种情况与文化结构分析的认识交验互证，可以说明庙底沟二期文化是东方大汶口文化系统与陕晋豫地区半坡四期遗存长期碰撞、频繁交流、逐步融合的结晶。

令人思索的是，什么原因促使庙底沟二期文化最终在晋南消失？如果河北蔚县[47]、山西石楼岔沟[48]的陶鬲确能代表晋南以北广大地区考古学文化的基本特征，那么促使庙底沟二期文化消失的原因只能是这种陶鬲所代表的人们共同体的南下。因为见诸陶寺中期的陶鬲就其主要特征来看，明显晚于石楼岔沟者。庙底沟二期文化虽然在晋南消失，但它并没有就此而销踪匿迹，河南西部（主要是洛阳左近）龙山晚期普遍流行的釜形斝无疑是它的继承者。豫西釜形斝空足分置于器底的边缘，是晚生的形态。晋北陶鬲南下和豫西釜形斝兴起的年代大体吻合，充分反映了两者的内在联系，有助于理解庙底沟二期文化的去脉。需要指出的是，豫西龙山晚期的斝又呈现一些新的变化特点，即由圜底向平底过渡，领部增高或折领日渐显著，空足不断退化，等等，这些虽然与庙底沟二期文化有所区别，但将两者联系起来，黄河中游地区龙山时代陶斝发展演变的全过程恰好就充分显示出来了。这个过程的存在便否定了庙底沟二期文化是客省庄文化直接前身的可能性，而只能说明客省庄文化吸收了庙底沟二期文化的一些因素。至于青龙泉三期文化的陶斝[49]非但不能早到庙底沟二期文化阶段，就是距豫西龙山晚期的斝也有一定的年代差，其中的盆形斝，若按山西襄汾大柴遗址[50]同类器的形态来衡量，其年代大致相当二里头文化的早期。

综括上述，庙底沟二期文化在黄河中游地区率先跨入龙山时代，它最先吸收来自东方大汶口—龙山文化系统的鬶，并创造出符合于自己需要的斝。这种信息对东方的反馈，这种经验对于西方的影响，其意义是同样深远的。河南郑州旭旮王 C20H19[51] 那样陶斝的出现，表明青铜斝已经到了呼之欲出的阶段。这一事实反映出庙底沟二期文化在华夏文明缔造史中的杰出贡献和重要地位。

注释：

1. 中国科学院考古研究所 :《庙底沟与三里桥》，科学出版社，1959 年。本文有关庙底沟遗址的资料皆出自此书。
2. Andersson J G. Prehistoric Sites In Honan. 1947: 121.
3. A. 黄景略、张忠培:《梁思永先生与中国现代考古学》,《考古与文物》1981 年第 3 期；B. 尹达 :《新石器时代》，第 129~138 页，生活 · 读书 · 新知三联书店，1979 年。
4. 梁星彭 :《试论陕西庙底沟二期文化》,《考古学报》1987 年第 4 期。
5. 苏秉琦 :《关于编写田野考古发掘报告问题》,《辽海文物学刊》1987 年第 1 期。
6. 中国社会科学院考古研究所、中国历史博物馆、山西省文物工作委员会东下冯考古队 :《山西夏县东下冯龙山文化遗址》,《考古学报》1983 年第 1 期。
7. 中国科学院考古研究所山西工作队 :《山西芮城东庄村和西王村遗址的发掘》,《考古学报》1973 年第 1 期。
8. 中国社会科学院考古研究所山西工作队、山西省临汾地区文化局：《陶寺遗址1983—1984 年Ⅲ区居住址发掘的主要收获》，《考古》1986 年第 9 期。
9. 商县图书馆、西安半坡博物馆、商洛地区图书馆：《陕西商县紫荆遗址发掘简报》，《考古与文物》1981 年第 3 期。
10. 中国社会科学院考古研究所陕西工作队：《陕西华阴横阵遗址发掘报告》，《考古学集刊》（4），中国社会科学出版社，1984 年。
11. 黄河水库考古工作队河南分队：《山西平陆新石器时代遗址复查试掘简报》，《考古》1960 年第 8 期。
12. 中国社会科学院考古研究所山西工作队：《山西垣曲龙王崖遗址的两次发掘》，《考古》1986 年第 2 期。
13. 中国历史博物馆考古部、山西省考古研究所、垣曲县博物馆：《1982~1984 年山西垣曲古城东关遗址发掘简报》，《文物》1986 年第 6 期。
14. 张岱海、高天麟、高炜：《晋南庙底沟二期文化初探》，《史前研究》1984 年第 2 期。
15. A. 中国社会科学院考古研究所山西工作队、临汾地区文化局：《山西襄汾县陶寺遗址发掘简报》，《考古》1980 年第 1 期；B. 中国社会科学院考古研究所山西工作队、临汾地区文化局：《1978—1980 年山西襄汾陶寺墓地发掘简报》，《考古》1983 年第 1 期；C. 高天麟、张岱海、高炜：《龙山文化陶寺类型的年代与分期》，《史前研究》1984 年第 3 期。
16. 陕西省考古研究所陕北考古队：《陕西绥德小官道龙山文化遗址的发掘》，《考古与文物》1983 年第 5 期。
17. A. 西北大学历史系考古专业八一级实习队：《陕西扶风县案板遗址 1984 年试掘的主要收获》，《西北大学学报》（哲学社会科学版）1985 年第 2 期；B. 西北大学历史系考古专业：《陕西扶风县案板遗址第二次发掘》，《考古》1987 年第 10 期；C. 王世和、张宏彦、莫枯：《论案板三期文化遗存》，《考古》1987 年第 10 期。
18. 梁星彭：《试论陕西庙底沟二期文化》，《考古学报》1987 年第 4 期。
19. 郑州市博物馆：《郑州大河村遗址发掘报告》，《考古学报》1979 年第 3 期。
20. 郑洪春、穆海亭：《陕西长安花楼子客省庄二期文化遗址发掘》，《考古与文物》1988 年第 5、6 期合刊。
21. 中国科学院考古研究所：《庙底沟与三里桥》，科学出版社，1959 年。
22. 中国社会科学院考古研究所山西工作队、山西省临汾地区文化局：《陶寺遗址1983—1984 年Ⅲ区居住址发掘的主要收获》，《考古》1986 年第 9 期。该文的庙底沟二期文化即本文的 A 群，而陶寺早期正是本文的 B 群。
23. 张忠培：《试论东庄村和西王村遗存的文化性质》，《考古》1979 年第 1 期。
24. 高天麟、张岱海、高炜：《龙山文化陶寺类型的年代与分期》，《史前研究》1984 年第 3 期。
25. 河南省文物研究所、渑池县文化馆：《渑池县郑窑遗址发掘报告》，《华夏考古》1987 年第 2 期。
26. Andersson J G. Prehistoric Sites In Honan. 1947: 121.
27. 中国社会科学院考古研究所陕西工作队：《陕西华阴横阵遗址发掘报告》，《考古学集刊》（4），中国社会科学出版社，1984 年。该文图二二，4、7，如图所示当为残破的釜灶。
28. 中国社会科学院考古研究所泾渭工作队：《陇东镇原常山遗址发掘简报》，《考古》1981 年第 3 期。
29. 王世和、张宏彦、莫枯：《论案板三期文化遗存》，《考古》1987 年第 10 期。
30. 西北大学历史系考古专业八二级实习队：《宝鸡石嘴头东区发掘报告》，《考古学报》1987 年第 2 期。
31. 中国科学院考古研究所：《沣西发掘报告》，文物出版社，1963 年。
32. 张忠培：《客省庄文化及相关诸问题》，《考古与文物》1980 年第 4 期。
33. 中国社会科学院考古研究所武功发掘队：《1981~1982 年陕西武功县赵家来遗址发掘的主要收获》，《考古》1983 年第 7 期。
34. 中国社会科学院考古研究所泾渭工作队：《陇东镇原常山遗址发掘简报》，《考古》1981 年第 3 期。
35. 王世和、张宏彦、莫枯：《论案板三期文化遗存》，《考古》1987 年第 10 期。
36. 北京大学历史系考古教研室：《元君庙仰韶墓地》，文物出版社，1983 年。
37. 恩格斯：《反杜林论》（第一篇哲学：自然哲学、有机界），人民出版社，1963 年。
38. 吉发习、马耀圻：《内蒙古准格尔旗大口遗址的调查与试掘》，《考古》1979 年第 4 期。
39. A. 中国社会科学院考古研究所洛阳发掘队：《河南偃师“滑城”考古调查简报》，《考古》1964 年第 1 期；B 中国社会科学院考古研究所二里头工作队：《河南偃师二里头遗址发现龙山文化早期遗存》，《考古》1982 年第 5 期；C. 河南省文物研究所：《登封告成北沟遗址发掘简报》，《中原文物》1984 年第 4 期。
40. 魏京武：《李家村新石器时代遗址的性质及文化命名问题》，《中国考古学会第一次年会论文集》，文物出版社，1980 年。该文图一，13 属庙底沟二期文化；图一，12 属西王村Ⅲ期文化。该遗址测定的 14C 年代数据校正后为 2690±145B.C.（ZK169），适在庙底沟二期文化的年代范围之内。

41. 中国社会科学院考古研究所:《中国考古学中碳十四年代数据集》，文物出版社，1983年。
42. 高天麟、张岱海、高炜:《龙山文化陶寺类型的年代与分期》,《史前研究》1984年第3期。
43. 王世和、张宏彦、莫枯:《论案板三期文化遗存》,《考古》1987年第10期。
44. 中国社会科学院考古研究所:《中国考古学中碳十四年代数据集》，文物出版社，1983年。
45. 河南省博物馆:《河南禹县谷水河遗址发掘简报》,《考古》1979年第4期。
46. 韩康信、潘其风:《古代中国人种成分研究》,《考古学报》1984年第2期。
47. 张家口考古队:《一九七九年蔚县新石器时代考古的主要收获》,《考古》1981年第2期。
48. 中国社会科学院考古研究所山西工作队:《山西石楼岔沟原始文化遗存》,《考古学报》1985年第2期。
49. 长办文物考古直属工作队:《一九五八至一九六一年湖北郧县和均县发掘简报》,《考古》1961年第10期。
50. 中国社会科学院考古研究所山西工作队:《山西襄汾县大柴遗址发掘简报》,《考古》1987年第7期。
51. 河南文化局文物工作队第一队:《郑州旭奋王村遗址发掘报告》,《考古学报》1958年第3期。

（原载于《文物》1990年第2期）

悟道者说

《庙底沟二期文化的几个问题》讨论的是A、B两群陶器的关系与性质，实际上提出考古学文化定量研究的具体原则，是早期中国考古学研究值得深入探索的重要课题。庙底沟二期文化在中国古代文明发展史上占有重要地位，其文化界定的意义格外重要。

一五、东洋插队　试生活别样

（他山攻错有启发）

“插队”是“文革”后期知识青年到农村落户生活，参加劳动的简称；“洋插队”则是以打工挣钱为目的的出国留学的代称。“东洋插队”是指去日本留学加打工。

1989 年 11 月，胜利逃亡为我赢得复习日语的时间。那年，87 级本科生生产实习比原计划提早结束，我返回学校在家，空余时间自然比往年多。父亲见我经常出去会朋友，便催促我抓紧时间学习外语。他说，你当老师搞科研，外语能力差，就不能及时了解和掌握国际新发现、新动态和新进展，不论哪国语言，学好了总有派上用场的时候。

果然，机会成就有备而来者。认真复习两个月后，学校就通知有国家外语水平测试，自由报名，名额不限。没料到斗胆一试，竟拿到 70 多分，算是达标。有朋友告诉我，吉林大学每年都有校际交流去日本进修的机会，教育部也有若干赴日留学的名额，生活补贴待遇优厚，具体情况让我去学校外事处咨询。

当时，改革开放已经 10 年多，国门彻底敞开，多少国人出去考察，多少洋人涌进中国，发达国家的信息不断传入国内，谁又不心驰神往呢。一衣带水的日本国更是首当其冲，是影响中国最大的国家。他们的电器、汽车、机械，包括影视文学作品，对我们都有很大的影响力和吸引力。就说电影《追捕》吧，我那一代人，谁不是看了多遍，津津乐道，反复模仿！明治维新以来，日本在东亚迅速发展壮大。虽然二战战败，但几十年间又迅速崛起，成为世界第二大经济体。他们为什么能够长期领先，很值得我们思考和学习。早就听同窗李陈奇说过，日本的田野考古发掘技术有自己特点，出去长长见识是件好事。再者，成家多年，一直与父母共同生活，没有置办什么电器和家具，过日子总得有个样嘛。出去闯一闯或许能有所改变，何乐而不为呢。

于是，我就去外事处咨询，答复是口语能力是关键，否则，出去也不能交流。约我一个月后参加口试。我笔试虽成绩达标，但口语基本属于张不开嘴的程度，自娱自乐的练习又不得要领，一个月后外事处的相关人士说你现在的情况不合格，再给两个月时间，若依旧如此就没机会了。恰好，我有个朋友叫唱新，在日本问题研究所工作，是吉大日本语专业毕业，口语特别好。他帮我找到来校讲学的外教日本关西学院林昭南，让我每天下午去练习会话。林先生知道我是校际交流赴日本的人选，非常热情，除一般会话外，他还讲一些日本人喝酒时的话题，他深入浅出，加肢体语言，潜移默化之中我的听说能力明显得到提升。邻近考试的日期，面试经验丰富的唱新让我把自己的简历、见面的问候语、交流常用语都写成日语，天天背诵。真是熟能生巧啊，考试那天，我憋足了劲，一有机会就主动开讲，把自己会的套话统统说了出去，尽量连发而不间断，给人以非常熟练的感觉，不时地重复“初次见面，请多多关照”等寒暄用语，这让外事处负责考试的同志惊讶不已，连声说进步真快，前后判若两人。于是，我拿到了 1991 年 4 月赴日本关西学院大学校际交流的通行证，时间为期 1 年，地点在兵库县西宫市，指导者是文学部教授小玉新次郎（图 15-1）。

图 15-1　与小玉新次郎先生在一起

我们一行 6 人分别来自吉大中文系、外语系、经济系和日本问题研究所等几个部门，住关西学院大学外国专家十号楼。当年，吉大考古学系，在我之前还没有人出国交流，根本不知道和尝试这条路径。走别人没走过的路，并非局限于学术研究，勇于探索更是做人的精神与原则，进取和创新改变生活！

在日本生活 1 年，相当充实。听过课，讲过学，打过工，旅过游。以前真不知道外面的世界是啥样，只是听说很多人争相往外跑。那时因国内工资很低，去日本不打工的中国学者很少，不论自费也好，公派也罢，没人跟钱过不去，追求美好生活乃是人类的天性。吉林大学与关西学院大学的校际交流到我们这已经是第十届。总结以往赴日交流的经验教训，我们这个团队把打工的事情直接摊开说，形成基本共识。就是照顾大局，考虑影响，不做攀比，心照不宣。这改变了以往那种彼此忌妒，甚至互相揭发的尴尬状况。

在“关西”进修基本是自学为主。一周只有几节考古课，由神户造船大学北野耕平教授主讲，多是日本考古的常识。但学习是多方面的，最重要的是联系上了同窗好友李陈奇。他自费留学日本已经两年，经过艰苦努力进入东京国学院大学，随日本著名考古学家小林达雄先生学习绳纹时代考古，兼任东京都板桥区的四叶遗址调查员，他表示可以介绍我去东京都板桥区的四叶遗址考古工地参加发掘。他是领导型人物，喜欢用自己的人生观影响别人。他看我每天跑步锻炼身体，就反复说来到日本应该多走走，多看看，特别是日本的考古工地机会最难得，他们怎样发掘，有什么理论方法，用何种先进技术都必须了解。锻炼身体这种事情最好回国去做，不能在此浪费时间。他的话很有道理，促成我暑假的东京之行。

东京是著名的国际大都会，交通发达，人口稠密。大街小巷车水马龙，人头攒动，摩肩接踵，不同肤色的人们行色匆匆，临街商铺的商品琳琅满目，灯红酒绿，令人目不暇接。这场面我只在日本电影《追捕》中见过，但置身其中还是远超乎想象。池袋、新宿、银座、六本木等地，陈奇都带我去过（图 15–2）。

四叶遗址是绳文至古坟时代的一般性遗址，文化堆积不是很厚，遗迹现象也不算丰富，大概有 20 多万平方米，按基建考古规划是全面发掘，每年要挖 1 万平方米左右。也就是说这个遗址要连续发掘 20 年，且按年度出版专题考古报告。据陈奇说一年发掘经费将近 6 亿日元，令我十分吃惊，这简直就是天文数字。由于陈奇

图 15-2 与李陈奇在日本东京合照

的介绍，刚到东京便可以去考古工地学习真是喜出望外。那里的负责人山村贵辉先生办事利索，说话直截了当，很快就给我安排了工作。我暂住陈奇家里，那时他的夫人正在陪读，因她是 79 级考古专业的师妹，同在山西太谷县白燕遗址实习，不仅相当熟悉，而且关系很好。但是，陈奇的租屋房间很小，只有三个半榻榻米，与他夫妇睡在这么狭窄的地方，一天两天应个急还可以，时间一长谁都受不了。后来，山村帮我联系练马区一家建筑工地单身宿舍，不用房租，自己做饭，可以节省很多费用。显然，这是李陈奇为我在东京生活想出的高招。对我来说，省钱就是硬道理。当时我并不知道正是这种条件促进我日语的会话能力和日语水平的提高。

四叶考古工地是我粗知日本考古，或者是了解日本基建考古的入口（图 15-3）。由于我日语能力不足，主要是做陈奇的旁听，与日本学者直接的交流很少，很多场合还听不太懂。不过，刚到东京就有地方住，有工作干，我已经心满意足了。下班后有陈奇陪我逛街，比在西宫关西学院大学的时候还要惬意。渐渐地，我的日语听说能力在不知不觉中逐渐提高，逛商店也可以独往独来，生活更加自

图 15-3 在四叶考古工地参加考古发掘

由。就在我感觉生活和工作越来越得心应手的时候，陈奇做出重要决定，他准备放弃在日本拼搏多年才争取到的优厚待遇，举家回国，投身黑龙江省文物考古建设事业。对他来讲，真是踌躇满志，而我则只能叹息好景不长，不得不眼巴巴地看着他回国，难舍难分之情无以言表。是年 9 月初，我随山村先生去大岛发掘十余天。然后，也返回关西学院大学。假期就要结束，新学期还有新课程，新任务，还有半年的留学生活在等待我。

从东京返回关西，我的日语水平已经发生质的飞跃，能够比较自由地与日本人交谈一些简单话题。在小玉新次郎教授的资助下，独自一人去广岛和长崎参观，去福冈九州大学拜见日本考古学大家西谷正先生。

再回到西宫后的一天，两位同住十号楼的老师，看到一则招聘广告，他们担心自己的语言能力不够，就将消息通报给我。招聘“面接”极其顺利，社长很满意我身体条件，而且能够语言交流，他的会社就在学校后面不远处，僻静又方便，是家族企业，组装空调通风管道。该企业中长子是社长，父亲六十多岁是工场长，雇用十几号人，似乎是邻居、朋友或者是附近的乡里乡亲，给人谈笑自由、关系融洽的深刻印象。厂房里，简单的几台切割压型铁板的机床，提供人工组装的基本材料，固定资产的设备显得较为简陋。由于要付出一定的体力才能胜任工作，所以工资待遇还是比较可观的。这可能就是日本小企业的一般状况。风平浪静时一板一眼地经营，有个风吹草动可能便迅速倒闭。我的日语在东京练得能张开嘴说话，身体条件又好，加之在长春五商店干过钟表眼镜，尤其擅长细致或技术含量高的工作，所以，半个月就和日本同伴们打得火热。我与工场长远藤先生交往较多，聊天喝酒，还曾去他家里做客。他心脏不好，常有憋气、胸闷的症状，我便送他从国内带来的速效救心丸，因效果显著，我后来又不断托家里寄来。因此，他对我格外关照。回国时，他送我一台“超级任天堂”游戏机和《三国》等游戏软件，成为我留学日本比较喜欢的纪念品。

关西学院大学的后半年基本没有课程，提交一篇关于中国古代祭祀活动的研究论文在学校的刊物上发表（卜工：《中国新石器时代的祭祀形态》，载《人文论究》第四十二卷第二号季刊。关西学院大学人文学会），搞了一次讲座，已经令十号楼的其他老师羡慕不已。当然，这要感谢小玉新次郎先生的指导和翻译方面的润色。时间过得很快，转眼间归国的日期便指日可待。除了“Money”，我还有哪些收获？

一是粗知日本考古的投入和管理的大致情况。东京都板桥区四叶遗址的发掘工地相当于我国的抢救性发掘，而且是多年的连续性发掘。每年政府投入资金约6亿日元（约合人民币2000多万），发掘面积约1万平方米。他们发掘范围是用工字钢圈起来的，出土均用传送带输送。搭建可迁移的临时性楼房，有整理间、办公室、会议室和文物库房等，另空调、冰箱、彩电、电话、复印机、传真机等各种设备一应俱全，同时还配备若干台汽车，俨然就是一个有模有样的单位。而当时在我国，不论是高校考古专业，还是省级考古研究所也都望尘莫及。1991年日本经济的泡沫还没有完全破裂，景气指数处于上升时期，因为国力强而发掘经费多。就像富贵人家用化妆品一样，有钱就买点好的，买名牌，买法兰西的。哪里还在乎什么天生丽质，清水芙蓉。国家欠发达，自然没有那么多经费给予支持，考古工作就显得格外艰难。

二是中国考古目前还只是依靠资源优势，科技优势和理论优势尚未形成气候。像日本这样的发达国家，考古发掘的技术优势、规划优势、经费优势明显处于领先地位。他们古代文化遗存的保护和宣传利用都有独特之处，值得认真学习。中国是世界文明古国，古代遗存丰富的优势独领风骚。但近代化进程起步较晚，国家的发展刚刚有所起色，如果不在科技和理论研究方面抢占制高点，我们的考古学遗存或许像中药那样，成为别人研究的优势。只是目前，很多中国考古人，还陶醉于小打小闹、补经证史的研究，甚至坐井观天，不时地玩弄正宗考古的招牌，令人啼笑皆非。而日本人，从殷墟发掘开始，就觊觎中国所有的考古发现和资料，在有些方面其研究深度往往超过我们的想象。

三是同窗友谊得到升华。我和李陈奇在大学时代就很要好，谈得拢，彼此欣赏。日本之行受到他多方关照，否则，只身住在关西，可能和有些老师一样钱包鼓鼓却碌碌无为。他明知我在东京无亲无友，来了必给他添麻烦，却三番五次催促我来东京考古工地学习，真心真意为我考虑，视我为莫逆之交。6 月的夏日骄阳似火，他住的小茂根绿庄小屋面积很小，和他两口子挤在一起很不方便，但他却不以为我不知趣。在四叶工地，我午饭是带挂面和青菜自己煮，从不换样，一餐只用几十日元。他不以为我抠门，知我省吃俭用是为家用。他原本在楼上与日本研究员吃日币千元左右的外卖盒饭，看我这样简单，便主动下楼与我同吃挂面。每每念此，都令我想起《史记・管晏列传》论及管仲与鲍叔牙的关系。管仲说："吾始困时，尝与鲍叔贾，分财利多自与，鲍叔不以我为贪，知我贫也。吾尝与鲍叔谋事而更穷困，鲍叔不以我为愚，知时有不利也。吾尝三仕三见逐于君，鲍叔不以我为不肖，知我不遭时也。吾尝三战三走，鲍叔不以我为怯，知我有老母也。"我不敢自比管仲，但陈奇的情义却堪比鲍叔。"同窗之谊"本来是很平常的几个字，越是需要倾诉，越是需要理解，越是需要帮助，越容易使人感叹其意义非凡。

在过去的时光里，你拥有多少朋友？分几种类型？他们是否自己有困难才想到你，有几人能牺牲个人利益帮助你，想你所想，帮你所需？没有实际的经历，认识总还是肤浅的。生活的过程就是经验认识积累的过程，也是感性认识不断深化和升华的过程。历史洪流会大浪淘沙，朋友远近靠德行选择。

陈奇身上有很多令人羡慕的优秀品格。其中，用心两字最为突出。用心交友，用心做事，用心做人。凡事头脑冷静，善于谋划，前思后想，极其缜密。我去四叶遗址参加发掘，就是他通过几层关系运作的结果。让我在学习和经济收入两个方面都获得了丰收。他回国之后荣任黑龙江省文物考古研究所的所长，更显示出这方面的才华与优势。他以自己的人格魅力，促进了黑龙江文物考古研究所面貌的改观和事业的发展，真的是干出了一番辉煌事业。他对我们班级的贡献更为同学们津津乐道。镜泊湖，兴凯湖，五大连池，黑河，漠河，都给同学们留下深刻难忘的记忆。他在班上以老实、厚道加本分而为大家赞许，不张扬，不调皮，讲规矩符合他的性格。但是，毕业之后，他在班级凝聚力的建设方面却有超常发挥，甘于奉献，敢于担当，厥功至伟，令人敬佩。他的能力早就被导师张忠培先生看在眼里。所以，2008 年张先生担任中国考古学会理事长的第一年，就将全国考古学年会确定在哈尔滨举办。那时我就知道这是极其正确的选择。后来的实践证明，他们考古研究所果然成功地协办了一届中国考古学年会。

四是懂得职业并不重要，生活的品质才值得追求。自己命运必须由自己掌控。有自信，才能自立，才能自主选择生活的道路。我在日本打工的地点很多，时间最长的是关西学院大学后面“阪神”赛马场旁的远藤株式会社。在日本，我只要上班每天工作都十分繁忙。与国内不同，日本人上班时间不苟言笑，上厕所都是跑来跑去，不到休息时间不抽烟也很少喝水，若在室外赶上下雨不能工作，只能默默等待，到了休息时间才能吃点水果或去抽支香烟，死守规矩，有点像中国电影说日本人拼刺刀的时候要把子弹退出来的道理一样。刚去的时候，那些打工的日本朋友都愿意指挥我干这干那，待我熟悉情况后，比其他人干得快很多。厂长很满意，过两个星期就让我带几位日本人到另一部门加工出风口的部件。曾经对我发号施令的日本工友屡有产品不合格的情况发生，我很奇怪他们来的时间很长进步却如此之慢。这让我意识到，做什么不重要，怎么做才重要。

东洋插队的初衷不过是出来开眼看世界，或许能改善生计。没料到却让我跳出惯性思维，用更开阔的视野、更积极的态度，从更深的层次思考、观察和对待生活。那种认为生活像轨道上行走的列车，永远不能变的认识被彻底抛到九霄云外。与其寄人篱下，不如独闯天涯。在日本可以靠自己的能力自由生活，回国后当亦能如此。改革开放的浪潮席卷全国，沿海地区的形势如火如荼势头正旺，趁年轻走自己想走的路，做自己想做的事，活自己喜欢的方式，才是较高层次的能力自信！别样生活终于让我放下包袱，鼓起勇气，做出南下珠海的选择。

悟道者说

人生是学习的过程，等待的过程，也是选择的过程。寻找生机靠自己，怨天尤人要不得。俗话说，没有绕不过的山，没有过不去的河。只要不放弃，希望总会有；当你再回首，庆幸没撒手。

一六、放飞岭南　图自由翱翔

（此生能有几次搏）

1992年4月，结束了一年的日本留学生活。我乘船由大阪回国。在塘沽见到来接我的陈雍老师，方知北方考古研究室的陈雍、张文军、陈冰白、许永杰都已经悉数调离吉林大学，就连考古学系副主任许伟老师也已经因落实知青政策调回北京。张忠培先生亲手培养的田野考古骨干力量，为吉林大学考古专业建设发展、打开局面、立下赫赫功勋的三员大将全都解甲归田，北方考古研究室只剩下我这个研究室的副主任，我又该何去何从？世界上的事情就是这样的奇怪，本来他们都是长期两地分居，父母年事已高，追随张忠培先生开拓吉大考古事业多年，付出很多代价。如今终于能够回家团聚，孝敬老人，也算修成正果，无可厚非。但早不走，晚不走，为何偏偏这个时候走？从他们的共同选择分析，张忠培先生调离吉林大学考古系后，考古学系的教学和科研都在转型，这些人都感到以后日子很难过，前景堪忧。所以，只能追求生活品质，见好就收，趁早走人，这很可能是共识。他们都是在特殊的用人之际悄然离去，究竟是劳苦功高的建设者，还是半途而废的逃离者？应该怎样看待他们的离去，无疑有个是非曲直的原则问题。此后的三十多年，他们依然深切地关注着吉大考古的发展，但没有任何人接到过回校讲学的邀请，事实说明，在有些人的眼中他们始终被视为逃离者。

眼看着自己喜欢的学术团队已不复存在，我去意已决。在日本的一年我对中国考古的许多问题进行深入的再思考。我认为，考古教学不能离开中原，田野实习同样不能离开中原，吉大考古优势不能放弃，传统的作风不能转型。加强东北地区的研究与原来的方针没有矛盾。不是东北地区没有搞头，我志不在此。边疆有边疆的重点与问题，地方史有地方史的贡献，与中原相比毕竟是神经末梢。东北亚考古发现大有可为，欧亚大陆的草原文明神秘莫测，什么玉石之路，什么金属之路，什么丝绸之路，但终归不过是研究物质资料的发展史。欲研究古礼，要探索早期中国与古代中国一脉相承的关系，寻找和揭示中国古史的真实面貌，才能实现新的追求。倘若不能按自己的真实想法做研究，那就不如放弃，反正条条大路通罗马！我决计换个环境，换种活法，才能完成刚刚起步的研究。可是，生活的惯性使得很多的人丧失脱离轨道的勇气。要么就逆来顺受，在违心的生活中挣扎，在折磨下屈服，在失望中放弃；要么就解放自己，自由飞翔，克服困难，追随理想。常言道，退一步海阔天空。基于这些想法，我决心南下珠海，离开稳定、安逸的长春。

走自己的路，让别人说去吧。这话说起来简单，真正实施却很艰难。以前，我是在体制内生活，什么都不用想，不用愁。况且，与父母同住，经济上自然沾光不少。长春朋友又多，基本没有为难的事情。到珠海后，两眼漆黑没有朋友，两手空空没有居所。新环境、新情况、新事物总要个熟悉的过程。新鲜过后是孤独，孤独的时间是怀念。但是，既然迈出这第一步，就必须坚定地走下去，这就叫义无反顾。

珠海是经济特区，中国改革开放的窗口。为了生活找个工作是第一要务。妻子是医学博士毕业，直接进市人民医院五官科工作。但我没有单位接收，只好白天拿着简历四处寻找机会。最理想的单位是尽量对口，学以致用，别荒废学业。所以，我首站选择去珠海市文化局报送个人简历，希望能在市博物馆谋职。因为无人介绍，一纸简历很难打动人心。结果得到的答复竟是不需要副高职称的干部。珠海市文博事业起步很晚。1982 年全国文物普查时尚没有正式文物管理机构，临时抽调一些干部组成文物工作队，在广东省博物馆的指导下进行文物普查。此后，1985 年才筹备珠海市博物馆。1987 年博物馆开馆。那时候，该馆的馆长连中级职称都不是，弄个副高职称的馆员确实没有必要。寻找工作的晚上，我只能与爱人挤在珠海市人民医院的医生值班室里。那些日子工作杳无音信，前途始终未卜。为了生计，无奈之下，只能去私企试试。换了几个单位，都很难适应在私人老板手下工作，后来有朋友介绍与东方集团的刘总认识，他是长春人，原任职吉林省电视台，下海做老板，不过因鼻子闹病很痛苦，他知道家父是国内鼻科的权威，希望能帮忙治疗。这样，我顺理成章地进入东方集团。可没过多久就不欢而散了。

正在走投无路时候，在亲戚的推荐下，与珠海悦华石油化工公司总经理李伟峰取得联系。几次见面后，我便成为国有大型企业的职工。岗位在办公室，文秘加接待。这个单位是正厅级，还有块牌子——中国石化总公司珠海经济开发办公室。这是我首次接触“国企”，公司人数不多，但组织严密，管理正规，让人耳目一新：文件呈报制度，信息反馈要求，层层领导圈阅，凡事有布置有检查。统一使用的公司专用纸张和信封都是质量最好的。国有大型企业的强大阵容与气势尽显无遗。我从农村到商店到学校，习惯不受约束的单打独斗，组织纪律性差。在吉林大学期间，有人就是用这个理由在晋升副教授时对我进行致命打击的，虽然我的工作业绩和业务成果都名列前茅。这个公司严格管理制度给我注射了一针清醒剂，应该吸取教训，遵守各项规章制度。大工业的特点就是组织纪律性强，这为我后来做行政工作打下基础。

我 1995 年“十一”后去公司报到。首先接受的大任务是为总公司写我公司的年鉴内容。为此，还去北京中国石化总公司走了一趟，总部的大楼伟岸堂皇，真是令人惊讶。可见，当时国有企业与民营企业的差别巨大。通过年鉴的编写，了解到公司的业务范围和经营网络，分别由不同的经理负责。中国石化是国有支柱型产业，系统庞大，客人很多。客人们但凡来到珠海，大多要去澳门旅游。我负责办理港澳通行证事宜，所以，各个部门的经理都很熟悉。一星期要去几次市政府外事部门。有时，情况来得突然，港澳通行证出证的时间就必须保证要快。如此方能显示出接待规格与服务的热情。但是，特事特办成为常态，就比较难办，不能总是事事优先。好在我家夫人在市人民医院工作，熟悉人多，我近水楼台自然方便许多，公司的任务从未耽误过，自己感觉很有成绩，领导也十分满意。这可能就是领导艺术，始终让人感觉有奔头。这成为我日后行政工作的基本准则，尽量多帮助别人。

公司业务顺利客人就多。国有大型企业的送往迎来，真是让我大开眼界。以前，在学校的时候，根本就没见过钱，揣 10 元钱都怕丢，如今若口袋里没有万把元钱都不敢出门。所以，我感觉很新鲜，有事情做，每天忙得不亦乐乎。有一天，公司李总突然让我去了解悦华公司要成立党委的事宜，恰好有朋友在组织部，我按要求提供相关资料，很快把这件事情落实。中国共产党珠海悦华公司委员会批下来以后，李总很有感慨，他说以前申请的办法不对路，没想到你一个书呆子，还有些社会活动能力啊。并让我任党办副主任。一个做石油生意的公司为什么如此讲政治？坚持不懈地要成立党委？这就是国有大型企业的特点和传统。他们是“国企”也是“央企”，自觉接受中国共产党的领导是基本的觉悟。而我在多条战线上过工作，应该始终不忘自己是中国共产党党员。这种认识肯定是国有大型企业工作的重要体会。人生经过的事情多了，走过的路程长了，积累的经验也就逐步丰富起来。国企工作的几年，看上去是送往迎来，实际上是体验大工业的管理制度，学习行政管理的经验，培养自己的性格，积蓄日后工作的能量。

悦华公司人数不多，待遇很好。几乎人人一台小车，我经常出门办事，自然很快学会了开车。如此一来，工作效率明显有提高。生活有了保证，空闲时间增加，就开始思考做点什么，以前琢磨的那些科研课题时常浮现出来。磁山祭祀遗址和庙底沟二期文化成为主要的思念。这些问题的线索刚刚露头，有很多延伸性内容还没有来得及深入思考。可是，做一名考古票友的局限性很大，材料的来源受限，问题的思路常常被打断。这样我更加怀念跟随张忠培先生搞考古的时光，重回文博单位的愿望逐步萌发，而且，变得越来越强烈。

思前想后，我觉得凡事都要积极推进，等待不是办法，主动出击，毛遂自荐可能效果更好。于是，鼓起勇气走进珠海市博物馆的大门。接待人就是馆长李荆林同志。他是湖南人，研究女书在国内颇有影响。他特别仰慕张忠培先生，知道我是张先生的门生，又看过我带去的文章，因此他表示欢迎，同意接纳。但是由于编制所限，爱莫能助，让我自己想想办法解决。事情虽无很大进展，但基本上是摸到了门路，就差一个编制名额需要解决。这可是一个天大的难题啊！我找到珠海市人事局的朋友，恳请他施以援手，帮我一把，但他很遗憾地表示目前难度极大，正是人事关系冻结的阶段。珠海博物馆的事情就这样暂时搁置下来。

啥叫天无绝人之路？啥叫踏破铁鞋无觅处，得来全不费工夫？该来的总会来，该有的总会有。1998 年底，已是国家文物局处级干部的王军同学，随全国人大和国家文物局领导到珠海检查海关打击走私缴获的文物，工作之余隆重向珠海市委市政府的领导推荐了我。正苦于名额限制而迟迟不能办理调动手续的时候，来自国家文物局处级干部的推荐，迅速、直接、成功地将我送进珠海市博物馆。他们离开珠海后的第二天，珠海市人事局便通知去我市博物馆办理调动手续。完全没有想到，甚至让人简直难以相信，一夜之间我实现了华丽转身，人际关系也是生产力啊！一步顺，带来步步顺，这才有 2001 年去广东省考古研究所竞争上岗的平台，才有在岭南考古的舞台上施展拳脚的机会，才有后来关于中国古代文明的一系列发现与发明的研究，实现人生学术追求的基本目标。

这是我下海几年后人生的关键转折。我朝思暮想的古代祭祀和中国古礼，终于可以从冥想进入到创作；从材料的分析进入到理论的升华，善始善终的实现求学悟道的完整过程。“靡不有初，鲜克有终”，多少人跌倒在这个咒语之下。我很庆幸自己能再续研究，让思想的火花继续飞翔。从另外一个角度讲，再入事业单位重新回到体制内，又开始享受铁饭碗的待遇，“医保”“社保”全都齐了，职称没有耽误，学术没有荒废，生活获得保证。王大官人的再造之恩真的是无以回报，只有早日拿出科研成果，才对得起他雪中送炭的情谊。当今的社会，未必人人都能有此体验：关键的时刻，关键的地点，遇到关键的人物，同窗的分量实在是难以估计。

悟道者说

谋事在人成事在天，失之东隅收之桑榆。不论做什么工作，都要用心尽力，自觉储备能量。谁知道明天和惊喜哪个先到，只要希望在心中，大路就在你脚下。

一七、回归文博　眺雾锁南疆

（感慨海阔凭鱼跃）

记得刚留校的时候，张忠培先生就讲过给你面包不如给你猎枪的道理。告诫我们认真学习方法，不要只顾结论。晋中考古调查时他问我是否读过《华县渭南考古调查》，目的是检查我是否“配枪”。到河北易县、涞水调查试掘的时候，我对先生工作模式与指导思想的理解不仅深刻，而且，已经运用自如，有所创新。游邀遗址发掘后，整理与研究等工作又多次受到张先生表扬。所以，常以为考古是最适合自己的工作，不论理论实践还是技术方法都有自己的理解。那时，我女儿还小，我与父母同住，生活相当便利与惬意，可谓天时地利人和，真有“青春作伴好还乡”的感觉。可是，常言道，天有不测风云啊！

1987 年张先生走马上任北京故宫博物院院长后，我们还经常向他汇报田野考古教学与研究的工作情况。1991 年我做访问学者去日本关西学院大学一年，回国后，见北方教研室已名存实亡，当即迅速决定离开长春，去岭南自谋生路。这些情况始终没有向张先生汇报，因为那时正值他老人家因大家都知道的原因被撤职隔离调查的时期，我不想再给他添乱。以后相当一段时间里也没有同先生联系，用现在的话说是同他处于失联状态。其实私下里我一直很内疚，总觉得对不起他老人家的长期培养，辜负他的厚爱和殷切期望。如今，回归文博单位，重操旧业，拜见他老人家势在必行，不能再回避和拖延不见了。

如何才能恰到好处地恢复联系？既得体又不突兀？想来想去，先生最重视科研，没有一篇像样的学术论文肯定难以过关。要见先生必须准备好进见礼。所以，到博物馆工作后，我立即借阅近些年的《文物》《考古》《考古学报》三大杂志浏览，重点收集岭南考古的资料和信息。

天道酬勤。那时，我每天都有充足时间看书，整理自己的学习心得，认真揣摩和思考岭南考古的问题。幸运的是还有刚从珠海宝镜湾遗址拉回的新出土的考古发掘资料供研究。当时，馆里的很多同志去香港考古调查，我因为是刚来的新人，并不在邀请赴港参加工作的名单中，自然就成为留守人员。同一办公室的张建军也刚来不久，他是陕西师范大学史念海先生的博士，或许是考虑他专攻文献，也留在馆里整理资料。古人所说的“不以物喜，不以己悲”，正是当时我的心境。只要有考古材料，别无所求。这是我第一次直面岭南考古学遗存，有很长的时间令我遐想和陶醉，朦胧的影像似乎在眼前晃动，遥远的呼唤经常在耳畔回响，仿佛张先生的教诲又萦绕在脑际，回归专业果然有着不同凡响的快感和惬意。这期间，三峡文物保护工程如火如荼地开展，全国多省考古队伍纷纷前往支援。我有幸受到湖北省文物局的邀请去三峡学习考察（图 17–1）。

1999 年 1 月 28 日上午，我正在研究室看书，时任办公室主任的尚元正进来大声说：“有几位专家在看发掘资料，有位像作家的人正在四处找你，还以为我是你呢！”珠海博物馆常来文化系统的参观，文联我没有熟人，能是谁呢？我进了展厅第一眼看到的竟然是北京大学的严文明先生。我留校任教以后，多次随张

图 17–1　与王凤竹在夔门的纪念照

先生参加学术会议，与严先生有些接触。他还是我硕士论文和副教授评审资料的外审专家，对我有所了解。我十分惊喜，赶紧上前问候，严先生问我近况后，便将那位“作家”介绍给我，原来是他的大弟子赵辉。以前久仰其名，但未曾谋面，不料竟然在珠海相遇。那日是广东省文物考古研究所副所长朱非素陪严先生、赵辉观摩宝镜湾遗址的发掘资料。赵辉只知道我是大个头，见到大块头的尚主任便以为找对了人。我俩聊起来都有相见恨晚的感觉。严先生指着地上的陶片说，这批东西很重要，你要下些功夫啊。我明白严先生的意思是以点带面，通过这些材料去认识和理解以往发表的资料。刚进珠海博物馆就有幸拜见严先生，且得到他语重心长的指导，确实有久旱逢甘露的感觉。严先生的团队在岭南的考古工作大约始于20世纪80年代，他们是贯彻苏秉琦先生《石峡文化初论》精神的具体步骤，多次组织海岛考古调查和发掘，培训当地文物干部，安排毕业后的研究生到广东工作，推动了岭南考古事业的蓬勃发展。特别是石峡遗址考古资料的整理与发掘报告的出版，严先生更是关怀备至。2016年在郑州考古年会上，《石峡》获得中国考古学会新石器时代专业委员会推荐的“金爵奖”，它不仅是朱非素老师呕心沥血的结晶，也表明严先生厥功至伟。该考古报告有助于理解苏秉琦先生在《石峡文化初论》中提出的新观点、新理论，区系类型理论。从该遗址的发掘到金爵奖的获得，整整经历了50个年头，其中的曲折、甘苦远非常人所能体会。当然，这是另一个话题了。

由严先生引见，我认识了广东省文物考古研究所朱非素老师，这对日后职称晋级肯定有所帮助。严先生对我所讲，朱老师定然听在耳里记在心中，对我的第一印象自然很好，而她是广东省文博系列高级职称的评委，说话很有分量和影响。

两个月后，《环朱江口新石器时代晚期考古学遗存的编年与谱系》已经基本脱稿。正考虑投向何方之时，恰好“有朋自远方来”，他便是来珠海组稿的《文物》月刊编辑部张昌倬主任。早年，《磁山祭祀遗址及相关问题》《庙底沟二期文化的几个问题》均在《文物》发表，都是得益于昌倬兄的慧眼。这次他来得又是那么的及时，难道这就是上苍的眷顾？而且，他对我的研究已经比较放心。见到他，我真有“他乡遇故知”的美好感觉。就这样《环朱江口新石器时代晚期考古学遗存的编年与谱系》在1999年11期《文物》发表出来。求学悟道的路上，先生的教诲之外，很多同学和朋友给予的帮助至关重要，甚至决定你的成功与否。我很多文章都请教过大学同学和师长；文物出版社张昌倬、科学出版社闫向东、故宫出版社宋小军、《中国文物报》李政、《光明日报》李韵，还有成都传媒集团的母涛等对我的学术成长帮助甚多。

进见礼物准备妥当，拜见恩师就只欠时机了。2000 年，我有机会去香港开考古学术会议，发现先生作为嘉宾位于前排，会议进行中不能过去联系，茶歇的时间短暂且人又较多，三言两语说不清楚。好长时间没与先生联系，还怕他当众责备下不来台。很多朋友都知道先生批评人从来不讲情面，劈头盖脸就是一顿。想到这些，便趁他去洗手间时尾随而入。他没有责备我，反而平静又温柔地说："回来就好，你发在《文物》(1999 年第 11 期）那篇文章我看了，很好，到了一个新地方能够迅速找到题目，是成熟的表现，如果来到新地方长时间写不出来一篇像样文章那就不是好学生。看来，你从我这里拿走的是猎枪，不是面包。"

这次见面的环境虽然不那么理想，但感觉特别好，用"如释重负"来形容再贴切不过。因为过了一道坎，先生已经原谅我的不辞而别，成为日后继续发展师生友谊的重要契机。他夸奖我学到考古学方法，鞭策我不断向考古学的深度努力，大胆创新，成为我文明起源中国模式的研究动力。

悟道者说

科研的魅力在于创新发展。不断尝试新题材新角度新风格的创作，才能让思维进入动态的模式，进而超越老旧惯性的束缚。踏进岭南地区，耳目一新的材料带来灵感，激活创新研究的潜能，是回归文博的快意享受。

一八、人生拐点　开另一扇窗

（又入登高攀岩处）

2001 年初，中国历史博物馆（现中国国家博物馆）水下考古研究中心在广东省阳江水域找到了 1989 年曾发现的南宋沉船“南海 I 号”，并精确定位。消息传来，学识渊博，睿智敏感的广东省文化厅厅长曹淳亮迅速捕捉到广东文化事业的新亮点。为推进水下考古的进展，他决定加强广东考古的力量。此时，原广东省文物考古研究所所长古运泉去广东省博物馆任馆长。考古所新班子则在全省文博系统公开招聘，竞争上岗。

消息传来我毫不犹豫立即报名。重返考古主战场的机会终于来了。我也知道机遇就是挑战。以自己的实力和经验值得一搏。我必须在广东考古界亮相，让他们认识和了解，就算这次不能如愿，也要为将来去省所创造条件。也就是说，我原本无意所长的位置，为的就是能够尽快回到考古主战场。

这种心态决定了我的预先准备很轻松。但是，省文化厅的公开招聘与中国绝大多数的公开招聘一样原本是有针对性的，人选方面有目标，考题的确定有方向。我和省考古所的 2 人申报竞争所长，还有该所的 3 人申报竞争副所长的岗位。只有我一人是“入侵者”。面试的程序是个人先介绍自己情况，然后抽出选择题，准备 10 分钟后回答。最后由专家评委提问。自我介绍是我的强项。一是要背熟脱稿，盯住听众，有互动效果；二是有条不紊，抑扬顿挫、绘声绘色，促共鸣产生。首先是讲考古发掘的经历。我主持过大型遗址的发掘。科研能力方面单是参加国家社会科学“七五”重点项目（河北张家口山西晋中地区先秦考古学文化谱系研究）、国家教委重点项目（陶鬲谱系研究），独立主持国家社会科学青年基金项目（山西忻州游邀遗址）就具有很大的震撼力。因为高校与地方不同，当时，广东省文物考古研究所哪里有国家级科研项目？可是，回答选择题的环节就不那么充分了。

我抽到的题目是关于在基本建设中如何加强文物保护工作。现在看来，这是道白送的题，最容易发挥，来竞争上岗的许多人都已经充分准备了此题。可当时对于我却是道难题。在学校带生产实习与基建考古性质完全不同，也没有与基建部门打交道的经验。拿到这个题目让我有点发蒙。以前听黑龙江文物考古研究所所长李陈奇说过，黑龙江文物考古研究所基建考古起步早，操作规范，成果显著，曾得到国家文物局的首肯，许永杰从地方志办公室调来后就由他接管这摊工作。我到隔壁房间去准备答题时，迅速拨通许永杰的手机，请教基建考古的重点和注意事项，他们正在尼尔基水库搞基建考古，当然有经验可谈。参照他提供的经验，我顺利地完成了面试。

接下来，就是政审考察。珠海市博物馆的所有同志都举双手推荐我去省考古所，对文化厅外调组的同志极尽溢美之词，这使我想到，当年中国恢复在联合国的合法地位，毛主席形象地说，中华人民共和国是被非洲朋友抬进联合国的。而我则是被珠海市博物馆的同志们抬进广东省文物考古研究所的，令我感动和难以忘怀。可能是竞争所长的三人各有优势，以曹厅长为首的专家组竟然难以抉择，听说经过几轮协商，最后的结果是竞争所长的三位均为副所长进入广东省文物考古研究所班子，由一人主持工作。2001 年 6 月，我走上广东省文物考古研究所的新岗位。

当年，倡导并主持广东省文化厅竞争上岗选拔干部活动的曹淳亮厅长早已与世长辞。我是他创新活动的受益者，对他始终满怀感激之情。他思想深邃，学识渊博，锐意创新，善于总结，积极进取，大胆开拓，具有发现增长点、创造亮点和培养热点的特殊能力。他领导广东省文化厅的 8 年，成绩斐然，贡献良多。广东省的《风雨红棉》剧目获中国“文华大奖”，广东省流动博物馆和流动图书馆的实践获文化部特别贡献奖，广东省文化厅组织的“南海 I 号”整体打捞令世人瞩目。这些项目最初的倡议和设计都是淳亮厅长亲力亲为，他对属下的督促甚至达到耳提面命的程度。他的努力为广东省文化系统赢得一个个荣誉，一尊尊奖杯，一面面锦旗，无形中也将他自己的名字刻在其上。我到广东省文物考古研究所不久，便陪同曹淳亮厅长去三峡巫山宜昌等地考察，和他相识与相处的日子，再次让我体验到与高人共事的愉悦和轻松。

2002 年我去母校吉林大学，为大师姐李伊萍博士论文答辩站脚助威，之后又陪张忠培先生，许伟、陈雍、张文军老师参加与研究生和本科大四的部分学生座谈。本来只想聆听先生的教诲，不发言的，可后来同学们说因为我下过海，有传奇色彩，非得让我谈一谈。

我是这样开场的：

许多同学考大学的第一志愿报的都不是考古学，经过几年的学习，逐渐培养起兴趣，开始热爱考古，这应该算是先结婚后恋爱。我当年考大学第一志愿报的就是考古学，是通过自由恋爱结合的。后来，由于种种原因，我南下珠海，离开了吉林大学，离开了初恋的情人，自由恋爱的婚姻解体了。到珠海以后我始终找不到感觉。工作单位是中国石化总公司珠海经济开发办公室，是国有大型企业，正规、繁忙、待遇好。但是，一闲下来，磁山遗址、庙底沟二期文化等许多问题就萦绕在脑际，有魂牵梦系的感觉。就如同守着“富婆”，吃海鲜，开林肯，但总是怀念自己的初恋。真是“此情无计可消除，才下眉头，却上心头”。1999 年初我终于告别了“富婆”，到珠海市博物馆工作。2001 年 4 月参加广东省文化厅组织的竞争上岗选拔干部活动，6 月初到广东省文物考古研究所任副所长，回到了考古工作的主战场，真好比与初恋的情人破镜重圆。在广东省文化厅的竞争上岗的公选中，我靠的是吉林大学的品牌、导师张忠培的旗帜，凭的是一种执着的追求和特殊的情感。讲到此处，有位同学插话问道，为什么你要放弃舒适的生活和优厚的待遇？我脱口而出：是因为爱！顿时引起了全场热烈的掌声。

讲此经历是强调，求学悟道，考古探索不能满足于简单地做票友，必须争取必要的条件，必须专心致志，必须念念不忘。由于多少年来组织纪律性差的弱点而不适合做行政一部的我，做业务副所长却得心应手，该位置为我创造了优越的学习和研究条件，著书立说成为可能。

到广东省文物考古研究所以后十年间，我从探讨特殊遗存的性质入手，逐步将祭器的辨识升华到礼器的认定；从特殊遗存的地域性的个案出发认识古礼的普遍存在；从历史性和共时性的结合上提炼出中国曾经有个古礼的时代，明确了“中华统绪不绝如线”的思考，出版了《文明起源的中国模式》《历史选择中国模式》《中国模式解读早期中国》《中国 DNA——早期中国古礼天下》的系列专著，实现了求学悟道的梦想，考古探索进入到有所发现、有所发明、有所创造的境界（图

图 18-1 在香港学术会上发言

图 18-2 与千福熹院士团队互赠书籍

18–1）。如今，在学术界讲早期中国的礼制已经成为常识，可在十几年前，古礼却是新鲜的提法，有人甚至认为是异端邪说，有的认为神乎其神，有的静观我的后续研究。但多数专家基本认同。所以，2007 年《文明起源的中国模式》出版的当年便获得《中国文物报》举办的全国最佳图书优秀奖。

更重要的是这个平台为我开辟了解国内考古的新发现、新成果、新动态的窗口，有机会参与广东的水下考古，接触更多的科技考古精英（图 18–2）。2008 年我成为中国考古学会第十二届理事会的理事，退休后加盟广州欧科集团股份有限公司成立的启智文化遗产数字保护研究院，都得益于广东省文物考古研究所工作的岗位和在所里交往的经验。事实证明，平台比能力重要。有平台没有能力可以练，能力再大若无平台也难以展现，“皎皎白驹，在彼空谷”“冯唐易老，李广难封”的千古佳句就是生动写照。但是，千万莫把平台当本事，这是生活拐点给予的最重要启示。

悟道者说

人生在世，社会平台最重要。权力历来都是双刃剑，且不论大小。官本位是几千年封建社会积淀而成的顽疾，被视为“臭豆腐现象”，至今仍然难以“彻底决裂”。嗟呼！平台不可尽用，名利不可自欺。看天地循环，观周而复始，方泰然处之。

一九、水下考古　忆初始模样

（谁说打捞是考古）

2001年6月，我走上广东省文物考古研究所副所长的岗位，就是乘“南海Ⅰ号”水下考古的东风而来。后来，由于工作关系经常与当时被誉为中国水下考古正规军的中国历史博物馆（以下简称“历博”）水下考古中心打交道，与中国水下考古重大项目朝夕相处，与中国水下考古那些人和事相纠结，见证了“水下考古”发展的神速和奇迹的诞生。这个机缘开启了我考古生涯的又一扇天窗，科技考古的全新视野对日后加盟广州欧科技术服务有限公司起到决定作用。但是，我始终认为，水下打捞与中国考古是两股道跑的车，根本不是一回事。充其量属于边缘性学科新种。出水文物研究可纳入考古学，打捞则是交通运输、海洋资源管理部门的任务。多学科、跨行业、大工程是水下探摸和打捞的特点，怎么能够武断地将其归入中国考古学？假若，国家真要进行水下考古资源普查，文物考古部门如何能当此重任？当然，这是需要讨论的问题。

言归正传。2001年春，“历博”水下考古队终于找到了1989年发现过的南宋沉船，实现了精准定位。并迅速打捞出4000多件南宋时期的瓷器、金器、铜钱。这一重大发现的消息传到广东省文化厅，极大地震撼了时任厅长的曹淳亮先生，作为地方官员，他深知守土有责的道理。在处理与国家文物局的关系方面，他的确动了脑筋。很快与国家文物局和阳江市政府达成“整体搬迁，就地保护”的意向，广东省文物考古研究所和“历博”与交通部广州打捞局协商打捞方案，由阳江政府负责建设广东海上丝绸之路博物馆（以下简称“海丝馆”）。我到省考古所之前就已经听说过“南海Ⅰ号”的整体打捞设想，其发明权属于何人还真不清楚。不过，2003年广州珠江宾馆“南海Ⅰ号”打捞的论证会上，“历博”介绍的是“整体打捞”方案，我们省所介绍的是潜水取货式打捞方案。前者的思路是借鉴田野发掘中将特殊遗迹现象套箱整取，移到实验室后再进行科学清理。这个创新着眼于“南海Ⅰ号”信息量的全面采集，着眼于水下考古的清理质量，着眼于船货和船体的文物保护，着眼于再现其风采的复原与展示。如若成功将是世界水下考古的里程碑。后者则是传统的办法，缺点明显，周期过于漫长，容易损坏文物，难免信息流失等劣势，显然是过于落后而不能被广东接受的方法。所以，“整体打捞”一经提出，其优势已然牢牢地吸住了人们的眼球。而问题的关键是这种设想与设计是否具有实施的可能性。这个最初的想法得到广州打捞局总工吴建成和他手下多名技术骨干的积极支持。回首这段往事，最大的体会是科技越发达方法就越简单，外行看热闹，内行讲门道。

1987 年，在广东阳江水域发现南宋沉船的功臣就是广州打捞局。不论是“历博”水下考古中心，还是广东省文物考古研究所对该局的实力都有一定程度的了解，但是，隔行如隔山，文博系统的专家对海底工程技术，特别是水下的大工程和关键技术一无所知，缺乏足够的信心。从整体打捞方案的设计之初，当时还只是一般技术人员吴建成、王仁义、鲁植军等工程技术人员就对整体起吊的技术充满信心，他们研究将沉箱用潜船舶运到阳江闸坡的临时码头，放入广东省计划在那里新建的广东海上丝绸之路博物馆（以下简称“海丝馆”）的“水晶宫”内（专为该沉船包括沉箱在内设计的大水池，其上有多层楼台供游人参观拍照）。因为那个时候广州打捞局起吊设备只有两千吨能力，四千吨起吊能力的“华天龙”尚未建成，而“南海Ⅰ号”连船带货和泥沙初步估算为四千吨左右，也就是说，当时还没有能力将其整体吊出水面。因此，他们委托华南理工大学孙树民教授做应用试验，解决潜船舶在运输过程中遇到波浪摇晃的问题，以避免文物受损，海洋工程的专业术语叫作“波浪补偿”。因此，我和我所的崔勇一方面要经常联系广州打捞局总工吴建成等，另一方面还要去华南理工大学孙老师那里询问试验结果。在省考古所工作的头三年，是我熟悉和学习水下考古的阶段。

真正接手水下考古还是 2004 年的春天以后。考古所一把手换为广东文物鉴定站的黄道钦先生，文化厅主管副厅长景李虎指定由我负责水下考古。从这个时候开始，广东省文物考古研究所成立了自己的水下考古研究室，并举办首届广东水下考古专业人员培训班，“南海Ⅰ号”整体打捞及保护方案的编制和论证进入程序，广东省文物考古研究所的水下考古走上轨道。2007 年 12 月 28 日，“南海Ⅰ号”整体打捞成功实施，在万众瞩目下，盛载着“南海Ⅰ号”的沉箱被顺利安放在广东省海上丝绸之路博物馆的水晶宫内（图 19–1）。2009 年 9 月和 2011 年 5 月由广东省文物考古研究所主持的“南海Ⅰ号”两次试掘取得成功。该船保存情况，船头朝向及破损部位都已清楚，备受舆论关注，备受社会期许，备受学术界瞩目的“南海Ⅰ号”进入全面发掘的倒计时阶段（图 19–2）。我退休一年后的 2013 年 10 月该船的全面发掘正式开始。到本书出版的时候，估计全面发掘能够结束。

中国考古学的发现与研究有周期性特点。对河南安阳殷墟、对河南偃师二里头这类大型遗址的认识需要周期，需要数代人的不断努力才能一点一点地实现，“南海Ⅰ号”同样如此。从 1987 年被发现到“整体打捞”用了 20 年时间，而从 2013 年的全面发掘到今天的发掘工作基本结束，又过去 7 年。全面的复原展示工作还需要更长的时间。假若那一天终于来临，当年的水下考古人员可能都尽数退休。事业一定比人的生命长，所以，应该按分期的眼光看待自己曾经的工作，任何人都不过是接力者，只要能贡献一己之力就没有遗憾可言。现在回想起来，经常与广州打捞局朋友的深入接触，长期徘徊在“海丝馆”水晶宫的回廊中，才逐渐了解到大海的广阔无边，湛蓝的神秘无比，海底世界的奇妙变化（本书的封面也是因为这个缘故而选择的颜色）。从中国水下考古的全局看，广东省的水下考古资源最为抢眼。“南海Ⅰ号”“南澳一号”的相继发现和发掘使得广东水下考古格外引人关注。总体上讲，许多工作是刚刚开始，一些认识还极为肤浅，目标设

图 19–1 水晶宫与沉箱

图 19–2 2011 年“南海Ⅰ号”第二次试掘现场

计尚不够明了，相关方案姗姗来迟，重点项目周期过长，资源整合仍需给力。所以，中国水下考古的全面发展还需要解决诸多问题，值得庆幸的是国家不断增强顶层设计的力度，加大对水下考古的投入，组建水下考古的“国家队”等一系列举措出台，中国水下考古由此进入新的发展阶段。回顾 10 年（2001—2010 年）的奋斗历程，感慨油然而生。当然，有些认识可能早已见诸报章，有些因科学发掘的进展需要修正，有的甚至可能过时，但毕竟是真实的感想和感受，记录下来或许能为中国水下考古的历史存证。

“南海Ⅰ号”是中国水下考古的摇篮。中国水下考古的肇始原本就是因为广东阳江水域发现南宋沉船。中国历史博物馆俞伟超馆长敏锐地捕捉到学科发展的生长点，及时成立了水下考古研究中心。并将此船命名为“南海Ⅰ号”。1989 年日本考古学会会长江上波夫与中国考古学会理事长苏秉琦亲自出面商谈发掘此船的事宜，联合组成水下考古队找到了“南海Ⅰ号”，虽然未果，但该船的名声已然鹊起。2001 年春，“南海Ⅰ号”终于在水下 26 米深处的泥沙中被“历博”牵头组建的水下考古队重新发现，实现精准定位，并打捞出 4000 余件精美的瓷器，还有金器、铜钱等大量文物，彰显出该船特殊的历史价值和科研价值。“历博”水下考古中心的科研与培训基地因此在广东阳江的闸坡安家落户。他们受国家文物局的委托先后举办 5 届水下考古培训班，培训近百名水下考古队员。2002 年国家文物局、广东省文化厅和广东阳江市政府达成就地保护的意向，决定在阳江闸坡建设广东海上丝绸之路博物馆，2004 年“南海Ⅰ号”进入整体打捞方案的论证阶段，2007 年春开始了“整体打捞”的攻坚阶段。同年 12 月 28 日装载着“南海Ⅰ号”的巨大沉箱被拖进“海丝馆”的“水晶宫”。2009 年和 2011 年两次小规模的试掘获得大量信息，特别是确定了该船的朝向、文物保存状况、船体的破损部位。“南海Ⅰ号”整体打捞的成功与发掘铸就了辉煌的篇章，标志着中国水下考古的强势崛起（图 19–3）。10 年转眼即逝，作为广东省文物考古研究所主管业务的副所长，我因而有幸认识了一批又一批不同行业的精英翘楚，参与了一次又一次的专题论证会议，目睹了一位又一位不同行业专家的风采。

“整体打捞”诠释了中国水下考古崭新的特点。中国是历史悠久的海洋大国，拥有得天独厚的水下资源。中国的海岸线共 32000 多千米，其中，大陆海岸线

图 19-3 与中国国家博物馆副馆长张威合影

18000 多千米、岛屿海岸线 14000 千米。拥有 300 多万平方千米的辽阔海域，史称“万里海疆”。几千年来，我们的先人不断地开发和经营海洋，在远离大陆的海岛和海底的深处留下了大量的文化遗存，中国水下考古必须高度重视这个基本前提。中国水下考古既有考古学分支学科的特点，又具有水下工程的特点。水下考古由于研究的对象是古代遗存，故属于中国考古学的范畴。也可以说，凡是与古代遗存相关的研究都可以造就考古学的分支学科，或者其他学科的考古分支，这样的学科又称为边缘性学科。中国水下考古的发展与成长并非由于中国考古学的发展促成的，而是受中国潜水、打捞和救助等部门和水下工程行业的发展与否所制约，正是这个道理。如果没有声呐等设备，缺少船舶运输和起重等条件，水下考古只能在内陆的湖泊或海边小打小闹，采用围堰方式，使用竭泽而渔的手段，才能获取相关的文化遗存。中国水下考古的兴起重要原因是国家实力大增，相关的行业取得较大发展，海洋权益日益受到重视。而并非考古学科发展到一定阶段自然出现的分支。从这个历史特点认识中国水下考古，才能理解为什么强调整合资源，创造多学科合作的环境，主动加强远景规划，形成战略优势；为什么要尝试科技创新，注重跨越式发展。坦白地讲，国际上是打捞公司在做这种打捞文物的事情，加上那些地方的历史没有中国那么悠久，“水下考古”的学术意义远不如在中国那样巨大，维护主权与领海意识的政治色彩也不如我国那样突出，其社会效益自然也就没那么显著了。

“整体打捞”极大地推进中国水下考古发展进程。新兴的科技考古迅速进入到全面采集信息、精细清理和创新传承的新阶段。彻底改变了以往人们对于中国水下考古不以为然的认识。毋庸讳言，许多学者到现在为止都认为水下考古只是捞东西，用考古学的方法和理论衡量虽然说不上是风马牛不相及，但差别也是极大，所以，嘴上虽然不说，对水下考古却另有想法。那个时候，水下考古发现沉船，必须使用高压水枪，冲开淤泥，才能见到瓷器一类较大显眼的文物，所以信息总类相对简单，只有瓷器能够抵抗海水的腐蚀，保持完好，只要完整器物的数量达到一定程度，就足以令人赏心悦目，欢欣之余忘记沉船之内还有其他别的什么物件没有。一般情况而言，潜水员带两个氧气瓶工作大半个小时就要轮换，潜水员用铁筐将瓷器从海底捞出，风高浪急时必须停止作业，如遇台风所有船只都必须回港湾避风。那个时候，水下考古就是简单的打捞，与出海打鱼相同，要看老天的眼色吃饭，没有其他道理可讲。所以，不论是田野考古专家们还是文献学研究的大家从来就不认可水下考古的科学性。2010 年以前的全国十大考古新发现的评审，水下考古的项目几次入围都没有逃过落选的命运，就很能够说明专家与评委对分支学科的认同问题。

“南海Ⅰ号”整体打捞的重要性就在于，把水下的打捞与中国考古学的理念直接挂钩，浓郁的考古学氛围和原则贯穿在它的发现和打捞过程之中，“水下考古”在中国才走上实至名归的道路。一是运用田野考古学“单位”的概念对待南宋的沉船。二是用实验室的考古技术将其整个搬回室内。三是能够做到基本完整的采集信息。四是最大限度地展示船体和货物的原貌。五是将海底或水下的环境变为田野考古发掘现场那种可视、可及、可触摸、可感受的场景。所有这些特点，均体现和表达出中国田野考古的理念与方法在水下考古中的创造性运用，以及水下考古中国特色的全面发展。因此，中国的水下考古是全面认识中华民族灿烂文化的重要力量，其工作与研究关系到阐释中国海洋大国和海洋权益的国家利益，与田野考古一样关乎爱国主义教育、传统教育和弘扬祖国优秀历史文化遗产的重大课题。中国的水下考古必将随着中国的和平崛起形成较大、较快的发展。

2011 年 9 月我受广东省文物考古研究所的委派参加两年一度的田野考古奖申报评选，“南海Ⅰ号”2009、2011 年度的考古试掘项目荣获三等奖，虽然，与申报一等奖的愿望存有差距，但是，能够获奖也表明了中国的水下考古正在被中国考古接纳和认可，验证了“保水”发掘的方法与田野发掘的方法具有相通之处，中国考古学的许多理念能够在水下的工作中具体运用或发扬光大。因为我们两年的试掘面积仅仅为 22 平方米，就规模而言怎能与浙江杭州的良渚古城、陕西咸阳的汉代帝陵、辽宁的辽代祖陵一类的大型遗址同日而语，加之水下考古目前在学科中的地位还有待加强，故而，更应该“看到光明，看到成绩，要提高我们的勇气”。

过去，多数意见认为“南海Ⅰ号”整体打捞是一特例，今后水下考古可能很少使用此法。可是现在看来也未必尽然。与“南澳一号”的传统打捞方法相比，“南海Ⅰ号”整体打捞的费用并没有原来估计的那样昂贵，而实际效果却超乎想象。可见，中国水下考古必须根据自己的情况，走自己的路，必须坚持创新发展。

“南海Ⅰ号”的全面发掘已是尾声，复原和展示的新阶段为期不远。在新的历史起点上，“南海Ⅰ号”将续写新的篇章。根据多年的经验和思考，接下来主要是做好两件事情。一是真正做好船体及船货的科学保护；二是讲好“南海Ⅰ号”的故事。科学的保护始终是我国文化遗产事业的宗旨，其精神贯彻于打捞、发掘、复原、展示的各个阶段。但是，具体到船体如何保护的问题，专家的意见并不一致。是原封不动的保护，还是分解开来保护？是保护与展示结合，还是封闭式保护？那种方法最科学，效果最好，恐怕还需要多次的论证。不过，从“南海Ⅰ号”并不完整的保存情况来看，分解保护最有利于脱盐脱水，这显然是百年大计，质量第一的要求。也有看法认为分解不难，而拼接将有难度。窃以为，按现在的科技水平拼接应该不是问题。而原封不动的保护看起来似乎没有任何破坏，但很多结合部位的脱盐脱水可能受到影响，从长远的利益出发此方法当不是首选。另外，分解的过程通过三维建模等手段可以实现情景再现，加上模拟复原的船尾，在水晶宫内能够完成保护与展示同步进行。复制的“南海Ⅰ号”另择地点，以达到虚拟与实物辉映，考古供科技驰骋的境界。

“南海Ⅰ号”的船体是可遇而不可求的重要文物资源。中国古代造船、航海等很多领域都迫切需要从那里汲取养分，相关的研究可能不是几代人能够完成的，所以要保证科学保护的方案万无一失。有鉴于此，2011 年“南海Ⅰ号”第二次试掘时，我曾提出分解与拼装的设想，因为当时我们已经通过钢钎探测的土办法确定该船并不完整，约有四分之一的船尾部分已经不复存在。那年 4 月 26 日《南方都市报》以《“南海Ⅰ号”是否将要肢解》为题刊登了我的访谈讲话，引起一些非议。到现在我仍然认为分解保护的方法是消除后遗症的最佳方案。可在当时，如此的提法会影响“整体打捞”的意义，也有人埋怨我爱出风头。简单的学术问题引来的全然都是责难，可见人们的心中“南海Ⅰ号”有多么的神圣啊！

如何讲好“南海Ⅰ号”的故事，可能是更为复杂的问题。以往，国内研究大都认为“南海Ⅰ号”是南宋时期的商船，中国福建造的船，拉着江西和福建的瓷器，当然是中国人自己干的海外贸易。可是，随着全面发掘的进程，人们认识开始向多种可能性转化。因为该船出水的具有异域风格的金腰带不止 1987 年发现的那一条。这种情况似乎说明，货主极有可能是境外人士，他们租用中国的货船和船员运送中国的瓷器和其他物品。在船员都进入梦乡的时候，不幸的事情发生了。船由于漏水沉没，没有翻覆，正向坐于海底；船员也没有争相跳海逃生的迹象，否则那些腰带就不可能留在船上，他们是不知不觉中葬身海底的，死后尸体被鱼类吞噬，比重较大的金属腰带就此保留下来。这种分析情节虽然平淡，但推理的逻辑缜密，可能性极大。据此，“南海Ⅰ号”可能为域外人士经营，他们租用中国的商船，贩卖中国的货物，所以所到之处货物才有销路，境外的贸易才有保障。这是第一种版本。第二种则可能是中国商人与域外人士共同经营。无论哪种推测成立，都动摇了人们早年的认识。更符合海上丝绸之路是多国人民共同开发、共同建设、共享利益之路的客观实际。

“南海Ⅰ号”为中国水下考古积累了许多的经验。特别是整体打捞的实践充分展示出重大项目必须坚持国家主导，部门负责，组织严密，政令畅通的原则；在项目的设计方面必须达到思路清晰，构想合理，敢于突破，谋划全局的要求；在联合的攻关中必须形成亲密无间，风雨同舟，不弃不馁，共度时艰的氛围；在施工过程中必须确保充分准备，科学管理，精心制作，万无一失的承诺。“南海Ⅰ号”如此，“南澳一号”的工作如此，以后的许多工作依然如此。这是中国水下考古特点所决定的。当今中国水下考古的主要课题，主要是配置资源，联合攻关，加强规划，构建体系。中国的海域如此之辽阔，岸线如此之漫长，先民们经营海洋的历史如此久远，造就了水下文化遗产特别丰富的客观存在，以及分布方面多层次的实际状况。从内陆的湖泊江河到近海，到跨洋合作，其舞台相当广阔。也就是说，中国水下考古不是某一部门、某一地区能够独立完成的事业，所以，必须要认真地发掘资源，合理地加以配置；必须调动方方面面的积极性，加强联合攻关；必须强调科学规划，代代接力不间断地进行努力；必须注重构建中国特色的体系，其中，涉及国家及地方多级管理的海洋与内陆的资源体系，人才培养与梯队建设机制，项目与课题的管理方法，中长期的发展前景与目标，等等。这些都不是空话。在退休数年之后，“南海Ⅰ号”整体打捞和试掘的情景依然记忆犹新，每代人有他们自己的追求、奉献、艰苦、恩怨和幸福，每代人都承前启后，继往开来。此时，我想到的是，历史的舞台、社会的舞台、人生的舞台曾经由于“南海Ⅰ号”美轮美奂的遐想令人激动，价值无量的前景屡屡催人陶醉，抢眼的优势不时地撩动人们的心扉，讴歌的创作也曾心力交瘁，只有追求真理的精神永存。依然神秘的“南海Ⅰ号”，又能为人们带来怎样的思考？

下面，与读者分享 2010 年 11 月，我为《中国文物报》的撰稿，以再现当年的奋斗与辉煌。

创新发展 构筑辉煌——“南海Ⅰ号”整体打捞及保护

“南海Ⅰ号”是 1987 年发现于广东阳江海域的一艘南宋早期木质沉船。1989—2004 年，国家文物局组织水下考古队对该沉船进行了 8 次考古调查、勘探，确认该船正沉于海面以下 24 米，表面覆盖厚 1~1.5 米的淤泥。沉船船体保存较好，上甲板以下部分结构基本完整，船舱内满载大量陶瓷、金属、漆木和石质的精美文物。

从2002年开始，广东省文物考古研究所、交通部广州打捞局历经4年联合攻关，研究出拥有自主知识产权的创新型古沉船整体打捞及保护技术，于2007年12月将“南海Ⅰ号”整体打捞出水，并安全移入450米远的广东海上丝绸之路博物馆实施后续的考古发掘和保护。本项目的实施，较好地实现了国家文物局提出的“以文物保护为最终目的，确保文物的安全，最大限度地获取文物信息”的目标。

也许大家还没有忘记，2007年那个年度，社会的舆论、媒体的焦点、民众的热议都被“南海Ⅰ号”整体打捞所深深吸引。80多家境内外媒体争先恐后地报道“整体打捞”的进展：相关的花絮，连篇累牍的新闻，目不暇接的各类访谈，平面的纸质媒体、立体的电视网络节目；传统的方式、现代的手段，轮番出镜，使得“南海Ⅰ号”这条南宋时期运输外销商品的普通古船在沉没800多年以后成为家喻户晓、妇孺皆知的现代“明星”。这种宣传的力度和规模完全可以用“登峰造极”来形容，在中国文化遗产保护事业中其影响堪称史无前例，绝无仅有。

为什么“南海Ⅰ号”如此被青睐、重视和关注？道理很简单，那就是因为，不论在中国还是在世界上，它都是一个奇迹，是一个构筑辉煌的奇迹。这个奇迹经历了从偶然到必然，从传统到创新，从遐想到科学，从海底到“水晶宫”的过程，而其能够走到今天并继续前行，基本的动力就是创新发展。

新理念　新思路　新境界——从传统水下考古到整体打捞

中国的水下考古起步较晚，只有20多年的历史。可是，偏偏又得天独厚地遇上了保存如此完好，其历史价值和科学价值无可估量的“南海Ⅰ号”。是因袭效仿世界水下考古的传统方法，还是另辟蹊径走自己的道路？按照老地图是找不到新大陆的，中国的水下考古必须做出明确的选择。

依照世界水下考古的惯例，也就是传统的打捞方法，一般是先将船载文物捞起，再将船体各部位的船板统一编号，分解后捞出，在陆地上拼接复原;或者是将船载文物捞起后,再整船打捞。著名的瑞典“瓦萨号”（Vasa）便是后者的范例。但是，“南海Ⅰ号”的情况具有特殊性，与世界其他地区的具体情况完全不同，没有可比性。首先，它沉没地点的海床全是淤泥，水深 24 米，海底能见度几乎为零。所有船载文物的原始位置在零能见度的条件下，相关的记录描述无法进行，它们所在空间位置的大量信息将随之永远消失，对于各仓位功能的研究只能成为推测。其次，在没有能见度的条件下进行打捞，非但不能达到保护的目的，而只能造成和加剧文物的破坏。更重要的是，“南海Ⅰ号”船体本身就是南宋海船十分难得的国宝级标本，属于凤毛麟角的珍贵文物，如此完好的船体在国内尚无先例，将其分解后进行再度复原的方法虽说可行，但无论如何也甚是可惜。国际上一些沉船的发掘资料显示，船上还可能出现纸张或竹木简一类有文字的文物标本，对于研究船主、货物及航线等更是无比珍贵。总之，这些因素都能够反映出传统的打捞方法对于“南海Ⅰ号”而言是弊大于利，如何更好地保护文物和更多地获取沉船中的历史信息，无疑是抢救“南海Ⅰ号”必须兼顾的两条原则。

实事求是是创新发展的前提。“南海Ⅰ号”的具体环境与条件决定了因袭效仿的路子走不通，于是，按照田野考古中将特殊的遗迹或遗物整体搬迁，进入室内再行处理的方法将“南海Ⅰ号”整体打捞的设想便应运而生了。最初的设想是:在阳江海陵岛的合适位置建造配有“水晶宫”的博物馆；设计一个比沉船尺寸稍大的钢箱，将“南海Ⅰ号”套在其中，再拖入“水晶宫”内。这个大胆、朦胧、充满新意的设想得到了交通部广州打捞局的认可。思想的火花于是成为奇迹的火种，被保存下来并得到不断的培育。经过多年的研究、计算、试验和论证，这个大钢箱终于被研发出来，专业术语称之为“沉井”，因为最初它像井一样无盖无底，底部是罩住沉船以后加制而成，所以，下水的是沉井，出水的是沉箱。整体打捞的基本内容为：经精确定位和静压下沉后使钢沉井降至设计标高，将沉船及周围泥沙按照原状固定在钢沉井内；在上沉井下部穿引钢结构的底托梁和保泥保水板后，使之形成密封的沉箱；然后以4000吨浮吊船和万吨级半潜舶配合作业，把装载着“南海Ⅰ号”的钢沉箱整体打捞出水并拉移到为其量身定做的广东海上丝绸之路博物馆内保存，利用人工的水环境调控设备和技术，在博物馆“水晶宫”内营造出有利于沉船、船载文物保护以及后期发掘、展示的新环境。

“南海Ⅰ号”整体打捞的设计就是在这样的思路指导下逐步完善的。最终完成的沉井长35.6、宽14.5、高12米，四壁的厚度约1.2米。12米高的沉井分为上下两个部分，上沉井的下部预留有穿底托梁的矩形孔，下沉井将在底托梁穿好后被切割，它完成了保泥保沙的任务，将永久留在海底。出水后的沉箱及其装载物总重量约5500吨，堪称世界水下考古重量级的明星。

“整体打捞”的设想就其新意而言可以归纳为：一是新理念。在世界水下考古的历史上首次提出了船体和船载文物，连同泥沙“整体打捞”的概念，为水下考古的沉船打捞新模式做出了理论上的贡献。二是新思路。首创沉船整体打捞、模拟沉船埋藏环境、改善沉船发掘条件的方法，为文物保护和研究创造了安全、科学、高效的条件；远洋商船是高度浓缩的社会单元，具有特定的生存环境，整体打捞将“南海Ⅰ号”视作“单位”，是田野考古学理论在水下考古中创造性的应用。三是新境界。“南海Ⅰ号”整体打捞的设计符合世界文化遗产保护公约“原真性”“完整性”的要求，充分体现了“保护为主、抢救第一、合理利用、加强管理”的精神，从而为中国水下考古和水下文化遗产保护事业实现跨越式发展，提供了理论上的准备。

一个偶然的发现，成就了“南海Ⅰ号”重见天日的必然结果

奇迹往往是从偶然开始的。20世纪80年代初，英国海洋探测公司3名队员在荷兰海事博物馆的一份旧报上发现，一艘名为“YHRHYNS-BURGD”的东印度公司轮船载着6箱白银、385.5吨锡锭在中国南海广东阳江海域发生海难，沉入海底。英国海洋探测公司因此向中国方面提

出打捞沉船的申请，中方同意并指定交通部广州救助打捞局参与。1987年8月，在广东阳江一带的海域寻找东印度公司的沉船，竟意外地发现了满载南宋瓷器的沉船。这是“中国的沉船，得由中国来解决”。中方工作人员及时阻止了英方的打捞行为，并迅速采取了保护措施，立即上报广东省文物行政主管部门。经鉴定，该船的瓷器主要是南宋时期民窑的产品，属于珍贵文物。一条具有异域风格的铜鎏金腰带在国内尚属首见，估计来自海外。因此，一些学者认为该船极可能与“海上丝绸之路”相关，从而引起了我国政府的高度重视和世界学界的瞩目。这条沉船便是2007年成为大明星的“南海Ⅰ号”。后来的工作表明，该船属南宋早期，距今约800多年。沉没的地点距岸边仅有18海里。沉船长约31、宽约10、型深约4米，系远洋商船。船货有瓷器、金属制品和其他有机类制品。特别是瓷器，在仓内成摞摆放、数量巨大。这些出于江西景德镇、浙江龙泉和福建德化三大窑系的产品，是专为外销而制作，国内相对少见，虽是民窑产品，但相当精美，令人赞叹不已。

偶然的发现往往蕴含着必然的因素。其一，中国南海海域与地中海、加勒比海并称世界“三大沉船坟墓”，海底埋藏着大量珍贵的历史文化遗产。中国古代海上贸易发生的年代久远，多个港口与海外发生通商的联系，且不同的时期都未曾中断，或曰此起彼伏，造就了中国古代的许多时期海上贸易独领风骚的特征。因此，海底留下的古代遗存必然与陆上一样丰富多彩，数量可观。它们在幽幽的海底深处，随时听从打捞的召唤，重见天日不过只是时间的问题。其二，是因为中国文物保护事业的不断发展，普及与提高同时进步，文物保护理念日益深入人心。否则，当年寻找东印度公司沉船的中方工作人员就不会那么果敢、那么坚决、那么义无反顾了。

事实上，1987年以后围绕着“南海Ⅰ号”的陆续工作，正是从行业特点方面反映出中国文化遗产保护事业不断提高和长足发展的历程。1989年8月，经国务院批准，当时的中国历史博物馆（现中国国家博物馆，以下简称“历博”）与日本水中考古学研究所签订了合作进行南海沉船水下考古调查的意向书，成立了由中国著名考古学家苏秉琦和日本国考古学领军人物江上波夫挂帅的“中日联合中国南海沉船调查学术委员会”，其目标直指“南海Ⅰ号”。是年11月，历博与日本水中考古学研究所联合组成“中国南海水下考古调查队”，“南海Ⅰ号”的命名正式提出。2001年4月，历博水下考古中心组队，在香港中国水下探索协会的资助和参与下，经过1个多月不间断的作业，终于找到了“南海Ⅰ号”，并精确定位。1989—2004年，在国家文物局的组织安排下，水下考古队对该沉船进行了8次考古调查、勘探，确认它正沉于海面以下24米，船体及结构保存较好，绝大部分为海底淤泥所掩埋，右舷略侧倾，船艏稍下沉，基本是平卧于海之上。上甲板以下部分相对完整，表面覆盖厚1~1.5米的淤泥。收获了一批陶瓷、金属、漆木和石质的精美文物。至此，初步形成了“南海Ⅰ号”的基本概念和大致印象。

一个偶然的发现，成就了“南海Ⅰ号”必然重见天日的结果，而且是以前无古人、惊世骇俗的特殊方式出现，其动因又何在呢？

创新发展　构筑辉煌——组织保障科技支撑多学科融合从遐想到科学

这是一个极其复杂、艰难的过程。“南海Ⅰ号”整体打捞的设想到实施方案的制订需要大量的试验和论证，需要雄厚的科学技术力量和众多的研究成果支撑。可当时一切都是从零开始的。2002年，广东省文物考古研究所和交通部广州打捞局联合攻关，历经4年，终于研发出拥有自主知识产权的创新型古沉船整体打捞及保护技术。2007年12月成功地将“南海Ⅰ号”整体打捞出水，并安全移入“广东海上丝绸之路博物馆”，较好地实现了国家文物局提出的“以文物保护为最终目的，确保文物的安全，最大限度地获取文物信息”的目标。

“南海Ⅰ号”整体打捞是内容复杂的系统工程。方案涉及打捞工程、海洋环境、海洋工程测量、水工工程、岩土和流体力学、考古与文物保护等多学科的理论和技术。在方案的制订中，项目组先后完成《“南海Ⅰ号”古沉船岩土工程勘察》《整体打捞模型试验》《“南海Ⅰ号”古沉船调查与探摸》《“南海Ⅰ号”采用“垂直提升千斤顶”起吊沉井模型试验及波浪补偿控制》《整体打捞方案的力学分析》《整体打捞水囊封堵底托梁间隙模型试验》《沉船现场气象及海洋环境分析》《沉箱沉放及开挖后抗隆起研究》等多项试验和课题研究，为方案的最终完善提供了科学、坚实的理论基础和技术支撑。

为了“南海Ⅰ号”整体打捞能够应对各种风险，广东省文物考古研究所先后编制完成了《“南海Ⅰ号”外围清理方案及后期发掘、保护预案》《“南海Ⅰ号”试掘方案》，向广东省科技厅和国家文物局标准化委员会申报了科研课题《“南海Ⅰ号”文物保护综合研究》《水下考古调查与勘探、发掘行业标准》《“南海Ⅰ号”沉船保护中的海洋物理化学及生物环境研究》课题，与科研院所、高校和国际潜水服务机构等单位的专家共同探讨力学、气象及海洋环境、海底岩土、海水动力等方面的风险因素，制定应对风险的预案和措施。

随着“南海Ⅰ号”整体打捞方案的逐步明确和不断深化，相关的会议不断升级。2002 年 10 月，国家文物局在广东阳江召开了有国家博物馆、广东省政府、阳江市政府参加的“南海Ⅰ号”打捞与保护工作协调会，确定了“整体开发、原地保护、就地展示”的原则。2004 年 3 月 1 日，广东省政府常务会议专题研究“南海Ⅰ号”保护工作，决定拨专款在阳江市海陵岛建设“广东海上丝绸之路博物馆”，用于“南海Ⅰ号”的保护、研究和展示；成立了由副省长任组长，省发改委、财政厅、科技厅、文化厅和阳江市政府负责人参加的“广东省‘南海Ⅰ号’保护工作协调领导小组”，为“南海Ⅰ号”整体打捞与保护提供了组织保障。国家的综合实力，政府的高度重视，多部门的密切配合是梦想成真的基本保障，是创造奇迹的力量源泉。

2005 年 5 月，国家文物局组织文物考古、海洋打捞、海洋工程和科研单位的专家论证《“南海Ⅰ号”整体打捞与保护方案》，该方案原则上获得通过。并根据专家的意见进一步加强了方案的优化、细化和深化。2006 年 6 月，国家文物局最终论证通过了《“南海Ⅰ号”整体打捞与保护方案》，并委托广东省文化厅组织实施。至此，“千年等一回”的“南海Ⅰ号”，完成了从遐想到科学的转变，回归新家园的计划进入了倒计时的状态。

《“南海Ⅰ号”整体打捞与保护方案》的特点就在于：第一，这种打捞模式避免了海底文物遭受生产性破坏和人为盗捞的危险；避免了传统水下考古发掘过程中可能出现的文物损害的现象，保存了沉船历史信息的完整性。第二，从根本上改善了发掘条件。变不可控环境为可控环境，解决了水流、水压、水深、能见度等因素对水下发掘人员的影响，保障了考古人员的安全，使精确发掘成为可能。“南海Ⅰ号”将来在“水晶宫”内的发掘，如同在实验室内进行考古发掘一样，各种记录的精度、细小文物的采集和记录、有机质地文物的发掘与保护等各方面都有了保障，创造了精确发掘的条件。第三，提供了多学科、多行业、多部门团结合作，联合攻关的经验。在水下考古机制和体制方面，国际上通常是商业运作。而中国的水下文化遗产属于国家所有，只能采用政府运作或者政府与商业打捞机构合作的形式。在“南海Ⅰ号”水下考古与水下文化遗产保护项目中，全面整合了广东省市政府以及文化文物、交通、打捞、救助、海洋、海事、公安、边防、气象、高校、国际潜水服务机构、新闻媒体等各部门、各单位的资源，有效地解决了资源分散、各自为政、水下考古与遗产保护诸环节衔接等问题，不仅有利于“南海Ⅰ号”的成功打捞，科学发掘和有效的保护，并为今后水下考古与水下文化遗产保护提供了一个成功的运作模式。

下沉井　穿底梁　坐气囊——从海底到水宫

2007年12月22日，“南海Ⅰ号”在4000吨起重船“华天龙”和万吨级巨型驳轮“重任1601”的陪伴下离开了它长眠800多年的海床。出水的刹那间，打捞现场的十几条大船汽笛长鸣，天上飞机呼啸而过，对岸的十里银滩人头攒动，翘首以待，有的人甚至热泪盈眶，场面尤为震撼和壮观。可是，打捞的过程却一波三折，其惊险的程度令人难以想象。奇迹究竟是怎样从海底走出来的呢？

按照“南海Ⅰ号”整体打捞方案，钢沉井是通过静压力被缓缓压入淤泥中，整体罩住沉船和周围的淤泥，然后从上沉井底部两侧穿引 36 根钢梁，封闭钢梁之间的缝隙，使之形成底部坚固的钢箱，切割掉下沉井，将钢箱连同“南海Ⅰ号”和周围的泥沙打捞出海。

钢沉井设计是“南海Ⅰ号”整体打捞的重要创新技术，集多种功能和复杂工艺于一体。钢沉井为上下连体、底部开放的结构。设计上需具备：A. 静压下沉到设计高程后能实现上下沉井分离；B. 加载底托梁后，能将上沉井封闭成有底的沉箱；C. 能支持静压下沉、底托梁穿引和倒梁、保泥保水和起吊等功能的实现；D. 强度、刚度、稳定性等在定位、下沉、周边开挖、穿底封闭、起浮、运移等复杂工况下，能满足保证文物安全的要求。为将沉井在下沉过程中的偏移、倾斜控制在不危及水下文物安全的范围，克服风浪、水流造成的沉箱摇摆，打捞工作中使用了 DGPS、姿态仪、超短基线定位系统等先进设备进行水下定位和下沉姿态监控，同时利用自行设计的定位框架、“L”型框架控制下沉过程的稳定性，实现了沉井准确罩住古沉船并平稳下沉到设计标高的目标。

静压到设计标高后，需在上沉井下部横向安装底托梁，使之与沉井构成一个整体，以承受起浮时钢沉井及其内泥沙、沉船的重量。项目中采用的底托梁穿引技术和专用拉引设备的设计，攻克了在能见度几乎为零、深达 33 米的水下泥层中，将重逾 5 吨的底托梁在轴线偏差需小于 10 厘米的高难技术要求下，穿引 15 米距离的难题。这是“南海Ⅰ号”整体打捞工程中最关键的工序和难度最大的技术环节。

要保证“南海Ⅰ号”保存环境的原始状态和文物的安全，除了钢沉箱的结构强度要求外，还必须保证在起浮阶段和起浮后钢沉箱内部的泥沙和水不能流失。通过分析海底泥沙特性、沉箱和底托梁结构，采用在相邻底托梁间加装保泥板，并使用封堵材料对底托梁两端间隙进行处理的技术，从而达到了沉箱不漏泥沙和基本水密的效果。

由于已有的起重设备无法将沉箱直接吊出水面，故采用了 4000 吨起重船与 1.6 万吨半潜舶配合作业的起浮方式。前者将沉箱吊离海床，移至潜入水下 8 米的半潜舶上，通过半潜舶的排水起浮将沉箱安全托出水面，拉至临时码头。

从岸边的临时码头到博物馆“水晶宫”有450米的距离，5500吨的重物怎样通过？经过科学计算，决定采用气囊拉移法，钢沉箱稳坐气囊之上，随着气囊的滚动顺利通过路基，安全进入“水晶宫”。这项技术创造了迄今国内外气囊拉移单件物体的重量之最和距离之最。

可见，“南海Ⅰ号”要走出大海必须经过“三关”，即下沉井、穿底梁、坐气囊。真是说来容易做来难。下沉井首先要准确罩住沉船，下压时沉井四周的进度要均衡。当年，沉井下压至约10米的深度时，由于海底淤泥的摩擦力增大，沉井迟迟不动，下压受阻。水下和陆上的工作人员焦虑万分，反复调整思路，终于攻克了难关。穿底梁更是困难重重。36根钢制底托梁每根重5.3吨，并且要穿过15米的淤泥，误差不能超过10厘米，漆黑的海底伸手不见五指，作业的难度可想而知。第一根底托梁竟用了13天才成功穿过沉井。5吨多重的底托梁在海底淤泥的强大阻力下，居然也发生了弯曲；困难面前，施工人员丝毫没有懈怠。经过60多天的大干、苦战和鏖战，36根底托梁全部穿引完毕，曙光即将出现。“南海Ⅰ号”如同待嫁新娘完成了着装打扮，企盼婚礼仪式的尽快到来一样，静静地等待。

2007年12月28日，“南海Ⅰ号”端坐在成排的气囊队伍之上，庞大的身躯在厚重的历史文化底蕴烘托下平稳地入住“水晶宫”，完成了从海底回归人间的壮举。

整体打捞的里程碑意义

（1）“南海Ⅰ号”整体打捞的成功，向世界展示了我国的综合实力和文化遗产保护的信念与水平，具有浓郁的中国特色。整体打捞避免了传统发掘方法在无能见度环境中造成的文物破坏和信息丢失，最大限度保存历史信息的“原真性”和“完整性”，充分体现了世界文化遗产保护公约的精神；博物馆环境中的精细发掘可大幅提升考古发掘质量，并实现对出水文物的及时保护；同时，可以最大限度地保证水下考古人员的安全，是以人为本的生动写照。

（2）“南海Ⅰ号”整体打捞的成功，开辟了水下文化遗产保护的新模式和新领域，对中国乃至世界水下文化遗产保护事业具有典型性和示范性意义，必将永载史册。世界重大的水下考古项目，其方法在近几十年内没有大的变化，特别是没有解决浊水发掘的有效办法。“南海Ⅰ号”整体打捞的重大突破，为解决这一课题带来了希望。同时，也是中国水下考古在经验、成果和信心上实现的一次质变的飞跃；对提高民族文化遗产保护意识和海洋意识具有重大意义。

（3）“南海Ⅰ号”整体打捞的成功是创新发展的典范，从理念、方法到合作机制的全面创新，构筑了奇迹的辉煌。毫不夸张地讲，“南海Ⅰ号”从外围散落的文物清理到沉井下压，到安全出水再到顺利进入“水晶宫”的全过程，所有施工人员和水下考古队员的安全得到了充分保障，船载文物毫发无损，安然无恙，施工设备也没有受到任何意外的损坏，在各个方面和环节实现了“绝对安全”的零事故目标，不仅成为文物保护和海洋工程的经典，更成为凝结历史瞬间的品牌，令业内专家拍案叫绝，啧啧称奇。实践表明，只有坚持科学发展观的理念，才能化腐朽为神奇，变遐想为科学。

（4）“南海Ⅰ号”整体打捞和保护拥有自主知识产权，充分地展现出中国智慧的博大精深。其核心技术获得自主专利，创新性技术所占比超过 80%。“钢沉井底托梁的穿引方法”“在水下进行钢沉井的定位和下沉方法”“钢沉箱”均获发明专利；“钢沉井底托梁”“钢沉井底托梁穿引架”“钢沉箱”“底托盘”获实用新型专利。项目研究和实施过程中完成省部级科研课题 2 项，发表各类专业论文 18 篇。

“南海Ⅰ号”整体打捞成功后，中央领导专门做出批示，给予了高度评价。广东省委省政府、交通部、国家文物局领导也予以肯定和表彰。国家文物局评价：用沉箱法对古沉船进行整体打捞，实现水下文物的迁移式保护，是世界水下考古史上的第一次，也是我国打捞技术和水下考古技术相结合的一次重大创新性尝试，为实现水下文物的有效保护、最大限度地提取考古信息探索出一条新的技术途径，开创了多学科、跨学科联合开展水下文化遗产保护的新模式。

“南海Ⅰ号”整体打捞见证了中国水下考古从无到有，从草创到成熟的整个历程；广东阳江海陵岛则见证了“广东海上丝绸之路博物馆”从无到有，横空出世的过程。这个从远处望去，其外观造型颇似奥运五环标志的博物馆，占地面积 12 万平方米，建筑面积 16550 平方米，为“南海Ⅰ号”度身定制的新家园——“水晶宫”长 60、宽 40、深 12 米。

该馆尚未建成开放时，就已经吸引了无数的游客前往探访参观。现在，每年的 5—11 月，游人如织，摩肩接踵，热闹非凡，已经在促进文化传播，旅游开发，推动地方经济发展方面发挥出巨大的积极作用；而作为“南海Ⅰ号”发掘、保护、研究的科研基地，该馆将迎来更多的学者和国际友人。

辉煌仍将继续

俗话说，一个好的开始是成功的一半。可是中国又有句成语叫“行百里者半九十”。其实，“南海Ⅰ号”整体打捞的成功依然只是万里征途的第一步，今后的路更长，保护的任务更艰巨。尽管海洋变化无常的环境和水下能见度极差的状况在“水晶宫”中得以彻底改变，一切都可以在人为掌控和调节之下进行，但如何发掘“南海Ⅰ号”，使其船体和船载文物万无一失，保障大量信息的科学提取和陈列展示的合理利用，却面临着新的课题与要求。

为了永久保护“南海Ⅰ号”各类文物，广东省文物考古研究所正在抓紧制订“南海Ⅰ号”发掘方案，总体工作思路为抓住“六个环节”，做到“五个坚持”，实现“四个目标”。

六个环节：全过程的文物保护工作，精细的发掘清淤手段，谨慎的凝结物剔除技术，无破损的文物提取方法，科学的船体加固措施，完美的沉箱拆除施工。

五个坚持：坚持世界文化遗产保护公约的原则，坚持“保护为主、抢救第一、合理利用、加强管理”的方针；坚持公众考古学面向社会、面向大众、面向未来的理念；坚持整合资源，多学科联合攻关的经验；坚持创新发展的科学发展观思想。

四个目标：一是完成对“南海Ⅰ号”文物资源总量的评估。二是揭示“南海Ⅰ号”平面布局形式和货物摆放状况。三是创造船体和船载文物永久性保护的新条件。四是获取水下考古、文化遗产保护和宣传教育展示等方面的新经验。

国民经济第十二个五年规划是“南海Ⅰ号”全面发掘的黄金时期。届时，中国水下文化遗产研究保护中心、交通运输部广州打捞局和广东省文物考古研究所将站在新的历史起点上，以中国的名义携手续写“南海Ⅰ号”辉煌奇迹的新篇章。(《中国文物报》2010 年 11 月 05 日星期五第六、七版)

悟道者说

中国水下考古因国力增强而成长，因国家发展利益需求而壮大，是应用高新科技的理论方法提取古代遗存信息而形成的边缘性研究新领域，其理念与追求属考古学应用理论范畴，发展前景很值得期待。

二〇、古礼春秋　觅万年迷茫

（探索中国 DNA）

2001 年 6 月，广东省文物考古研究所的履新，开启我求学悟道的第三阶段——思考与创新的尝试。独立思考从来都是理论升华的必由之路，而理论的发展则是学术的灵魂。用心学考古，动脑读天书，就是学习和运用、实践与思考的结合。

古往今来，学习与思考是个被反复讨论的话题。不论是古代圣人先贤，还是当今名流学者都在这个问题上留下自己的许多见解。我读书的过程是顺其自然，跟着感觉，缺啥补啥，学问结合，循序渐进，品味效果是主要心得。

我国从小学到大学安排的一系列课程都是培养和训练学与思的能力。初中和高中相关训练的缺失，造成我两个方面都存在先天不足。求学路上必须先行补课。强化思考便是重要的环节。规定题目，规定套路与反复演练是我主动和有意识的自我训练的方法：对确定的题目均要进行三段式的设问，尽量简洁回答什么是，为什么，怎么样等内容。久而久之，在潜移默化中提高了分析问题的能力。尤其在参加各类学术会议时，认真分析大小会议的发言，评判其逻辑性、创新性，特别是表达方面的正确性与感染力的优劣。阅读文章也坚持批判的精神，而不是简单的浏览。特别是有必须发言的场合，一定要准备文字材料或者腹稿，一定要尽量做到脱稿表达，一定要注意时间与节奏，总之，一定要准备充分。早年，我听一位秘书出身的朋友说，从中央到地方的大领导每逢重要会议，都要认真准备。多数是对着镜子反复练习脱稿讲演的能力，开场的几句话多半是倒背如流，后面的也必须心中有数。讲多了，熟练了，各种场合就应对自如，游刃有余了。所以，我也经常按此方法大声朗读和背诵自己的文章，一方面是形成套路，一方面是训练思维能力，还有一个作用是检验文章能否达到朗朗上口的程度，对文章修改颇有好处。坚持多年，屡试不爽，适合自己的才是最好的方法。

思考最多的还是文明起源的课题。其心路历程，一是从单纯的祭祀现象到古礼体系的认识；二是对中国古代文明特殊性认识；三是联盟制度是早期国家组织根基的认识。这不仅仅是《文明起源的中国模式》创作中思考的问题，也是必须被实践和新资料反复证明才可以逐步为学术界所认可。像中国文明起源这样的大课题一定是考古学研究的永恒话题。随着时代的进步，考古发掘的规范与细化，从而，不断获得更多更新的认识与新的突破势所必然。而当下的研究应该尽量避免结论的局限性，为以后更高层次研究铺路才是符合事物发展的客观规律，就像我们的前辈那样不懈地为这一目标而努力奋斗。有了这种认识，就能够用平常心对待不同的意见，就能够用包容的心态在学术上取长补短，就能够在创新研究的道路上继续前进。

研究倾向的变化

我过去的研究有两个偏重。一是偏重黄河流域。二是偏重物质文化。因为考古学文化最基本的是器物，讲究文化面貌与特征、陶器的编年与分期、文化的年代与性质都离不开对器物的排比、分析、认识。磁山祭祀遗址的研究促使我翻阅很多考古报告，发现遗迹现象大都有规律可循。墓地有墓地的规律，村落有村落的特点，祭祀遗址有它场景的变化，同样的遗迹现象在不同的遗迹组合环境中，其意义完全不同。遗迹现象是古代特殊行为活动的物质遗留，虽然没有玉石器、陶器那样精美，但是却能够引导你联想、推测、再现当时的活动场景，体验让思绪翩翩起舞穿越时空的惬意。于是，遗迹现象便成为我考察的重点。我以为，中国古代文明的基因密码深深隐藏在遗留下来的遗迹现象中，古往今来，凡国之大事必有盛大仪式，其场景、其过程都是精心设计，有意安排，针对性、特指性和象征性的寓意十分浓郁。因此，具有语言的意义。田野考古的极端重要就在于客观真实地记录和揭示这些现象，如此才能够使后续的研究读懂其中的奥秘。这是中国考古学研究探索文明起源唯一正确的出路。

南下广东以后，我的想法发生些变化。不过，那个时候自己并未察觉。因为工作的南北挪移，见的资料比过去多了许多，研究视野自然随之拓宽，更多的考古成果成为必须关注和学习的课题。以下几个环节比较重要：其一，在早期中国的时候，广袤的大地上埋藏着为数众多的祭祀遗存，因地区不同而精彩各异，但共同特点是每个地区的此类活动都有连续发展的线索。这说明有某种机制在发生作用，只有制度的保证，才是其长盛不衰的关键。然而，究竟是一种什么制度却始终不解。其二，从南稻北黍的经济类型和丰富多彩的经济生活中发现早期中国古礼两大系统多个类型；从祭祀遗存拥有陶、石、骨等多种质料中，发现仰韶和龙山时期考古学文化的标型器往往就是礼器，例如：鬶、斝、盉、鬲；礼器有通过形体变化和数量增加构成特定序列的组合制度，或者通过器物加工痕迹的数量显示等级的意义，《文明起源的中国模式》称之为“列器”，是周代鼎制的源头。其三，礼制拥有固定的专门的祭祀场所，其内容有祭天祈年，祭祖求福，联合结盟多种类型。其中，祭祀祖先是凝聚族人力量的有效措施，其发端源于由来已久的葬礼，大约仰韶时代已形成规模，盟友馈赠和族人配送入葬器物的制度开始流行；墓葬的区域与排列显示出家族的实力，再后来王者荣耀独处一区，彻底地与邦墓和族墓相分离，向着独立陵园的方向发展。其四，联盟制度是早期国家的重要发明，是社群组织的根基之所在。“在天愿做比翼鸟，在地愿为连理枝”是村落联盟的理想和誓言，也是国家建立的基础。半坡文化的多人集体合葬坑是那种神圣记忆留下的珍贵遗存，就算是磁山那样典型的祭祀遗址也需要翔实的、客观的论证，侯马盟书的盟誓遗存是认识这类遗存的钥匙。因此更需要像盟书那样的文字铁证。从文献关于天圆地方、天人感应的认知体系认识考古资料中重复出现的祭祀遗存也相当重要。

礼制拥有超级的能量。庙底沟文化“彩陶溢出”现象就是明证。随后，红山文化进入燕山地区，大汶口文化向河南平顶山、谷水河方向西进，良渚文化通过好川墓地进入岭南曲江、英德和沿海地区的线索；包括后来陶寺古城、石峁古城强势崛起，无疑都是古礼逐步成熟与成长的标志，也是中国古代文明波澜起伏的历史见证。这一系列的认识构成了文明起源中国模式的基本内容。中国古代独特的经历、独特的道路、独特的内涵不断涌入脑海，我实现了从祭祀遗存到古礼体系的跨越，创作的欲望与日俱增。

接下来就是选择材料，确定体例，在概念、逻辑方面进行推敲。因为，毕竟是前人未曾涉及的创新性研究。所以，科学出版社闫向东先生在约稿前，明确要求我按章节来写，切不可用论文集的形式表述文明起源的中国模式。这个有建设性的积极建议推动了我认识的不断深化。

认识到古礼的存在，当然也就发现了中国古代文明特殊性的线索。梳理中国文明起源研究的过程，可以理解这个特殊性的发现，既是意料之外，又在情理之中。1985 年夏鼐在《中国文明的起源》首倡中国古代文明的原生性特点。揭开了考古学研究中国文明起源的帷幕。应该说，这是中国考古学首次将文明起源作为基本课题和研究主题阐述的系统认识，而此前的一些零星、分散的相关研究不足以反映考古学整体研究的力度与水准。在夏先生的著作中，中国文明起源只是其中一个部分，文字虽然不多，但研究中国文明起源的基本原则却讲得十分清楚。他指出："根据考古学上的证据，中国虽然并不是完全同外界隔离，但是中国文明还是在中国土地上土生土长的。中国文明有它的个性，它的特殊风格和特征。""中国文明各时代都有变化，每时代各具有一定的特点，但仍维持中国文明的共同特点。""解放三十多年的考古发掘工作，使我们对于中国文明的起源问题的研究，可以从殷墟文化向上追溯。第一步是追溯到郑州二里冈文化。"并强调中国新石器时代主要文化中已具有一些带中国特色的文化因素。中国文明的形成过程是在这些因素的基础上发展的。尽管当年夏先生对二里头文化是否进入文明时代还持保留意见，但对于中国文明土生土长的特点和不同时代文明特征所表明的联系性的论述；对于新石器时代主要文化与中国文明起源的关系的论述；对于文明起源研究要依靠考古学资料的论述；对于以殷墟文化为根基探索中国文明的源头的方法都为后来的研究指明了方向。

1986 年，苏秉琦提出中国古代文明起源"满天星斗"的多样性特点，极大地拓宽了中国文明起源研究的视野，从理论和方法上引导学术界跳出传统的窠臼，从材料出发、从中国古代的国情出发。此后，他又提出"古文化古城古国""中国古代国家起源三部曲"和"发展模式三类型"，强调大遗址与国家出现、文明起源关系，礼器与文明的关系等重大课题，指出了中国古代文明起源也存在阶段性和可以做分级研究的可能性，使中国文明起源的探索有了更系统、科学的理论体系作支撑。以往，几乎所有的学者研究中国文明起源都是以文献的记载为出发点的，这当然是因为史学的传统在中国有根深蒂固的影响，乃至于考古学只能提供资料而不能提出自己的认识。按照苏先生论述，中国考古学派有两个理论支撑，一是区系类型说中国文化，二是满天星斗看古代文明。两者之间相辅相成、相得益彰。所以，探源文明的本质就是中国考古学的理论追求。

原生性和多样性无疑是中国古代文明起源的特征，但还不是根本的、核心的、其他文明绝无仅有的特征。延绵发展，经久不衰，传承至今才是世界上没有任何文明能够与之相提并论的特色。而数千年文明薪火的传承机制何在？那就是礼制的发生、发展与成熟、完善，那就是文明起源的中国模式和独特道路，那就是中华文明独特的制度创造。所以，中国文明起源的原生性、多样性、特殊性、必然性是一脉相承的思想体系，其出发点、着眼点和落脚点都离不开中国的国情与史情。

联盟制度的认识

对早期中国古礼天下的研究与发掘，为中国古代社会的政治制度研究创造了条件。以往，中国史学界是将“传说时代”的早期中国认作原始社会。那是没有阶级、没有国家、没有政治制度的时代，原始共产主义一切都是平等。这种观念随着考古学认识的早期中国不断丰满，而将逐步退出历史舞台。尽管这一过程还比较漫长，但是，早期中国的国家起源研究定会重新定义政治制度的概念。

现在，人们已经知道早期中国是古礼机制在发生作用，而古礼又是联盟制度的理论基础，是对外关系的行为准则和基本理念。所以，能够理解先秦文献为什么篇篇有礼，处处讲礼，因而先秦典籍又是古代的政治文献。有研究认为，距今5300年前安徽含山凌家滩的玉器中就存有大量能够确定是盟誓的信物，而我认为，距今7000年前后的半坡文化就已经存有盟誓的遗存。因此，礼制对外的首要任务可能就是联合结盟。当然，最初的联盟未必全部是战争的产物，团结起来抗衡自然灾害也是顺理成章的动力。特别是早期中国考古学文化面貌的一致性令人隐约地感受到经济上的互惠关系也是联盟的动因之一。所以，前古国时代的联盟制度与组织可能早就存在，正如械斗、群架和争持早已存在一样。恩格斯《家庭、私有制和国家起源》中讲到氏族和部落联盟，西方世界进入文明时代，国家高耸的围墙是建立在氏族制度的废墟上，这里的历史遗产就是部落联盟制度的经验，那是非物质的政治遗产。古代中国的古国和邦国则是建立在有特色多层次的联盟制度基础上，家族联盟组成村落，村落联盟形成社群，社群联盟构建古国，古国联盟造就集团联盟。仰韶时期的半坡文化的多人集体合葬墓是同一村落不同家族结盟的最为古朴和崇高形式；辽宁红山文化牛河梁遗址是古国联盟体盟誓的圣地，是见证联盟造就古国的神来之笔；商周时期青铜器复合式铭文的解密，无疑是他们族群内部不同姓氏间仍然流行联合结盟的铁证；史不绝书的“三家分晋”和“侯马盟书”，充分证明历史进入春秋末期，家族联盟依然能够决定国家的生死存亡。而每个族群都拥有自己独立的社会基础，管辖着大量的土地和劳动者，这便是政治实力。《尚书》关于盟誓的多篇记载，可以再现盟誓的场景与画面。几乎所有的先秦文献都在阐述盟誓原则、道理与精神境界。

《左传》的“国之大事，在祀与戎”是时常被研究早期中国的学者引用的名言。但对“祀”的理解似乎不同。一般推测其目的有三：一是祭祀消灾；二是祭祀求福；三是祭祀报恩。从《左传》记载的国内盟和国外盟情况看，此处的“祀”可能是专指盟誓而言。“祀”原是祭祀行为的泛指，戎指战争等军事活动，两者并用专指的倾向明显。用现在的语言翻译这段话，就是当时国家最重要的事情是联合起来谋求和平，或者用战争制止战争。“止戈为武”的成语出现在相同的时代，可以支持上述推测。为什么不同的古国能够共享相同的文化？显然，这并非极其高深难于理解的问题。西周时期晋南的小国不仅拥有周文化的陶器，甚至拥有周人的青铜礼器，因为他们加入了周人的联盟体系，就如同当今东欧小国加入北约一样，没有能力制造的导弹、飞机等各种武器都会有人送到你家门口。清一色的一致性，从来都不是天上掉下来的，不是自然形成的，不是简单地用文化影响几个字就能够概括的。一致性、统一性的背后从来都存在着无形的手。这就是古国联盟的机制与文化供给制度的统一性。有人可能认为，这只是推理！科学的基础曾经就是推理。历史的逻辑从哪里开始，思想的逻辑就应该从哪里开始。而思想逻辑必须建立在材料的逻辑之上。仰韶时代中晚期，陕西高陵杨官寨遗址有大面积窑场的发现，成群结队的窑址分布在泾水北岸（图 20–1），其生产能力已经超

图 20-1 陕西高陵杨官寨遗址仰韶晚期的窑场

出该村落自身的需求，达到规模化的生产程度。那个时代超大型聚落具有为周边村落及其盟友提供生活器皿的生产和输送能力，这应该是考古学文化面貌始终保持一致性的内源性因素，因为不是每个村落都能够自己制造和生产陶器的。联盟制度绝非空话，始终在生活、安全各个方面发挥着极其重要的决定性作用。目前的中华文明探源研究仅仅是开了个头，鲜有研究涉及此等深层次问题，但不久的将来，必定有更深入的研究，全面阐释中华文明的制度特点与制度保障传承的历史经验。

早期中国的文明势头就像大海浪潮，此起彼伏，永不停歇；国家发展犹如盘山之路，步步登高，层层升级。联合结盟的制度始终如一，直到大秦帝国出现才完成使命。距今 6000 年庙底沟文化代表的初期古国登台，古礼洋溢，引领潮流，得风气之先；距今 5500~5000 年红山文化、大汶口文化、良渚文化代表的城邦古国抢眼，礼器神秘，举世瞩目；距今 5000~4100 年陶寺邦国崛起醒目，酒礼飘香，举贤用能，禅让民主，为后世景仰的理想境界；距今4100~2770年夏、商、周王朝更迭，青铜礼器光彩夺目，世袭王国，家族天下。与古国、邦国、王国和帝国政权对应的是族群之王、城邦之王、联邦之王和帝国之王。有诗赞曰：彩陶瑞玉酒礼香，青铜甲骨仪式忙。古国邦国厚土埋，夏商两周史籍详。

盟誓的行为、思想和精神由来已久，前古国时代理应存在。在北美易洛魁人那里，充分发展的氏族制度创造的部落联盟管理制度被认为是高超的政治艺术；有特色、多层次的家族联盟制度则是中国古代独领风骚的政治艺术。

追寻古礼的意义

中国历朝历代的政治家都极其重视“道统”和“治统”与国家存亡的关系，先秦以来成为治国理政的经典方略。毛泽东曾说：“领导我们事业的核心力量是中国共产党，指导我们思想的理论基础是马克思列宁主义”，就是对“当代中国”的精辟概括。若进一步发挥，由此上溯到公元1840年至公元前1000年的西周时期“古代中国”：治理封建国家的核心力量是帝王将相，左右当时人们的道德精神是儒家思想。再从公元前1000年上推至约距今万年以来的“早期中国”：舞动古国传奇的核心力量是精英家族，唱响家族联盟的观念意识是古礼思想。

这是深度探索早期中国古礼思想、行为、制度、规则的理论基础。唯此才能推进研究，从材料中发现规律。《周礼》是中国古代礼制发展的里程碑，开创了古代礼制独具一格的完整体系，几乎是所有史学家的共识。然而，《周礼》之前是否还存在古礼？《周礼》是如何成为古礼的集大成者？礼制的发生、发展与成熟、完善对于中国古代文明起源研究的具有何种意义？则是学术界相对薄弱的研究环节。

中国古代的道统是究竟怎样发生、发展的？是人们头脑里固有的，还是从天上掉下来的？过去，鲜有研究，就连孔子也说不清楚，只能说“郁郁乎文哉！吾从周”，但他明确指出，周礼之前，还有殷、夏的礼制。中国古代礼制有个漫长的发展与积累过程，西周以后的情况文献记忆比较翔实，但是，对于早期中国而言，这些认识的年代相对偏晚。因此，古礼成为可望而不可即的谜团。尽管，明知其存在，却也无人能够问津（图20–2）。

图 20-2 “文明起源的中国模式”宣讲

30 多年前，我不经意发现的古礼线索，得到著名考古学家苏秉琦先生首肯和支持，坚定了我破解历史谜团的信念。多年来，我每读一部考古学专刊，都必从遗迹现象入手考察遗址性质，祭祀磁山遗址的论证到古礼认识的形成大概用了 20 年的时间。从 2003 年拙文《文明起源中国模式》在《中国文物报》发表，到 2007 年科学出版社出版拙著《文明起源的中国模式》，中国古礼的来龙去脉更加具体、深入和系统化。古老专用祭祀场地被确认，天圆地方的物质见证；陶质礼器的横空出世，送葬器物的配置规则；彩陶现象的历史回声，列器等级的意义所在；玉琮功能的两个体系，祭祀和军权的分立状态；礼制类型的种类繁多，两条大系的泾渭分明；特殊墓葬的重见天日，盟誓遗存的深度解读；大道至简的崭新理论，古礼新篇的无穷魅力。古礼是全新的视角，是开启早期中国历史大门的钥匙。具体说来其意义如下：

一是追本溯源，走近真实。恢复中国古史连续发展的本来面貌。长期以来，中国古史之研究被人为制造的矛盾压得几乎透不过气来。明明是连续发展，传承有序，从未间断的古代文化与文明，却被分割史前时期和历史时期两个性质完全不同的阶段：前者被推演成原始社会，后者是阶级社会。前者母系氏族社会，后者是父系家族时代。前者没有文字出现，后者创造出文字和典籍。前者的生产力低下，磨制石器是主要的生产工具，后者出现青铜器工具和礼器。看上去，这个历史分期井井有条，言之凿凿，其实，早已被中国考古学的发现和研究颠覆。人们明知过去的历史分期存有严重的错误，但又拿不出新鲜的方案修正错误。“作茧自缚”这个成语原本是形容最为愚蠢的行为，没有料到在早期中国的研究中也可以见到类似情况。令人担忧的是当今的研究似乎并没有新的觉悟和改进，所以，强调古礼客观存在的重要意义，特别是在世界文明古国的比较研究中突出中国古礼的核心特色，才能与经典作家关于亚细亚生产方式的国家对应，才能客观、真实、科学地揭示古国、邦国、王国到帝国的中华文明的历史进程。

在中国的史学和考古学研究中，有“三论一说”是很值得推敲的。即氏族制度论、史前史论、酋邦理论和原始宗教说。之所以应该引起重视和重新检讨，其原因就是中国的国情与之存有差距。原始宗教说实际上现在已经沦为一种研究惰性，世界古代尚未得到正确认识和说明的种种考古学现象统统可以被纳入原始宗教范畴。所谓“三论”皆是世界普遍流行的古代社会研究理论。

论之一：氏族制度论。中国古代是否存在过氏族社会是个非常值得深入探讨的课题。其一，先秦典籍中没有氏族组织的记载，只有家族存在的证据。其二，早有研究指出仰韶时代的合葬墓不属于氏族社会。其三，DNA 研究结论也不支持合葬墓与氏族组织有关的观点。其四，动物行为学研究的新成果支持家族组织的推测。其五，前仰韶时代裴李岗文化的河南郏县水泉遗址发现的陶祖说明那个时代是父权社会的家族组织（详见《历史选择中国模式》科学出版社 2009 年）。

论之二：史前史论。中国史学界对“史前”的概念曾有过讨论，但因其过于宽泛屡受学者质疑。史前一般多指没有文字和没有文字记载、或国家以前的历史。可是，没有文字记录的历史长久得实在令人窒息。现在，许多媒体和研究中史前史甚至包括了恐龙时代，其弊端是显而易见的。在探索中国古代文明起源的研究中应尽量不使用为妥。

论之三：“酋邦”理论。从考古学资料及其分期研究的成果看，早期中国有自己独特的发展经历，与古代世界其他地区完全不同，游团、部落到酋邦的模式并不适用。距今 20000 年到西周以前的早期中国，大约分为三个阶段：

第一阶段是距今万年以前的中国式家庭。吉林后套木嘎、黑龙江饶河小南山、广西桂林甑皮岩、广东英德青塘，江西万年仙人洞、吊桶环等诸多遗址的发现与发掘，说明此时人类是以家庭为单位从事定居生活，人数有限，规模很小，遗迹遗物都不充分，尚无部落可言。但陶器的发明、磨制石器的使用却基本相同。定居是家庭成长的基本条件，也是多种经营开展的前提。游团并不存在。家庭的进步是渐进式，饲养和栽培农业都有发生发展。第二阶段是距今 10000~8000 年的家族崛起与家族联盟共同体阶段。黑龙江饶河小南山（第二期）、河北徐水南庄头、北京门头沟东胡林、河南新密李家沟、河南舞阳贾湖、浙江浦江上山、浙江萧山跨湖桥、广西桂林甑皮岩、江西万年仙人洞等。其标志是聚落的面积急速扩大，墓葬数量明显增加，规模化倾向明显。以河南郏县水泉、舞阳贾湖遗址早期的墓葬资料分析，弱小的家庭组织不断扩大，正在向家族组织的规模转变。第三阶段是距今 8000~4000 年古国联邦共同体的时代。辽宁建平牛河梁盟誓遗址的研究，终于使得盟誓用彩的概念浮出水面。这种用彩的制度可以追溯到陕西宝鸡北首岭、临潼姜寨遗址。仰韶时代彩陶的广泛流行，特大型房址惊世登场，特种墓葬夺人眼球（《北首岭广场墓葬的特殊含义》《辽海文物学刊》1991 年第二期。《历史选择中国模式》对陕西华阴横阵特殊墓葬的分析），这些都与当时的联盟制度关系密切。而后来的盟誓制度则被《尚书》《左传》和《史记》比较完整地记录下来。

毋庸置疑，倘若真心坚持从实际出发，实事求是，那就必须从国情出发，放弃那些舶来的学说，修正传统的窠臼，尝试用中国式的考古学语言和方法加以精准解读。

二是理论创新，中国贡献。从本质上阐述中国古代文明的核心特色。中国是古代世界原生性文明起源地区，具有独具特色的发生发展过程。与神权浓郁的古代埃及，契约盛行的古巴比伦，种姓横溢的印度文明区别显著。礼制的发生、发展与成熟、完善，是中国古代文明起源的独特道路，又是区别于古代世界其他文明的唯一标志。中国古代文化与文明的长盛不衰，历久弥新有很多原因，其中，从古礼到周礼的传统，从周礼到理学的基因不容忽视。中国智慧、中国创造、中国精神无不与其息息相关，血肉相连。周礼是古礼的继承、发展和总结；古礼是早期中国不同地区、不同族群、不同文化共同创造的精神财富和制度经验。从玉石质料的装饰品到发明彩陶礼器，从等级制度的酒器出台到器物组合的全面配套，从陶土在烧制过程产生的化学变化到金属矿石熔化后的器物造型，都是早期中国先民对世界历史的伟大贡献。随着中国考古发现与发掘，那些更早年代、更多精彩必将不断破土而出。中华文明被文字和文献加以总结，被精湛的青铜技术淋漓尽致地释放出来，那只是联邦之王的历史贡献，而新的研究的视野将推进到距今万年以前，思想的翅膀将盘旋于超级工程之上，考古学重构中国古史的愿景正在成为现实。

人们已经知道，早在秦始皇统一中国之前的距今七八千年，文明的律动、文明的呼声、文明的追求便在中国的大地上形成燎原之势，不同的礼器与不同的仪式形式已然成为族群与文化的标志。笼统地强调生产力与生产关系的矛盾，脱离具体的古礼不可能认识中国古代文明的特殊性，不可能正确解读数千年文化与文明发展的基本动因。

三是全新视野，崭新篇章。统领资料，明确社会复杂化进程的具体表现，探索制度中国的独领风骚。当今中国，关于文明起源的研究成为社会舆论、媒体关注的热点，对文明的认识、理解和诠释甚至能够为国家发展大局服务，成为独特的中华文化软实力。而古代文明的研究离不开社会复杂化具体内容。其实质正是礼制成熟与完善的具体化过程。不论是人口结构变化，社会组织形态变化，还是贫富差别；不论是器物的配套组合，还是棺椁制度的改变，都是社会复杂化的具体表现。早期中国的考古学资料显示，古代的遗迹和遗物因地区和时代的不同，而千姿百态，丰富多彩，但更为醒目的是其中蕴含的特殊内在逻辑，这个逻辑说到底就是早期中国的礼仪制度。“中国模式”总结出“彩旗飘扬，仪礼草创”的黄土高原、“庙坛玉佩，祭祀神话”的辽河流域、“等级制度，酒礼出台”的齐鲁地区、“道具天下，傩礼崇拜”的太湖地区、“文化旋涡，诸礼杂糅”的江淮地区、“极目楚天，礼乐当先”的江汉地区、“俗化百越，礼教南疆”的岭南地区、“蜀王祭典，傩礼巅峰”的川西平原，就是用科学之精神还中国古礼本来面目，用考古学资料谱写历史崭新篇章，实现历史唯物主义的崇高追求。

中国古礼发端于早期中国，其历史作用和深远的影响却远远超出了属于它自己的时代。经夏、商、周三代王朝的经验总结与理论升华，古礼思想更加规范、系统与完整，是中国礼制及其思想体系的坚实基础。非礼勿听，非礼勿视的谆谆告诫完全可以想象礼制传承的启蒙教育曾经拥有广阔天地，可能是那个时代比识字更为优先、更为普及、更为基础的学前教育。春秋时期政治上的“礼崩乐坏”并没有破坏乡村的经济结构和家族及其联盟制度，礼制精神依然是基本的道德规范、秩序约束和行为准则。不同的地区其风俗因地而异，但在祭天地、祁丰年的大典方面却往往相同，所以“启以夏政，疆以戎索”可能在很多地区流行。秦始皇统一六国之后，设立郡县制度，皇权垂直到县，乡里村落仍然是地方自治，依据的还是礼制的精神、传统与规则。农村的经济结构和家族组织形式一日不变，礼制的作用便一日不改。古礼是中国古代社会家族及其联盟制度的产物，在稳定的社会结构中发挥着营养剂、润滑剂、凝固剂的重要作用。中国古礼的精神原本就包含与科学社会主义相似的成分，这是马克思主义能够被中国先进分子认识、吸收和发展，使之落地生根，开花结果的客观原因。

古礼是历史的教科书。其经典语言又是规范行为的座右铭。几乎所有的先秦文献都是古礼内容的保存者、讲述者、总结者。古往今来的岁月中，中华民族的认知体系、价值观念和道德规范不断积淀，成为引领不同时代的人们锁定目标，丰富生活，有序传承，勇往直前的精神动力。现在的人们，更加关心古礼的社会基础究竟是氏族制度还是家族制度；更加相信古礼的思想就是中国智慧，先秦文献的记述几乎都是古礼思想的发挥；古礼的核心价值，就是将道法自然的认识运用于社会生活以妥善解决内外矛盾的经验和祖训。

悟道者说

古往今来的政治经验就是两手：靠结盟团结朋友，用武力征服敌人。“国之大事，在祀与戎。”从早期中国的家族联盟到邦国结盟，再到夏商周的政治联姻，盟誓活动的仪式感、规范化、制度化不断完善，从而形成中华文明制度创造的重要内容和鲜明特色。

二一、石峁遐想　思酒礼幽香

（空足陶器论英雄）

2015年8月，笔者受时任陕西省文物考古研究院院长王炜林的邀请去陕北参观学习。王炜林是30年前我带81级6位毕业生在易县、涞水进行考古调查的一员。因那段时间的摸爬滚打，朝夕相处，我们遂成为情深意笃的好友，他毕业后始终与我保持密切联系。前些年，他曾多次邀请我去陕西参观学习，说张忠培先生倡导的河套地区考古项目在陕北有重要的城址发现，且保存相当完好，张先生很激动。我知道，那古城与他早年在神木新华遗址发掘的遗存关系密切，都是陶鬲大系的“土特产品”。这也正是我最为关心的研究课题之一，因此前往观摩势在必行（图21–1）。而此行的观后感，发表在2015年12月2日《光明日报》，原文如下：

读石峁古城看文明亮点

很早就知道陕西神木石峁古城的考古调查与发掘取得震惊学界的重要成果。但是，真的来到现场一睹古城的雄姿和风采，收获却完全超出原来的预料。高大壮观的门楼，精心整治的城墙垒石，独具匠心的马面设计，杀戮祭祀的威严铁血，无不令人震撼和感叹，虔诚敬仰和怀古探秘之情油然而生。

目前，石峁古城还是本无字天书。但不论将来是否发现文字，都不能撼动其中国古代文明交响曲华彩乐章的重要地位。当然，要真的读懂这座神秘莫测、惊世骇俗的城池，还需要假以时日。该城规模之宏大、设计之精妙、功能之齐全、施工之精细，是考古发现的同时期遗存所仅见者。乃至于，最初的发现者甚至担心该城年代推定的正确性。这个伟大发现和鼓

图 21-1 2015 年与王炜林等在石峁古城的合照

舞人心的重要成果同样使许多观摩学习和参观览胜者错愕，不是因为它来得突然让人措手不及；也不是由于人们对中国古代文明的高度缺乏心理准备而应接不暇。关键的问题是它出现在名不见经传的陕北地区，就极容易引发人们对中国古代文明进程、道路与特色产生进一步的联想。

石峁古城给人最深刻的印象是当时社会的动员能力之强大、组织能力之高超、规划设计能力的大手笔，而这一切又与文明的程度息息相关。鬼斧神工般的杰作是怎样建造的？究竟是何种力量才能保障宏基伟业的完成？这就不能不使人联想到早期中国社会组织的构架。那个时候，社会的基本细胞是家族组织，以家族联盟为基础的有特色、多层次的联盟制度将数以万计的家族组织起来。家族联盟构筑村落，属于基层联盟；基层联盟组成古老小国，属于中小型联盟；古国联盟构成考古学文化的人们共同体，或称国家大联盟；不同考古学文化的联合结盟组成超大型联盟集团。早期中国的考古学文化实际上是古国联盟的文化。先秦文献提到的黄帝、炎帝、蚩尤、共工，以及夏、商、周王朝都属于超大型联盟集团。在中国古代的历史长河中，联合结盟的策略被发挥到极致，人们耳熟能详的“三家分晋”“合纵连横”，脍炙人口的赤壁之战，都说明联合结盟是中国智慧的重要内容，是政治艺术的精髓所在，是文化底蕴的自然结晶。在世界风云变幻莫测的时代，深度考察和总结中国古代联合结盟的实例与经验，显然是考古界特殊的贡献。

先秦文献表明，当时的结盟制度存有多种不同类型，存在规模与层级的区别。商汤灭夏、武王伐纣都举行过大型盟会，齐桓公“九合诸侯，一匡天下”。公元前632—前505年间，晋国主持八国以上的多国盟有17次，约六七年一次。不仅诸侯国之间的多国盟，某诸侯国内盟誓的次数也都详细地记录于《左传》。20世纪70年代，考古工作者在山西侯马、河南温县等地发掘出当时的盟誓遗址，发现了大量的盟书及相关遗存。研究表明，早期中国的盟誓遗存连绵不绝，特征鲜明，而且分布广泛。石峁古城的壮观场景足证当时联盟制度必定存在，否则，如此宏伟的城池怎能横空出世！

考古工作者曾就龙山时期河南登封王城岗城址做过实验考古研究，可以推算建造该城耗时用工的总量。石峁古城的规模以及建设的复杂程度都远远超过王城岗，而且其整体的布局，虔诚的仪式都表现出庄严肃穆的古礼具有强大的威慑力和感召力，两者规模不可同日而语，联盟级别也有较大的差别。石峁古城可能正处于联盟体系的金字塔顶端，因此，才能够释放出如此超乎想象的巨大能量。若然，石峁古城极有可能是联盟集团总部的驻地，而非某一古国之都城。发掘资料显示出玉器的来源具有多样性，不同考古学文化因素的参与性与以往的发现大相径庭，无疑是这一认识的最好注脚。摩尔根在赞扬北美易洛魁的部落联盟时曾说道：“人类在处于低级野蛮社会时，尽管条件很差，却能在政治艺术方面完成多么伟大的成就，这一点也应永不忘怀。”倘若，摩尔根对早期中国有特色、多层次的家族及其联盟制度有所了解，可能会给予更高的评价和更深邃的憧憬！

接下来，人们自然会思考石峁古城的主人究竟是何方神圣。果真是黄帝或其集团的居邑吗？简单地讲，如果这种推测成立，中国古史的年代体系将要重新编排了。因为没有哪些史料和通史教材说黄帝活动的年代如此贴近夏代。目前，学术界基本认可夏代始于公元前2100年左右，石峁古城早期的碳-14测年为公元前2300年前后。所以，该城年代只与五帝晚期接近，而与黄帝无涉。其次，倘若坚信《史记》正确，那么，黄帝“东至于海，登丸山，及岱宗。西至于空桐，登鸡头。南至于江，登熊、湘”的足迹与石峁古城遗存分布倾向差距明显，有的甚至南辕北辙，又怎能自圆其说呢？

第三，“尧都陶寺”说，是石峁古城黄帝居邑说难以逾越的障碍。山西襄汾陶寺遗址是唐尧之都的认识提出后，有些研究曾质疑这提法过于笼统，文字方面的证据显得薄弱。因为陶寺遗址有三个时期的遗存，至少存在两种性质完全不同的考古学文化。唐尧的地望史无争议，究竟哪种遗存与帝尧有关是研究的核心与关注的焦点。该遗址的考古报告虽尚未刊出，但早年发表的资料显示出大致的线索。其中，该遗址大型墓葬为代表的陶寺早期遗存最为重要，文化特征也最为鲜明。那就是釜形斝确系该文化领军的标型器，属于庙底沟二期文化最辉煌和最晚的阶段。拙文《关于庙底沟二期文化的几个问题》(《文物》1990年第2期）曾指出该文化与东方的关系极其密切，颇具特色的釜形斝即受东方大汶口文化中晚期陶鬶的影响而产生。这种推测与尧来自东方，后封于唐地的记载吻合。再者，《史记·五帝本纪》：帝尧的父亲是“帝喾高辛者，黄帝之曾孙也”，“至高辛即帝位”，《集解》：“都亳，今河南偃师是。”无独有偶，那里正发现有庙底沟二期文化的存在，其釜形斝的形态恰恰具有早于陶寺早期的特征。若依庙底沟二期文化公元前2870年的碳-14测年推算，陶寺早期当不晚于公元前2500年。尧都陶寺，自然是非此类遗存而莫属。陶寺中期遗存与石峁早期文化性质相同，年代大体相当，都以双鋬耳袋足鬲为主要特征，且形态基本相同。黄帝若安营扎寨于石峁古城早期，其年代将晚于陶寺早期代表的帝尧，这种世系颠倒的情况显然与文献记载相悖，与历史事实相抵牾，不可能为学术界接受。所以，黄帝或其集团与考古学文化的对应年代应该至少在距今五千年前。

再说石峁古城的陶鬲天下。石峁古城早期遗存和陶寺中期均以双鋬耳袋足陶鬲为文化的排头兵，是土生土长的分布于黄土高原及其山前地带的土著遗存，既非帝尧，更不是黄帝之遗存，其源流与走向《晋中地区西周以前古遗存的编年与谱系》（许伟，《文物》1989 年第 4 期）曾有详论，这类遗存与先商文化渊源极深，但始终坚守自身传统。陶寺中期只是其南面的支系。石峁古城才是其中心的都会。

过去，这类陶鬲的遗存在河北太行山东麓，河南的北部，山西的许多地区，陕北和内蒙古中南部等地多有发现，资料发表的也相对充分。其年代分期、发展序列和谱系关系逐步清晰。在山西晋中地区更有其从龙山、夏代、早商直到殷墟时期连绵不断、自成体系、长期发展的翔实证据。今天，当高度发达的石峁古城重见天日，人们自然有条件将这类文化遗存有机地联系在一起思考，并能够从文化的整体性方面揭示其所代表的文化大系不仅仅具有独立分布的广袤空间，而且拥有超强族群的综合实力，足以与山东地区以陶鬶代表的大汶口——龙山文化大系相媲美、相呼应，是早期中国龙山时期西部文化的中流砥柱。

值得重视的是，在夏、商、周三代文明的进程中，陶鬲大系的重要作用和杰出贡献彪炳史册。例如，有戎氏、有鬲氏都与这个超强集团具有文化上的亲缘关系，甚至就是其重要的组成部分。《史记·夏本纪》："帝相崩，子帝少辰立"，《索隐》："有夏之臣靡，自有鬲收二国之烬以灭浞，而立少康"。河南偃师二里头遗址早期遗存的陶鬲支持此说。《史记·殷本纪》说简狄，"有戎之女"，吞卵生商。也正与晋中地区陶鬲发展线索基本吻合。如此等等，不一而足。由此可见，双鋬耳袋足陶鬲的文化大系拥有石峁古城这等规模的城池，完全是历史的必然。只不过，由于沧海桑田的变化，曾经辉煌一时的宏基伟业早已被历史尘封，鲜为当代的人们所知罢了。

石峁古城的雄伟壮观再现出其文明的辉煌与高度。陕北和内蒙古中南部地区却不是传统意义的文明中心。当人们伫立在石峁古城之上，环顾大好河山的秀美景观，自然会感悟苏秉琦先生关于中国古代文明起源“满天星斗”说的魅力。此时，星星之火已然汇成众多熊熊燃烧的火炬，照亮早期中国的广袤大地。石峁古城的进一步发掘，必将为中国古代文明起源重大课题的研究注入新鲜血液，值得期待！（原载《光明日报》2015 年 12 月 2 日第 10 版）

石峁古城的发现，绝对撼动了以往对中国古史的某些认识，因此是对传统史学观念的第二次冲击。第一次是 1986 年红山文化东山嘴和牛河梁祭祀圣地的发现。苏秉琦先生遂及时提出文明起源“满天星斗”说的新理论，将文明起源的时代从过去的夏代提前到距今 6000 年前后，将视野扩展到黄河以外广袤地区，彻底动摇黄河流域中心论，为沉闷久已的中国史学注入新的活力。石峁古城年代没有红山文化早，发现的地点在名不见经传的偏远地区，其规模庞大，雄伟壮观，夏代以前能够拥有如此实力，虎视中原者，历史文献根本没有记载。而且，不论是视觉的还是遐想的冲击力都足以彻底动摇许多对文献研究顶礼膜拜的信念，更加清楚地认识历史文献包括先秦文献的局限性。在早期中国的夏代前后，可能存在多个文明中心，其中包括被称为戎狄蛮夷的所谓周边地区。在历史的长河中文化与文明的地位从来都是动态、发展、变化的，这就是历史唯物主义和辩证唯物主义的科学统一。

石峁古城能够证明和启示什么？已知的资料显示出该城址文化因素相当复杂，东南西北八面来风；多种礼器共生共存，文明火花激烈碰撞，主宰这座巨大城池的陶鬲集团所拥有的综合实力显然被远远低估。他们是跨文化的超大、超强联盟集团，在龙山时代的文化格局中占据半壁江山的地位。大约从距今 5000 年的龙山时代伊始，晋中、陕北与内蒙古中南部地区便存在同一谱系的陶鬲在特定的轨道上演进的线索，递嬗线索清楚无误，连续环节紧密完整，年代指标鲜明准确，与周边地区文化互动关系引人注目，其族群指向发人深省（图 21–2）。

其中，1987 年度发掘的山西忻州游邀遗址拥有与石峁古城性质相同、年代相当的文化遗存。在那里发现二里头文化的鸭形器、鼎、鬶、斝等典型陶质礼器与双鋬耳袋足连裆高领鬲共生（《忻州游邀考古》，科学出版社，1999 年），年代不晚于二里头文化早期。由此可知，在黄河流域的夏代初年，鬶、斝、盉、鬲等空足三足器因某种历史机缘紧密联系在一起，它们的相互交流、此消彼长和融合发展，创造出中华文玥波澜壮阔的历史画卷。石峁古城再现出陶鬲大系代表的族群已然进入到早期中国城池林立的强国行列，将山西晋中及其以北的广袤地区的考古发现紧密联系起来，并将其推到学术前沿供人们研究和欣赏早期中国英雄时代的空足陶器是如何发生，又是怎样发展，在中华文明史上究竟占有何种特殊地位。从山西太谷白燕遗址的发掘，到晋中考古调查，再到忻州游邀遗址发掘，张忠培先生领导的考古团队自始至终咬定双鋬陶鬲不放松，对双鋬耳袋足陶鬲的型式划分、鋬耳位置、陶鬲裆部的宽窄等类型学研究取得突破性进展。直到忻州游邀遗址的发掘，发现二里头夏文化因素与陶鬲的人们共同体共生共存的证据，先商陶鬲起源的轮廓逐渐明朗。这个绝顶重要的证据却没有引起关注中国陶鬲谱系研究者的重视，其最主要原因是不了解白燕高领鬲发生发展的过程。所以，双鋬陶鬲与高领鬲始终是截然分开的两个问题研究。2015 年以后，许伟老师在编写白燕考

图 21-2 参观石峁古城遗址陶器库房的留影

古报告时，进一步完善和丰富对陶鬲大系发展序列的认识：双鋬耳袋足分裆鬲发展到双鋬耳袋足连裆鬲，再由双鋬耳袋足连裆鬲发展到双鋬耳袋足连裆高领鬲，然后是双鋬耳完全消失的高领鬲，后者在白燕遗址存在一步一步演化成商式鬲的清晰过程。这个研究成果看上去只是在双鋬耳袋足连裆鬲与高领鬲阶段之间，加入了双鋬耳袋足连裆高领鬲阶段，但是，陶鬲排队的一小步却是先商陶鬲来源上的认识一大步，将双鋬耳袋足鬲与高领鬲直接联系起来，具有划时代的重要意义。如此，便从一种器物的发展演进线索，揭示出一个族群的艰难崛起，简狄“有戎之女”“吞卵生商”的文献记载就这样被许伟从考古学资料上加以确认，就连“有戎之墟”的地望也能够得到合理解释。这是先商陶鬲研究上的突破性进展，在夏、商、周三代族群起源研究中独领风骚。

所谓空足陶器是指三条空足支撑的陶器。如陶鬶、陶斝、陶盉、陶鬲，不包括陶鼎那种三条实足支撑用以蒸煮食物的陶器。对它们，从事早期中国考古研究者当然都不陌生。尤其是陶鬶最引人关注。但有人关注形态，有人思考制法，有人推测用法，有人则透过器物看族群。当年，高广仁先生的《史前陶鬶初论》揭示出该器在齐鲁地区发生、发展的基本过程，树立起陶鬶形态学研究标杆，人们可以据此进行断代与分类研究。邹衡先生定性陶鬶的礼器性质，则属于器物社会学研究的经典。邹先生将陶鬶与相同造型的青铜礼器联系起来，认为陶鬶是文献的“鸡彝”，陶盉便是“黄目”。他指出；用红色雄鸡祭祀乃是东方特别是鲁国地区的传统习俗。正因为如此，人们将不难从红色雄鸡联想到山东地区特别是曲阜西夏侯等地所发现的大批红陶鬶了。正因为红色雄鸡是用于祭祀的牺牲品，而红色陶鬶是用于祭祀的“彝”器。双手捧鸡曰“彝”，双手捧鬶曰“灌”，其目的都是为了祭祀。这种风习传到了西方，所以龙山文化的卷流陶鬶仍然使用红色，或近于红色的黄色。只是因为夏人“尚黑”，所以夏文化中的封口盉就改用了黑色，或者近于黑色的深灰色了。河南偃师二里头文化的陶盉数量多而有特色，是温水器或温酒器，其祖型恰恰就是陶鬶，其用途当然完全相同。毫无疑问，两位先生将陶鬶的研究推向新的境界。而陶器社会学的意义更为难能可贵。

邹先生“鸡彝”的精辟考证具有何种意义？一是将考古学文化单一器物的研究上升到史学的层面，将实物资料科学地转变为实物史料，拉近了古史传说时代与夏、商、周王朝的年代距离，提出了夷夏礼制同源说。二是提出了陶质礼器的文献依据和考古学特征，为认识早期中国陶质礼器的提供了一把钥匙。据此，可以考察那些没有文献记载、相同年代相邻地区礼器的存在与否。三是将古礼的研究推进到夏代以前，开中国古礼研究之先河。由于夏文化的陶盉直接继承陶鬶而来，夏代之前山东地区存有礼器的含义就成为题中应有之义。加之，《史记》明确记载夏禹原本是颛顼之孙，属于东夷族群。族系同宗，礼器同源，邹先生的论断言之有据，令人信服。

陶斝发生年代晚于陶鬶早于陶盉。研究表明，空足鬶从泰沂地区向西推进与渗透是早期中国重要而特殊的历史景观。这种造型和酒礼的特殊功能激发了庙底沟二期文化居民模仿的热情，在河南禹县谷水河遗址，可以看到日后将鼎的上部与鬶的下部结合起来创造釜形陶斝的线索。历史上的陕晋豫地区，素有制造小口尖底瓶的经验和传统，因此制作空足轻而易举。空足的孔径若小则可直接与陶罐底部相接，标准陶斝即是如此；若大可与釜罐的下腹连接，成为侧装的鬲式斝。山西襄汾陶寺的资料证明上述推测基本正确。另一更深层次的问题是；如果陶斝是受陶鬶影响而产生的推测不误，那么它必定与礼器有关，因为陶鬶是礼器。真是无独有偶，山西襄汾陶寺大型墓葬中，陶斝是大型墓葬及甲种中型墓必备之器，其礼器功能活灵活现，夺人眼球。在那里，斝多鼎少，一般是 1 件，若有两件则是一大一小。有的斝中还装有半个或完整的猪头，俎斝配套之制已经形成，在墓中的位置基本固定化。陶斝虽然有使用痕迹，用于日常生活，但礼仪重器的功能已然彰显于世。这无疑从另一个角度支持了关于陶斝来源的推测。创造陶斝的经验燃起了庙底沟二期文化的人们更加丰富的想象力，改造器物的步伐自此明显加快，釜灶和鬲相继问世就是明证。这均是将两种器物结合起来，稍做加工便产生出新的器类。在历史上，一个简单的创造和发明，其价值和贡献却往往无法估计，对历史的推动力有多大也难以衡量。

那么，创造陶斝的族群究竟是何方神圣？中国考古学能否从传说时代的研究中获取有价值的信息？这就必须提到山西襄汾陶寺古城遗址。目前学术界多数研究倾向该城址就是历史文献说的尧都平阳。并认为早期陶斝代表的遗存与帝尧关系密切。笔者原则同意。庙底沟二期文化的釜形斝源自陶鬶的认识与帝喾亦来自东土的文献完全吻合。况且，尧的父亲帝喾都亳（皇甫谧曰，今河南偃师是）的地点也有釜形斝的存在。多条线索共同指向釜形斝的族系最可能与文献记载的高辛氏有关。山西太谷白燕遗址发现与研究表明，釜形斝在该地区出现的年代早于龙山时期的双鋬耳袋足鬲，后者是高领鬲、商式鬲的前身。《史记》说，帝喾高辛氏有两妃。原妃姜原是周人祖先，次妃有戎之女简狄是商人祖先。商周两族考古学文化的共同特征都以陶鬲为特色。换言之，两者都与釜形斝遗存影响有密切关系。山西太谷白燕遗址的考古研究表明，商式鬲的源头出于晋中地区，史料与史实吻合。文献说周人的先王先公“自窜于戎狄之间”，邹衡先生考证先周文化的重要来源之一的光社文化就在太原，同样将“有戎之墟”指向晋中盆地及其以北的地区。其意义非同寻常。

在早期中国以及更晚近年代的版图上，陶鬲算得上是一枝独秀：其分布地域之广袤，穿越历史之长久，哺育族群之众多在目前所知的陶器中实属罕见。陶鬲形态多样，谱系复杂，地域辽阔，族姓杂糅，同样使用陶鬲，却不能视为是相同的族人。这可能便有“同服不同制”的意味。因此，陶鬲很可能只是山地居民的一种生活方式。若用以区别族群，当下只能谈其大系，细致划分则有待时日和资料。所以，陶鬲谱系研究可能是今后相当长时期中国考古学的课题，不论是型式排比、制法分析、谱系源流、族属考证都会反复出现。

但是，一个简单的事实撞击着以往研究的普遍推测，那就是陶鬲代表的遗存应该与农牧兼营的山地经济相适应。他们处在纯粹的农耕文明与草原文明之间。有农作物的生产，饲养一定规模家畜，采集与狩猎占一定比重。陶鬲若是炊器，定非用于煮饭和熬粥，否则容易糊底且难以收拾。但用于炖肉和煮奶倒很合适，三条空足容易寻找平衡，尤其在山地丘陵比釜灶便利。依古人的智慧应该是根据实际生活的需求创造新器物，而非简单的模仿。陶鬲的袋足象形于羊乳，大有生命源泉之含义，用作葬具也突显此意。目前的资料表明，陶鬲发生的年代晚于陶斝。

倘若演绎鬶、斝、鬲器物对早期中国历史的贡献，能够确认的是它们都是不同考古学文化的标识，具有超强活跃的能力。在考古学的表现上，第一是具有极强的文化穿透力，能够跨越种种文化障碍，深入到比自己文化范围更加遥远的地方;第二是形态规范，不论在何处发现这类器物，其制法、大小、样式都基本相同，反映出其制作的标准化和制度约束；第三是变化敏感而年代特征清楚。充分说明其使用和更新的频率较其他器物快。因此，用它们来判定遗存年代可以，用来划分类型却有一定难度；第四是引领作用。大汶口文化的陶鬶对黄河流域空足陶器的引领作用，庙底沟二期文化的陶斝对晋中及其以北地区的影响启发，都是文化交流与礼教开化的具体事件。

不过，日出东方，礼自西来。比空足陶器更早的礼器是庙底沟彩陶，还有高庙的神器，等等。正如苏秉琦认为小口尖底瓶是那个时代的酒器一样，无酒不成礼，没有酒精的神力，高庙、半坡、红山、良渚的祭司们（巫师和傩师）绝对都不能进入“绝地天通”的境界。但纯粹的酒礼当包括精美绝伦的酒具、入乡随俗的酒规、等级森严的酒制，这些无疑是礼制发展到一定阶段的产物，而这个历史阶段英雄辈出，酒礼飘香，风起云涌，后世敬仰。如今，只有他们城池的基础与地下坟墓偶尔能够重见天日，大量的鬶斝盉鬲等空足陶器成为他们的形象大使，演绎超强集团在中原周围强势崛起，开疆扩土，蒸蒸日上的光荣岁月。其斑斑考古痕迹与传说的“五帝”时代遥相呼应，件件文物珍品与上古的族群相互印证，见证和昭示中华文明悠久历史无比辉煌。

在早期中国，以家族联盟为基础的古国联邦出现于距今 6000 年左右，家天下的王国联盟形成于距今 4100 年前后，鬶斝盉鬲代表的遗存崛起于距今 5000 年间，正处在古国走向王国的途中，是王族精英治理城池的邦国时期，具有“其兴也勃焉，其亡也忽焉”的特征，因此，是探索中国古代文明起源、道路与特色的关键性课题。

悟道者说

“龙山”是英雄辈出的时代。古城林立，群雄崛起，文明灯塔，联盟世界。是中华文明由古国走向邦国的历史阶段，也是文明之光尽染早期中国的重要历史关头。文明火炬在戎狄蛮夷活动的地方更是此起彼伏，方兴未艾。

二二、文明标识　有中国思量

（软遗址出硬道理）

2017 年 1 月 10《光明日报》刊出拙文《超级工程·文明起源的中国标准——从石峁说开去》，全文如下：

三十年前，红山文化辽宁牛河梁祭祀圣地的发现与发掘，为文明起源“满天星斗说”的理论提供依据，拉开中国古代文明起源多样性研究的帷幕；神木石峁古城的发现与研究，是否也能够开启新思路，洗礼过往研究的认识？学术界当然期待崭新的视角和全新的理论（图 22-1）。

图 22-1　在良渚遗址与张忠培、严文明先生的珍贵瞬间

（一）城市，解读石峁的关键

石峁古城是相当成熟的文明。过去，人们知道这里出土的玉器其精美程度堪比红山文化与良渚文化，后来又了解到这里的彩绘图案与山西襄汾陶寺大型墓葬的彩绘龙纹陶盘遥相呼应，竟然还有铜器破土而出。

英国考古学家柴尔德（V. G. Chide）提出，城市的出现是文明时代开始的标志，并指出城市生活的内容包括：高效的食物生产；具有较多的人口；有职业和阶级的分化；出现冶金术；发明了文字与记述系统；修建有神庙等公共建筑；产生早期的科学和艺术等。中国学术界对此基本上是照单收货，进一步加工概括为文字、铜器、城市、祭祀礼仪中心四项内容，或称其为“文明要素”。是文明起源研究必谈的问题之一。然而，因为这种提法缺乏中国乃至亚洲的经验，也有研究认为不具有普遍性意义。

按照上述标准，石峁古城很可能不是严格意义上的城市，只是城址，城市在古代中国出现于东周时期。这是因为古代中国是纯粹的农业文明，自给自足的经济生活，贸易极不发达，重农抑商是历朝历代的主要举措。商贸活动的欠发达，市场的地位低下是早期中国社会生活的重要特点。高大城池围拱的往往只是王公贵族的寝宫、社稷、宗庙、手工业作坊，唯独集市不在此中。古代西亚地区的情况却截然不同，商业很早崛起，在社会生活中占显著地位，考古发现的泥板文书屡见关于商贸契约的记载，大都是距今六七千年之前的事情。可见，经济生活形态与文明内涵息息相关，世界流行的这个文明标准只反映部分区域的特点。

从遥远的古代开始，世界就呈现出多样性的精彩，地球东西两端的经济形态、生活习俗、观念意识都存在巨大差别。步入文明时代之后，东西方的差别更是泾渭分明，风格迥异。这原本是世界历史的常识，但在中国文明起源研究中却被遗忘殆尽。多样性世界，多样性文明，当然需要多样性的文明标志。

柴尔德的文明标志是建立在古代埃及、希腊等西方资料的基础上，怎能用其衡量中国古代文明的发生与发展？不是柴尔德说错了，而是中国研究者硬要拿人家的标准考察自己，似乎唯此才能融入世界大家庭，实则是对号入座，削足适履，作茧自缚。此类标志只能参考，不能照搬，没有必要在四项要素是否同时产生，哪种要素的意义更大等肤浅的层次上纠缠。根据考古学实践经验，总结文明起源的中国标志，显然已经水到渠成。

（二）礼制，超级工程的灵魂

石峁古城给人崭新的启示。该城址规模超大，设计标准很高，建筑工艺精良，堪称大气派、大手笔的大制作。若没有严密的组织机构、综合的管理制度和有效的运行机制，绝对不可能完成。石峁的文物精品可以讲述八面来风的文化交流，累累白骨的祭典遗存能够演绎铁血秩序的必然存在，体量超大的雄伟建筑充分显示建设者拥有强大的社会号召能力、广泛的动员能力和严密的组织能力。而这种能力正是凌驾于社会之上的公共权利，是对文明内涵最为精彩的高度概括，是文明高度的真实写照和重要标志。世界文化宝库中不乏文明创造的璀璨与惊艳，然而，那些最具有震撼力的还是超大工程的物质遗留，又有谁不惊叹古代埃及的金字塔、希腊的神殿、罗马竞技场的鬼斧神工呢！又有谁不遐想遥远的古代究竟依靠何种力量才能完成如此壮举呢？中国古代文明研究，归根结底是探索早期社会发生与发展的进步机制。既不是罗列惊世骇俗的发明与创造，也不是简单重复文献的记忆，更不是照搬照抄国外的经验。文明是社会进步的表现，进步的累积便是文明形成的过程。精神的、物质的、制度的发明创造和有利于社会进步的一切优秀成果集中起来才能构成文明的火花和火炬。但凡能够说明社会进步的要素都是文明起源研究考察的对象与内容。

令人鼓舞的是，石峁古城是近乎完整地保存下来，为确立文明起源的中国标准增加新内容。第一，规模宏大的城池，庄严肃穆的祭典反映出建设集团的综合实力，标志着文明进步的里程和高度。第二，何种社会组织及其制度才能具有匪夷所思的能量？难道礼制竟然是当时社会的公共权利？

石峁古城在古代中国绝不是孤立的事件，辽宁牛河梁遗址的陵园圣殿惊天下，浙江余杭良渚的古城水坝加祭坛，山西襄汾陶寺的大城大墓观象台，湖北天门石家河的大城大邑大聚落，无不证明超大工程与社会号召能力、动员能力和组织能力息息相关，互为表旦，其本身就是文明的见证。无独有偶，与其形影相随的大墓葬、大祭典、大祭坛都不是普通的公共设施，可以断言中国古代的礼制是大工程的灵魂，礼制的凝聚力、感召力、穿透力鼓舞和激励着早期中国先民前仆后继，勇往直前，不断发明创造出举世瞩目的人间奇迹和灿烂夺目的惊世辉煌。这些无可争辩的事实已经和正在被中国考古学科学地揭示出来，成为认识和书写早期中国历史新篇的证据。

古代中国的精神生活自成体系，别有洞天，别样精彩。那是礼制的天下，礼制的天堂。其发生的年代更早，礼仪活动更有秩序，礼制的观念和意识流淌在社会生活的各个角落，是中国古代文明的核心特色。礼制是早期中国人处理内外关系的基本理念与行为准则，是中国创造、中国智慧和中国精神的集中代表。被文献记录的，尤其是先秦文献的记忆，几乎全都是礼制及其精神。礼制是中国古代文明的魂魄之所系，根基之所在。考察中国古代文明理应提出礼制的标准。

（三）工程，生产方式的标志

据说，与石峁古城性质相同的遗存在陕晋的黄河沿岸数量很多，绝非仅此一家。人们惊叹之余，竟不知应该怎样认识当时的文明高度，怎样表述当时的社会组织形态。

其实，马克思早有预见。他在1859年出版的《〈政治经济学批判〉序言》中指出，人类社会已经依次更替地经历了亚细亚的、古代的、封建的、资本主义的四种社会形态。他认为，亚细亚生产方式的国家实行专制主义政权体制，不存在土地私有制，实行专制国家的土地国有制，农业和手工业相结合并成为社会生产和生活的基本组织，还有管理公共灌溉工程等职能。古代东方的中国、印度、俄罗斯、波斯、土耳其都属于这种生产方式。令人回味无穷的是，马克思关心公共工程，将其列为一种生产方式的重要标志加以论证，其意味很是深长。

早期中国的很多情况确实与亚细亚生产方式的诸多描述极其相似，公共设施遗存尤其可证马克思的论断具有科学的预见性和理论的前瞻性。这些遗存鲜明的特点是，年代可测而缺乏记载；类型多样而规格不同；因地而成更偏爱土木；创新无限又匪夷所思。单就用工量的多寡而言便足以与集团的人群规模挂钩，与社会运作能力机制的优劣相联系；此外，超大工程反映的信息总量、技术含量都属于中国智慧的成就。那些与其形影相随的重要遗存，例如，祭祀大典的仪式迹象，特殊标识的礼仪器物，规模生产的手工作坊，农业灌溉的水利设施，鲜明等级的大型墓葬……同样是不可或缺指标。

中国考古学不论是为自身的发展，还是为世界古代文明研究做贡献；不论是为恢复古代中国历史的本来面目，还是为发展马克思主义的历史唯物主义都必须争取文明标志的话语权。而那些超大工程和重要祭典的考古学遗存可以直击社会机制，揭示文明高度，学术界应该理直气壮地祭出文明起源的中国标志，这无疑是石峁古城给人的又一重要启示。（见《光明日报》2017 年 1 月 10 日第 12 版）

陕西神木石峁古城，既是红山文化牛河梁祭祀圣地之后又一次可以改写中国古代历史的重大考古发现；又是良渚、陶寺、石家河古国之后再次发现的古代超级工程。事实反复证明：文明起源中国标志已经成为中国考古学的当务之急。不失时机地提出符合实际、形象准确、内涵丰富的中国标准是学科发展建设的重中之重，中国考古学要在世界考古大家庭中占得一席之地，争取话语权，总要为古代世界文明史的研究增加新内容、新标准和新理论。谁让中国历史那样悠久，而且，是世界上唯一的文化延绵发展、基因传承有序、文明从未间断的古老国度呢！超级工程只是中国古代文明的标志之一。2017 年以及在后来的讲座中，笔者进一步将超级工程、超大聚落、超常祭典和超凡礼器，概括为中国古代文明标志，分别表示国家意志和管理能力；人口规模和土地资源；祭祀仪式和集权思想；精神旗帜和期盼追求。具体的理论说明体现在下面这篇尚未发表的文章中：

“文明实证”与中国标准

（一）新时代催生新认知

从 20 世纪 80 年代以来的考古发现与研究证实：早在距今 6000~5000 年之际，在中华大地上，家族联盟、精英联盟、国家联盟不同级别的早期国家组织相继出现，至夏商周时期形成王朝王国的政权形态；大秦崛起，成为皇朝帝国，随之“百代皆行秦政制”。中华文明 5000 年传承有序，不再是一个问题了。

文明探源是中华民族深度研究自己历史的开始。实践深入发展，认识永无止境。在习近平新时代中国特色社会主义理论指引下，新一轮中国文明起源研究的热潮必将迅速到来。“文明探源”的成果包含了几代中国考古人呕心沥血的长期坚守，殚精竭虑的不懈努力，初心不改的苦恋追求，百折不挠的探索奉献，创造发明的真知灼见。现在人们关于中国古代文明的常识如数家珍的，例如，“土生土长”的原生性（夏鼐），“满天星斗”的多样性（苏秉琦），仰韶时代文明论和良渚古代国家论（张忠培）都是前辈大师的思想火花。这些学术成果不断推向社会，反映出考古学研究为新时代增添新知识、新成果、新动能，成为国家发展、民族复兴的助推器。

绝大多数考古工作者都深深感到，现在可能是中国考古学最能展示学科手眼身步法的关键时期。发现过去，走进历史，探求未知，追求真理，勇于奉献，服务社会，是中国考古事业的无上荣光。而提炼中国文明标准，寻找古国的原点，阐述不同地区接力式领跑中华文明的内在动力，是新时代催生的新认知。

（二）“软”遗址刮出硬道理

文明起源的标准是探源研究的旗帜。不同的文明体系何以区别，关键就在于旗帜鲜明。模棱两可、笼统含糊、全面而肤浅者都难以成为旗帜性的标准。

中国考古学几十年的文明起源研究正在探索像西方那样既简单明了又概括性很强的具体标准。但是，充满史学味道规律性陈述依然是主流认识："农业与手工业显著发展，出现明确的社会分工；社会显著的阶层分化，高等级手工业制品的生产和分配为贵族所控制，埋葬贵族的大型墓葬和专门墓地以及礼制形成；出现了大型建筑和公共设施为主要标志的都邑性城市，并成为当时政治、经济、文化中心；暴力与战争成为较普遍的社会现象；出现了王权管理的区域性政体。""当一个社会具有以上现象的大部分时，就可以判断其进入了文明社会"。这显然不是具体的文明标准，而是文明形成的条件。

所谓的中国标准，更需要"满天星斗"那样充满考古美学精神和洋溢中国哲学思想的理论概括。而陈述中国文明形成的条件虽然具有社会发展史的理论意义，虽然含有中国因素，但概括性不强，并不那么传神，原因就在于缺乏考古美学形象与动态思维，缺少提纲挈领的概括与灵性。所以，很难与经典的西方文明标准对话。在新一轮研究中，无疑应该向经典致敬，注重中国特色的考古实践和遗存特点，注重语言提炼和概括能力，以引导中华文明起源的研究。

中国古代遗存有什么特点？这是中国文明标准赖以产生的基础。以走上田野为标志的近代中国考古主要是同"软"遗址打交道，情况比世界很多地区的"硬"遗址复杂。所以，软遗址当能够刮出硬道理。以夯土建筑为主体的中国古代遗址历来被视作"软"遗址。其难以保存，侥幸残留，也仅仅是建筑的基址部分，难以发现、难以辨识自不待言；若谈到保护、展示则更是困难重重。唐代诗人杜牧在《阿房宫赋》中感叹："楚人一炬，可怜焦土"，道出了软遗址真正的困惑。加之，中国古代文化年代久远，类型多样，连绵发展，不曾中断；中华文明多样性、连续性和继承性特质造就了多个时期的遗存层累叠压，诸多遗迹交织纵横；各时期遗存多如乱麻缠绕，错综复杂。考古发掘见到的遗迹现象每每支离破碎，难窥全貌；晚期遗存埋藏的深度往往超过早期遗存，等等。另外，中国考古起步较晚，科技手段姗姗迟来也是"软遗址"宣传展示举步维艰的重要因素。西方的硬遗址则不同，巨石垒砌的建筑尽管也有残损，但其硬度确实拥有保存的优势，一经维护便有模有样，拥有超强的视觉冲击力和心灵震撼力。但是，倘若据此推出中国古代不如西方文明辉煌，那就大错特错了！

世界古代的文化色彩斑斓、多姿多彩；各种遗址因地而异、千差万别。人类在不同的地区和时代为生存繁衍耗费大量人力和物力、资源和时间建筑家园。软遗址和硬遗址只是建筑材料与形式的不同，人工付出的艰辛却完全一样，通过遗存规模蕴含的劳动总量和技术难度的计算，是可以进行具体比较的。近年来，中国考古不断发现诸如良渚水利工程那样庞大的巨无霸工程或称超级工程，难以想象的艰苦卓绝与规模宏大的历史图景突然闯入古代文明研究的视野，文明体量的概念应运而生。2007 年发现的良渚古城，占地约 100 平方千米，城内已发现不同类别遗址 100 多处，是目前已知当时世界最大的城市和遗址群。整个宫殿区堆筑土方量 211 万立方米，高 10 多米，接近埃及大金字塔的石方量（约 250 万立方米）。据不完全统计，整个古城及外围水利系统的土石方总量近一千万立方米，假设参与建设的人数为 1 万人，每三人一天完成一方，年工作日为 365 天，需要持续不断工作 7 年。如此浩大的工程岂是原始社会阶段那种血缘组织做得了的，只有出现了凌驾于社会之上的政权才能完成（当然,不能忘记这些重要发现都属于良渚文化的中晚期）。可见，独立起源、年代久远；古礼悠悠、类型多样；文化复杂、连绵不断的中华文明，无疑又增加了厚积薄发、体量庞大的特点，以往所有的那些推测和概括都因新的发现而黯然失色。考古发现更直接促进了考古学研究，实验考古的成果表明：即使“软”遗址残存的基础部分也能够换算出其工程量的规模，不同性质的遗址因此可以在相同的起点进行比较，从建筑规模和工程总量方面，软遗址完全敢于 PK 硬遗址。

有鉴于此，重读西方文明标准视野会开阔许多，想象能力当大幅提升。西方文明的标准对中国考古影响很深，曾被具体概括为城市、礼仪中心、青铜器和文字四项内容，验之各地，广泛使用；言必称之，唯其是举。实践表明，如果完全照搬之对号中国古代，那自然难以摆脱教条主义的束缚。断然否定和轻易废弃也不是科学态度。尊重世界考古学成果是融入世界的大前提，否则考古学就没有必要引入。西方的标准具体而经典，仔细分类实为“两大两小”。城市、礼仪中心为“两大”，体现特定的社会能量；文字和青铜器为“两小”，展现人类思想之光。这令人想到良渚文化的水利工程，红山文化牛河梁的祭祀工程，山西襄汾陶寺遗址土城大墓观象台的教化工程，至今仍清晰可见的绵延几十千米的陕西神木石峁马面石城的防御工程，还有湖北天门石家河遗址大城大邑的安居工程。这些伟大的考古发现被誉为中华文明的实证，是认识和理解中华文明的绝顶重要的资料。超级工程和超大聚落拥有丰富的社会内容，与西方的“两大”意义相同，骨子里也完全对应。超常祭典和超凡礼器则与西方的“两小”在本质上如出一辙。前者是社会能量的释放，后者是思想光芒的夺目。古往今来，中国这块土地上的重大社会活动往往都是通过特殊仪式使受众者达到“刻骨铭心”的记忆效果。这些仪式决定着社会的动员能力、组织能力、管理能力，“理论一旦掌握群众，也会变成物质力量”的认识本来就是历史的回声。思想之光的威力与那些震撼人心的超级工程和超大聚落互为表里，相得益彰。

多年磨合，经典标准终于在中国土地上擦出特色火花。超级工程、超大聚落、超常祭典、超凡礼器脱颖而出，成为学界翘首以待的客观指标。依然是四项具体内容，其核心依旧是“两个基本点”，即以社会动员能力和思想感召能力为出发点和着眼点。搁置表面差异，追求精髓相同，这正是从“软”遗址中悟出的硬道理。

（三）大遗址必有大作为

“国家是文明的高度概括”，恩格斯的名言在中国学术界广为流传。直白而言之，古国才是认识和解读古文明的译本。所以，既不能脱离古国论文明，也不能离开文明空谈古国。探索文明的源头，自然要寻找古国的原点，这既是“文明探源”题中应有之意，也是真正理解那个时代文明的钥匙。

在中国文明起源的探索中，良渚古国的地位至关重要，备受推崇。因为在中国考古学文化编年体系中，距今5000年前正是文明火炬接力式发展的换棒时期。这个时期的考古发现随时都可能颠覆以往的认识，因此，格外引人注目。此时，红山文明已经式微，新兴的良渚文化正在崛起。红山文化前接庙底沟文化的神采飞扬，后与良渚文化的瑞玉遥相呼应，既是那个时代东西两大文化区域的交流使者，又是南北两大古礼体系交流融合排头尖兵，其历史文化背景尤为学界高度重视。另外，红山与良渚都处于精英联盟组建邦国的阶段，政权形态颇为相似。在牛河梁祭祀圣地，大约有16个地点发现积石冢群（祭坛和墓葬），可以认定每处为同一家族敬天祭祖的专用场所，他们共同团结在女神的周围，有结盟的信誓旦旦，有祈年的诚惶诚恐，有祭祖的如履薄冰，真的如同诗歌中唱到的那样："在天愿做比翼鸟，在地愿为连理枝，天长地久有时尽，此情绵绵无绝期。"这是家族联盟组成古国、支撑红山文明的铁证。在良渚，同样有家族组织存在。不过，此时反山、瑶山大型墓葬展示的豪门望族却是精英集团的存在，他们不仅拥有专用墓地、专属工匠和自己特殊的制玉技法和风格，还有独居城中的特权。墓葬出土的随葬器物说明，精英集团内部的财富资源也有不同，墓葬的位置差异反映他们的社会地位有别。地位较高的反山家族与瑶山有玉器的交往，共同见证良渚古国的发生与发展。

由此可知，良渚古国的崛起不是孤立的事件，是文明大势之必然。不过，历史舞台推出了新的重器，瑞玉的润泽取代了彩陶的醒目，可能就像后来的青铜礼器放射出新的光芒而掩盖了瑞玉的润泽一样。看来，文明火炬的传递不仅仅验证古礼的发生发展在中华文明进程中的地位，同时也演义"满天星斗"是怎样通过不同的人群、在不同地区、运用不同的物质载体展现其发展、变化和进步。

距今7000年前后，"彩旗飘飘，仪礼草创"的陕晋豫地区率先在宝鸡北首岭和临潼姜寨举起古礼的彩旗。尔后，庙底沟文化的彩陶大批量溢出（又称彩陶溢出现象）是该地区指标性特征或标志性事件，由此引发后来诸多文化遗存的规模性迁徙，勾勒出早期中国半壁河山的文明潮起与潮落。彩陶自高原溢出，礼器携神采飞扬。东面影响到山东地区的大汶口文化，南则跨过长江影响大溪文化，北进内蒙古中南部，东北与红山文化碰撞。巢湖太湖附近的凌家滩与良渚的玉礼器都是彩陶过后尽开颜的结果。当年，编辑《中国彩陶图谱》的张朋川先生曾有一问，至今仍在中国考古界回响。“在古代交通如此不便的情况下，究竟是一种什么力量使分布在千里之广的居民在彩陶上能画着同样的花纹”？

40 多年过去，庙底沟文化的超大聚落终于在陕西高陵杨官寨迎来水落石出之日。“张朋川之问”因此得到合理解释和科学回答。原来彩陶竟然是礼器，难怪当代的研究者深深地为她的绚丽夺目而折服和感怀！在遥远的古代，彩陶旗帜的作用可能更加醒目，更加光彩照人。彩陶的溢出竟然隐藏着中国古代文明的基因与密码，若无强大的社会基础和雄厚的社会能量怎能掀起滚滚向前的时代大潮？

陕西高陵杨官寨遗址属于超大聚落。在同时期遗址中鹤立鸡群，非常抢眼。第一个特征就是人口、土地与资源的优势。第二是必然存在严格的统一管理。否则，就不需要用宽大的环壕围拱成一个相对独立的单元。第三精神与物质文化协同发展，文化面貌高度一致。第四社区的功能逐步强大,周边中小村落紧密依存。该遗址两获“中国考古十大发现”，其重要性可想而知。超大面积墓地和村落，指示出那里存在着超级民生工程。古今中外，但凡国家学说的研究者，岂有不重视人口、土地和资源的道理？唯此，便足证大遗址有大作为！更何况，神采飞扬的红色陶器竟然是古礼传播的使者，引领教化中国数千年！历史发展到这个阶段，国家组织已经应运而生了。与西方典型奴隶制国家不同的是：超级工程、超大聚落、超常祭典、超凡礼器见证“亚细亚生产方式”的古国形式。

历史发展到陶寺和石峁的时期，超大聚落表现在城池的拔地而起。其社会的动员能力和组织能力又出现空前提升，折射出政权内容悄然变化，联盟制度已然升级，家族联盟已然成为国家联邦的基础。万国林立的邦国时代，联合结盟是那些弹丸小国的唯一出路，它们抗风险能力极低，只有抱匤取暖，才能共度时艰，所以必须联合结盟，进而制定相应的规则，这是礼制外部需求。古代礼制原本就是为联合结盟设计创造的。古礼的经典、古礼的箴言、古礼的警示都是处理内外关系的智慧和经验。联盟制度本身不仅是社会稳定发展、维系平衡的根本保障，也不仅仅是东方古国的智慧结晶和中华文明宝贵的历史经验。经典作家在赞扬北美易洛魁的部落联盟时曾说过，“人类在处于低级野蛮社会时，尽管条件很差，却能在政治艺术方面完成多么伟大的成就，这一点也应永不忘怀”。然而，将这种政治艺术推向极致的却是东方古国有特色、多层次的家族及其联盟制度，在历史进程中其不断发展，历久弥新，意义更加非凡。先秦文献关于早期中国盟誓制度的记载几乎可以信手拈来。人们耳熟能详的黄帝大战蚩尤、商汤灭夏、武王伐纣都是联盟制度存在的注脚。春秋时期齐桓公“九合诸侯，一匡天下”，依靠的也是联盟制度。春秋五霸哪个不是操控联盟的高手？成也联盟,败也联盟。著名的“三家分晋”，就是新兴联盟淘汰旧有体制的典型代表。古代的盟誓制度“史不绝书”。

考古学研究表明，半坡文化的陕西临潼姜寨遗址就存在五大家族联合经营村落的证据。华阴横镇更有家族联盟组织定期举行同一村落集体掩埋亲人的特殊仪式。家族联盟建设家园是中国古代国家组织的初始形态，甚至极有可能是古代世界早期国家共同的经历。那个遥远的时代，人们是怎样在氏族制度的废墟上建立国家？联合结盟制度是唯一能够继承的历史经验。不同的是，只有古代中国先民对这个历史经验有特殊的体验和记忆犹新的认识，“前事不忘，后事之师”的历史经验传承至今。

人们还依稀记得黄帝时代的联盟是自觉拥护能考的情景，国家联盟坚持以“选贤任能”为标准，联盟首领是选举产生，尧舜楷模的形象为人称道，“万邦和谐”的盛况令后世憧憬。夏启以后，一国独大，选贤、禅让被世袭垄断取代，古国联邦集团也被王朝大国操控。于是，是让位王朝王国。“普天之下莫非王土，率土之滨莫非王臣”的时代如期而至。有道是：古国大邑神采扬，邦国城内酒礼香；谁知王国青铜宴，竟换郡县万年长。

在中国考古学文化谱系树上，红山牛河梁祭祀圣地、良渚莫角山古城，山西襄汾陶寺、陕西神木石峁、湖北天门石家河等超大聚落统统是庙底沟文化的继承者。庙底沟的红陶黑彩独领风骚，教化文明礼贯长虹，绽放出早期中国的崭新时代。其中，天圆地方、天人感应、敬天法祖等多种礼制思想，以及由此派生出种种仪式行为，都能够在庙底沟文化遗存中寻到科学的解读，在更为久远的前仰韶遗存中发现其祖型。这些遗存的共同特征：第一，拥有能够储备人口、土地和资源的、有防卫功能大型居住场所，能够完成体现举国体制的艰难工程，能够组织凝聚共识的铁血祭祀活动，能够不断地推出具有标识意义的神奇礼器。与经典作家论述的氏族制时代、野蛮时代，已经不可同日而语，用“原始社会”概括他们总有名不符实的感觉。第二，这些遗址在年代上前后衔接，在量级上规模递增，在文化上彼此吸引，在制度上有礼可讲，具有持续性出现，接力式领跑，前仆后继、不可遏制的倾向。第三，文化面貌和文化特征迥异的考古学遗存拥有共同的指向性，那就是超越文化的社会管控机制，社会结构相对稳定，社会生活有序经营，反映社会组织能力和动员能力的超大聚落、超级工程、超常祭典、超凡礼器成为标志性现象。现在，当人们科学解读西方文明标准，深刻理解国家力量所在，文明起源的中国标准便自然的水落石出，应运而生。历史将永远铭记庙底沟文化对早期中国古礼建设的筚路蓝缕之功，对古国及政权形式的缔造与发明。

悟道者说

中国文明起源是考古学前沿理论的重要内容。文明标准关乎“探源”的旗帜与方向。全盘西化的标准与中国实际格格不入，洋标准的本土化势在必行。超级工程、超大聚落、超常祭典、超凡礼器的认识因此应运而生，为中国标准积累认识。

二三、推理“琮王” 论傩之力量

（古老制度与信仰）

良渚是中国古礼蓬勃发展的丰碑，是东亚古国的杰出代表。在互联网加中华文明的研究热潮中，良渚是怎样的国家形态必须给以正面、直接、科学的回答。是神权宗教式文明古国还是教化文明的古礼天下？推进良渚文明研究的关键正在于此。

本文的基础源于以下认识：第一，不是由于中国古代文献说玉琮等器物是礼器；也不是由于神人兽面图案表现出驾驭自然的宗教思想与西方的理念接近；更不是由于高等级墓葬的主人控制着良渚社会的精神生活；而是因为良渚完全没有古代埃及神权社会的那般神圣氛围，缺乏对神权崇拜的狂热至极，也未曾发现倾举国之力修建的神王陵墓，尽管良渚拥有如此的国力。君不见，区区神人兽面图案充其量不过是 Logo 而已（图 23–1），怎能与古代埃及的庞然大物的浮雕神像同日而语？

第二，良渚社会洋溢着制度文化特有的光彩，恰是中华文明在古代世界独树一帜的核心特色。包括玉器在内的所有器物制作标准超乎想象的统一，玉琮造型不论在王畿中心还是边陲小镇都如出一辙，所有的特殊图案宛如机制，中规中矩，毫无二致。包括随葬器物的数量都存在固定套路。这种情况，与年代更为久远的庙底沟彩陶标准化、薛家岗多孔石刀的量级化、凌家滩虎符玉人的规范化遥相呼应，一脉相承。其中有的说明礼仪制度辉煌、有的体现军功制度登场、有的可证歃血结盟存在，都是制度文化的精品和铁证，反映出早期中国古礼发展的速度和规模，绝对难以从中得出任何其他的猜想。这个特点可能就是亚细亚生产方式国家的超稳社会结构的坚实基础。

但是，目前认为良渚是神权宗教式文明古国的呼声很高，甚至有的研究入戏太深，力挺一神论之说。世间的神本来就是按人类自己的理解加工而成，并使之人格化。祭司的形象则要神化加工，才能将神秘与神圣渲染到极致，让受众者高

图 23-1 良渚琮王的 Logo 位置与形象

度兴奋，激动万分，印象深刻。所以，两者在理论存有相似性能够被理解。问题在于：良渚玉琮图案为何就一定是祭司而非神祇的形象？道理很简单。神的形象理应具有多样性特点，不同地方、不同时期、不同族群崇拜的神不可能完全一致。而祭司的形象则具有固定的特点，他们是仪式的主持，绝地天通的呼风唤雨、装神弄鬼的进入境界，打扮成何等模样有固定的行头和版本，礼制的庄严肃穆就是要使受众者入戏极深而不能自拔，效果和氛围都是按某种要求和规定设计。况且，受物质条件限制的遥远古代，拥有如此这般的道具行头已经是非常难能可贵了。因此，良渚玉器上特殊图案断非神祇的相貌。

历史的经验值得注意。考古发现表明，前仰韶时代的祭祀遗存已然屡见不鲜，巫师形象更是层出不穷。湖南高庙白陶罐上的徽号很像是装神弄鬼的祭司，半坡文化的人面鱼纹也被认为与巫师有关；河北易县北福地的陶质面具人像慈眉善目；与良渚兽面神人高度相似的石家河玉饰的人物也非神祇，否则，它们蜗居在瓮棺葬的待遇就大逆不道。也就是说，在早期中国的长江和黄河流域，上下近万年，纵横数千里的考古资料证明，天人感应，人神合一；敬天法祖，神人同尊是中国古代的特点，不是古埃及那般纯粹的神权社会，这与中国先秦文献记载的史情基本吻合。殷墟甲骨研究表明，当时的专业祭司只是商王的用臣，他们拥有强大的家族群体支撑，社会地位很高，却不掌握军权。在商王朝庞大的联盟组织中有掌管祭祀者、有统领武装者、有制造器物者等各种族群。他们都是商王的率土之王臣，权力显赫但不是王者。祭司集团只是商王的社会基础，精英势力之一。

第三，良渚文明的基本元素是讨论所有问题不能回避的大前提。笔者认为，玉器制作标准化，社会结构层级化，精英垄断立体化，建筑工程规模化是良渚文明的基本元素。玉器制作标准化反映出良渚的社会生活具有共同体特征，玉器的使用有共识、制作有标准、身份有凭证、规矩很清楚，是有目共睹的事实。任何社会的共识都属于上层社会，在阶级社会统治阶级的共识就是社会的共识。同理，任何顶层设计都来自社会的主导力量。所以，在良渚只有精英家族才能拥有玉器。于是，人们有条件发现良渚社会群体产生出清晰无误的阶层化特点，能否使用玉器是划分阶层的原则之一，使用多少亦然，墓葬规模、随葬陶器的多寡都是重要依据。在红山文化的牛河梁阶段，玉器是司职身份证明；在良渚文化的反山时期是职业等级的凭证。或许下一个历史阶段玉器通神的作用才能得到发挥。据此考察良渚文化的墓葬分布，可以清晰地勾勒出该文化的社会结构等高线是中部高突，周边低平，突显出周边地区围拱莫角山古城众星捧月的态势，各地的墓葬贫富差别明显，社会层级复杂。中央与周边有势差，地区之间有差别，精英内部有阶层，远在福泉山那样的地区同样存在社会结构层级化的证据。精英垄断立体化集中体现在对物质、精神和制度生活的全面控制。物质资源完全被精英家族掌控，反山、瑶山、汇观山墓葬的玉器不论是数量还是精美程度都足证此言不虚。礼仪活动完全由精英家族统领，制定各种制度和规则。他们卓越的组织和动员能力反复被考古发现证明，工程建筑规模化就是明证。

古礼探中国的思路前人未曾涉及，宗教看中国的研究国人多有模仿。其实，良渚文明的基本元素与中华文明的基本元素完全吻合。从早期中国的庙底沟文化、红山文化、薛家岗文化、凌家滩文化，古礼或神采飞扬、或活灵活现、或信誓旦旦、或等级森严，从来都是多民族的灵魂，中国文明的基因，中华礼仪的先驱，也是“道统”之源。

推理良渚“琮王”

浙江余杭反山遗址M12编号98的玉琮，因形体硕大，重6500克，以“琮王”之美名而享誉中国考古界久矣[1]。其上神秘的微刻图案更为学术界青睐，曾引发学者的种种猜想，成为遮罩良渚古国的神秘面纱。然而，魍魉世界终究是人类的虚构，理性的思维呼唤历史的真相。

推理良渚“琮王”的神秘微刻图案，话题却要从湖南洪江高庙祭祀遗址说起。因为，这两处遗址年代相差2000年之久，但是，出土的特殊神秘图案在形式、内容和基因方面都存在天然的内在联系。

距今7000年前后的高庙遗址出土白陶罐上戳印有祭祀建筑和面目狰狞的獠牙图案，揭示出祭祀地点拥有的特殊标志性建筑，特殊徽号是祭祀活动的标志,从而刷新了学术界对早期中国古礼存在的认识[2]。在高庙，神秘的特殊图案重复出现在不同的陶器上，似乎已成为固定的样式、规范化图形，具有图说和表意的意义，应是祭祀活动的特殊徽识。

高庙的发现非常重要，已载入中国考古学的史册。一是古老时代特殊的木构建筑的形象能够填补知识的空白，神秘的獠牙图案能够唤起人们对遥远的古代祭祀活动的关注、想象和向往。二是这里白陶遗存的特征独树一帜，其发达的程度远远超乎以往人们的估计，与其认为大异于黄河流域的彩陶，倒不如说是长江与黄河古老传统的文化界标。因此，高庙文化发现的意义远远超出其本身，为认识和深入研究早期中国两大古礼系统拥有不同的策源地、不同的文化传统与不同的精神理念提供了绝顶重要的实物资料。早有研究指出高庙神秘的特殊图案与“琮王”的“神人兽面纹”微刻图案渊源甚深，文脉相通。可惜没有引起学术界的足够重视。其主要原因可能与两者的时空差距有关。现在，有了对中国古代礼制发生发展状况的系统认识，中华传统文化的静水流深和历久弥新才有可能得到理性的说明，古往今来的中国基因是怎样艰苦卓绝的代代相传，才有可能被当今的人们感知和理解。

与古礼祭祀活动相关的神秘特殊图案，在早期中国不独湖南洪江高

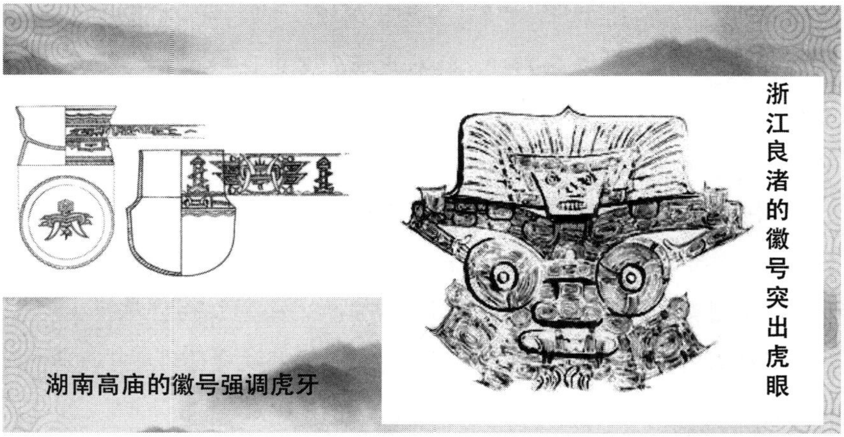

图 23-2 湖南高庙虎牙与浙江良渚“琮王”大眼

庙遗址有所发现，庙底沟文化彩陶的鸟纹图案、良渚文化玉器上突出的虎眼、大汶口文化陶缸上的刻符都是具有图说性质的表意符号。其中，又以高庙的白陶罐与反山“琮王”的微刻图案最为神似（图 23-2）。两者都出在明确的祭祀地点，前者是祭祀场地，后者的墓葬也是埋在祭祀地点，都与祭祀活动紧密联系。两种不同的图案相差两千年之久，竟然在抽象手法上完全一致。前者是特殊徽号加特殊建筑，祭祀场景的庄严肃穆跃然纸上；后者是特殊徽号加特殊着装的人物，一副神圣高端的模样。被抽象出来的徽号均以兽头为题材。高庙的虎牙格外夸张，闭目龇牙正是老虎发威的前奏。“琮王”的微刻可以理解为一双怒目圆睁的大眼（是虎是龙无关大局），镶嵌在祭司特殊着装的胸前，其徽号的意义在很多遗址的玉琮上单独出现，“怒目而视”的告诫不只是“过去的回音”，也是“未来的恫吓”。因此，有理由断言，两者均是具有表意符号性质的祭祀徽号。它们随着陶器和玉琮的分布见之于很多古代遗址，发展的轨迹十分清晰，不是昙花一现的匆匆过客。深圳咸头岭遗址白陶上的虎牙与高庙相比虽有些许变异，其印记犹在[3]；上海福泉山等地大眼徽号的玉琮若放在余杭良渚，则可以乱真[4]。这些不争的事实说明表意符号在多地通用，统一而且规范。但是，神秘的微刻图案总是没有单一的徽号那样广泛的流行，其指向性更加具体，所以，仅仅从Logo的角度考察所有的玉琮显然缺乏针对性，特别是对“琮王”而言，若缺乏深入的分析、严密的论证，不足以使人们完全相信微刻图案表现的竟然不是魑魅世界的鬼使神差，而是古礼天下的通天达人。

人世间，最简单也是最原始的方法莫过于乞求神灵施以援手；费解的现象归咎于魑魅世界是古往今来人类的积习和天性。当人们对“琮王”神秘微刻图案不解其意的时候，积习便会自然流露。可是，若与神祇联系，“琮王”微刻图案又显得过于渺小，神的威严似乎并没有得到应有的尊重[5]。看来，问题还是要回到浙江余杭反山墓地寻找答案。

浙江余杭反山遗址是良渚文化规格较高的墓地。九座墓葬分为南北两排。出土的玉器琳琅满目，美不胜收，主要是头饰、服饰、挂饰、佩饰、仪仗和玉琮。冠状器、单件锥形器和一种挂饰（包括长管、珠、串饰珠）是每座墓葬必有的器物，应该是死者的身份标志。大有无此则不能进入墓地之意。换言之，特殊配饰与特殊事物相关联。这些玉器可以证明它们的主人属于当时的祭祀集团。当然，很多玉器饰品由于是配套使用，切不可单独拿来进行孤立地比较。例如，玉锥形器只能反映发式，而当时祭司不论男女都不可能只有一种装束，所以绝对不具备划分等级的意义，至少不能简单地依靠这一种器物做如此研究。有些玉器只出于北排，有些只见于南排。如镶嵌端饰、龙纹管等只见于南排；璜、圆牌等只见于北排。M20出土仪仗类的玉钺、三叉形器各出1件。反映出南北两排死者生前的服饰有区别，相似的情况同样见于余杭瑶山遗址[6]，很可能具有性别的意义。

“琮王”所在的M12居于南排中部，出土器物以单件计算超过六百多件，数量居墓地之冠，玉琮的数量也遥遥领先，共六件。按照已知的良渚玉器墓葬存在3件玉琮为一套的倾向，可确定M12以2个“三件套”而位列该墓地级别之首。M14、M23均出3件，M20出4件玉琮，似乎与前述标准相左，查《反山》知该墓有3件玉琮相邻，位于墓主人右上肢，应为一组；另一件位于墓主人的左上肢处。可见，“三件套”的推测具有合理性。它们的级别当低于M12，属反山第二等级。M16、M17、M18只出

1件或2件玉琮，如按不足一套者为同一级别计，则此3座墓为第三等级。M15、M22是不出玉琮的第四等级。若然，反山墓葬至少有4个等级存在。而“琮王”的墓葬级别最高，可以认为是反山祭司集团的首领。

为什么一定用“三件套”作为划分墓葬级别的标准？因为安徽含山凌家滩玉人的呐喊曾唤醒了当今的研究，没有任何理由对其熟视无睹，束之高阁。在那里，编号87M1和98M29出土的玉人都是三件一套[7]（图23–3），每位玉人佩戴玉环的件数是通过手臂刻痕表示。87M1的“玉人甲”两手臂均佩戴5件玉环；“玉人乙”一臂佩戴5件，另一臂佩戴6件玉环；“玉人丙”两手臂均佩戴7件玉环，简化表述为：5、5–6、7。98M29的三件套玉人佩戴玉环的件数分别是6、7、8。显然，这绝对不是偶然的巧合，是某种制度的体现。这个神奇的数字序列在反山M12中依然存在，2、3、4节的数字组合便是铁证，因之，该墓葬存在2个“三件套”玉琮的认识就显得很自然了（图23–4）。如果将研究的视野投向更广阔的区域，则不难发现，浙江良渚瑶山遗址12座墓葬唯M10[8]、江苏无锡邱承墩遗址良渚文化墓葬10座唯M3[9]、江苏苏州草鞋山遗址良渚文化墓葬3座中M198、M199[10]、上海福泉山遗址良渚文化M40，都是

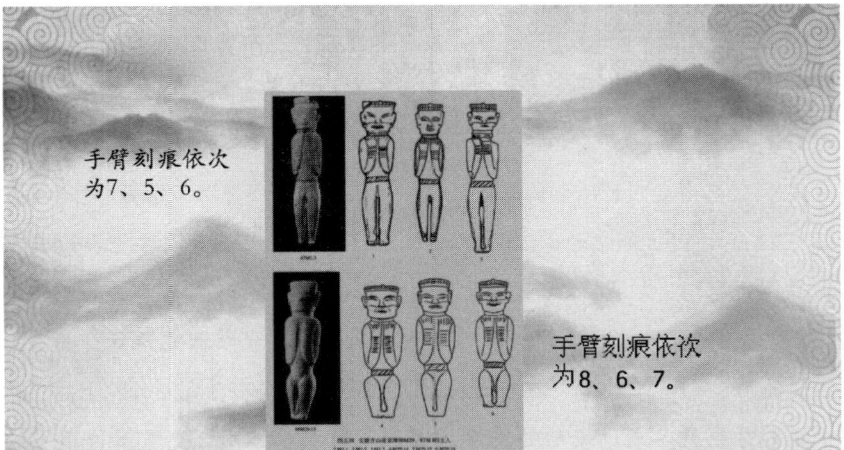

图23–3 安徽含山凌家滩两组“三件套”玉人

图 23-4 反山 M12 的 2 个三件套玉琮

能够使用 1 个三件套玉琮的级别，相当于反山第二级。江苏武进寺墩遗址 M3[11] 出土 33 件玉琮，高体多节者 27 件，与反山矮体玉琮相似者有 6 件，其级别与反山 M12 相当 5。可见，“三件套”的认识客观正确，是良渚文化墓葬级别研究的重要抓手。

上述现象说明两个问题：一是当时的人们已经懂得使用数字序列；二是那个时代已然流行“用三”的古制。表现身份往往使用“三件套”。郭沫若先生考证商代晚期“卜用三骨”的习俗如此[12]；陈雍先生研究长沙马王堆2号墓随葬印章和江西南昌海昏侯墓葬的印章依然如此[13]。古制真的是源远流长。都是三件一套。中国很多成语或俗语都由三字组成：“三思而后行”“三人行必有我师”“三个臭皮匠顶个诸葛亮”“事不过三”“一个好汉三个帮”“不孝有三”“三拜九叩”，如此等等，不一而足。“三”是代表足够多之意，然而，出人意料的竟是其源头早在文字尚未发明之前，这难道不令人称奇和惊讶吗！

更重要的问题是：既然当时已经认识到“三”代表“足够多”，那么，仅仅使用 2 个“三件套”在理论上就是不够多，只有使用 3 个“三件套”才能够充分展示最高级别的境界。因此，可以推知用 2 个“三件套”的反山 M12 一定不是最高级别，一定不是王者级别。逻辑的力量真的势不

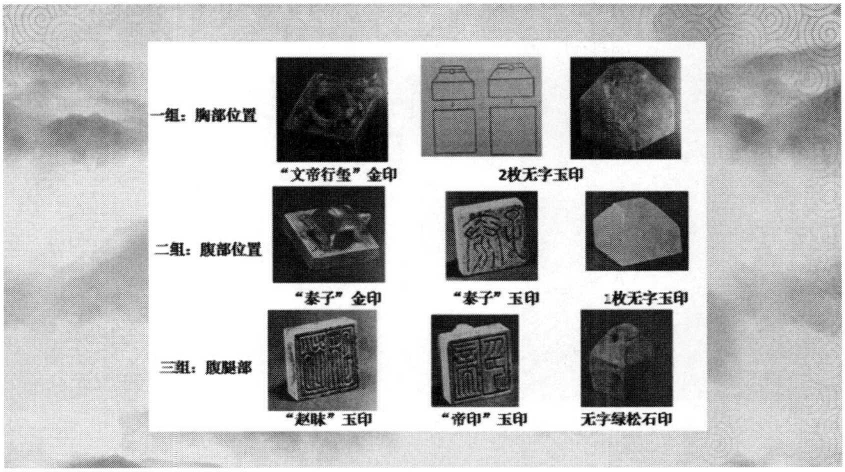

图 23-5 广州西汉南越王墓 3 个“三件套”印玺

可当，令人不能半途而废！

晚商时期出土三件套编钟或编磬的墓葬并不少见，成倍数增长的特点与良渚玉琮的情况相同。但更能说明问题的则是广州西汉南越王墓。此墓使用 3 个“三件套”印玺随葬是前文对良渚玉琮“三件套”认识的有力支撑[14]（图 23–5）

研究表明，南越王墓是僭越古制的典型代表，其印章称玺，用龙钮，包括 3 个“三件套”都有过之而无不及。“三件套”的印章分别在胸部、腹部和裆部各放置一套。据《汉书》记载，鉴此，可以断言，只用 2 个“三件套”的反山 M12 断不是良渚古国的最高级别，其顶级墓葬至今仍然埋藏在未知世界的幽幽深处。“琮王”的微刻图案原本是该祭司着装后的装扮模样，而不是古国最高首领的王者形象，更非是神祇形象。如同安徽含山凌家滩的玉人是墓主人生前的造像、湖北天门石家河瓮棺葬出土的人面玉挂饰是祭司本人着装后的模样一样[15]（图 23–6）。都不是凭空想象、自由发挥的艺术作品，而是源于生活的真实写照。这些神秘的人物造型与图案，娓娓道来的是墓主人显赫的身份、职业，以及享受的特殊待遇。

图 23-6　湖北天门石家河遗址的人面玉挂饰
（1、2 石家河遗址 W9，3、4，《中国玉器通史·新石器时代南方卷》）

按照反山墓地的经验，特殊的挂饰乃是当时祭司在祭祀活动中必须佩戴的标志性物件，是特殊权力的证物。因此，每座墓葬都毫无例外地出土玉挂饰。令人感慨的是，时光流逝了近千年之后，湖北天门石家河古国依然坚守着长江流域古老的传统。

综上所述，有理由认为：第一，距今 5000 年左右，长江中下游地区不同考古学文化与人物形象有关的玉器与的印章的用途关系密切，而与神权、神教风马牛不相及。第二，活跃在不同考古学文化中的不同器物却拥有相同的性质、相似的意义与共同的使命，原因是它们都出自“讲礼”的墓葬而非社稷宗庙的废墟。它们共同演绎和展示凌驾于世俗文化之上还有超级的力量、传统的约束和特殊的记忆，由此组成看不见的社会控制系统在早期中国甚至发挥主导作用。研究表明，这类器物在中国古代社会原本是一种证物，也用于契约、联盟的场合。第三，它们都是中华玉文化的瑰宝，是石破天惊的古礼使者，是中华传统礼制“不绝如缕”的铁证！古礼显然如同经络一样，虽然没有皮肉、血液和骨骼那样鲜活、那样具体、那样一望便知，可是它却无处不在，堪称文化的命脉、精髓与基因。

距今5300~4000年，游弋于长江两岸的不同考古学文化亮点辉映，此起彼伏，形成了接力发展，领跑式传承的格局。具体的器物就是以玉器为载体，以人物形象为特征，其时间跨度长达千年之久，其精神观念洋溢天地之间，生生不息顽强传承，是滋润《周礼》的肥沃土壤。古礼是润滑剂、黏合剂、催化剂，主宰并制约中国考古学文化的包容性、创造性、持续性发展。长江流域的古礼在早期中国占有特殊重要的地位，是独特的礼制类型与体系。其标志清楚，等级清晰，内容丰富，源远流长。这里的白陶和玉器以惊世的面貌和神韵屹立在早期中国的文化之巅，与黄河流域的彩陶遥相呼应，地标的作用十分鲜明；这里的抽象表意符号和细腻的艺术品位与黄河流域大相径庭，文化的分野格外醒目；这里的祭祀理念和传统风格与黄河流域迥然有别，古礼的格局泾渭分明。令人震惊的是，这些重要的精神文明竟然发生在距今8000年左右、甚至可能是更为久远的年代。长江流域无疑是早期中国古礼发生发展的重要策源地。因此，要着眼于文化的大传统、文脉的大格局、文明的大趋势，跳出良渚研究良渚，视野才能拓宽；深入发掘制度性文化，思想境界才能提升；认真把脉中国的文化基因，才能实事求是地讲好中国故事。

从玉人、“琮王”到人面玉挂，经历了从立体到平面，从站姿到坐姿，从整体到局部的变化，进一步发展到更抽象的表述应该是顺理成章、水到渠成的事情。当然，不是所有的玉琮都像“琮王”那样拥有标明上岗资格和身份等级的印记。因此，微刻图案的意义更显得超凡脱俗。过去很多研究对《周礼》关于“苍璧礼天，黄琮礼地”的解读，分析的焦点都集中在如何使用它们进行祭祀活动。而今观之，这些器物乃是祭司生前拥有从事祭祀活动的资格证明，而“琮王”则拥有资格证和等级证双重意义。这样的认识当更接近历史的实际。原来，距今五千年前的早期国家古礼的组织者，也持有为官的证物，宛若后世没有玉玺就不能监国一样。所以，对早期中国礼器的解释，还不能过分依赖后世文献的相关解读，因为，毕竟“时过境迁”误读误判的可能性在所难免。中国考古学的意义也就正在于此。

“琮王”道出了祭祀活动在良渚古国占有极其特殊的重要地位，相当的频繁与活跃。反山 M12 的级别高于瑶山的墓葬，前者埋在古城之内，后者则在古城之外，有力的支持以“三件套”标准考察良渚玉器墓葬级别的认识。这两个祭祀集团对祭坛的垄断，虽然能够证明他们在精神生活和社会生活的较高地位，但是，并不能证明它们的级别有多么至高无上。两者大异于良渚文化其他遗址的是，只有徽号抢眼的玉琮层出不穷，却没有一例与多节高体玉琮的混搭组合，后者正是良渚军事制度的见证[16]。与“琮王”同样拥有神秘微刻图案的器物，在反山 M12 还有编号为 100 的玉钺和编号 103、91 的权杖瑁和镦，它们都是祭祀活动的仪仗类用器。所以，反山和瑶山但凡出玉钺的墓葬都仅有一件，不像福泉山、邱承墩遗址墓葬那样数量较多，且使用痕迹明显。反山和瑶山玉钺的用途明显在于展示威仪，震慑场面，而非武器。在早期中国，一种器物两种或多种用途本是极其平常的事情，根据其存在的环境和特征判断和推测其性质才符合科学研究的规律。有鉴于此，莫角山古国的祭祀与军事两大系统极有可能是完全分立的两个独立系统，“琮王”的主人及其伙伴们只是其系统之一，它们的着装形象紧扣祭祀的主题，如同石家河的祭司一样，专业特征明确，王者的霸气显然不足。

中国考古学的经验证明，要正确认识中国古代社会必须坚持从已知推未知的原则，而不是相反。晚商时期殷墟发掘的考古资料是中国考古学的基石，也是研究早期中国的基础。殷墟卜辞有很多关于祭祀神祇的内容，有大量祭祀自然神祇的活动，然而，又有谁能说殷墟时期是神教社会？这个时期青铜礼器上的饕餮纹饰比起良渚“琮王”微刻图案更狂野、更狰狞、更神秘、更赋予想象力，可是，为什么没有研究称其为神教重器？原因是殷墟卜辞表达出那个时代商人礼制体系的严密、完整和有序，不仅规范了魍魉世界的英雄座次和具体的活动内容，并且将其纳入礼制的麾下。可见，有祭祀神祇的社会不等于是神教社会。

本文曾发表在纪念张忠培先生文集中（故宫博物院：《纪念张忠培先生文集 · 学术卷》，故宫出版社，2018），后略加修改。

注释：

1. 浙江省文物考古研究所：《反山》，文物出版社，2005年。
2. 贺刚：《湖南洪江高庙遗址考古发掘获重大发现》，《中国文物报》2006年1月6日。
3. 卜工：《历史选择中国模式》，科学出版社，2009年。
4. 上海市文物管理委员会：《福泉山——新石器时代遗址发掘报告》，文物出版社，2000年。
5. 浙江省文物考古研究所、香港中文大学中国考古艺术研究中心编：《良渚玉工》，中国考古艺术中心出版。
6. 浙江省文物考古研究所：《瑶山》，文物出版社，2003年。
7. 卜工：《文明起源的中国模式》，科学出版社，2007年。
8. 浙江省文物考古研究所：《瑶山》，文物出版社，2003年。
9. 南京博物院、江苏省考古研究所、无锡市锡山区文物管理委员会编著：《邱承墩——太湖西北部新石器时代遗址发掘报告》，科学出版社，2010年。
10. 南京博物院：《苏州草鞋山良渚文化墓葬》，载徐湖平主编《东方文明之光——良渚文化发现60周年纪念文集》，海南国际新闻出版中心，1996年。
11. 南京博物院：《1982年江苏武进寺墩遗址的发掘》，《考古》1984年第2期。
12. 郭沫若：《安阳新出土的牛胛骨及其刻辞》，《考古》1972年第2期。
13. 陈雍：《海昏侯印章之密——案边胜语之九十一》，《今晚报》2016年5月25日
14. 广州市文物管理委员会、中国社会科学院考古研究所、广东省博物馆：《西汉南越王墓》，文物出版社，1991年。
15. 刘辉：《石家河遗址2015年发掘的主要收获》，《江汉考古》2016年第1期。陆建芳主编，方向明：《中国玉器通史 · 新石器时代南方卷》，第276页，海天出版社，2014年。
16. 卜工：《文明起源的中国模式》，科学出版社，2007年。

悟道者说

目前，学术界所有关于良渚文明的研究都处在推测和假说阶段，因为对良渚王权的认识缺乏明确标准，用良渚古城的年代论证良渚文明年代上限也很不专业。祭祀集团是良渚社会的知识阶层、精英势力。用高矮两种玉琮表达他们对文治与武功的理解更是一种创造，良渚率先进入城池林立的邦国阶段，但绝不是中华文明的起点。

二四、古蜀文明　系中华宝藏

（多元一体的实证）

古蜀文明

犹如灯塔一样

照耀着长江上游乃至中国西南

解读

“回扣案”

图 24-1 《成都商报》整版报道

此文系 2019 年 3 月 2 日，成都金沙讲坛开坛 10 周年暨 2019 年首讲的讲稿（图 24–1）。我从未在四川做过考古工作，怎么会到成都去讲演？话还要从到 2017 年 11 月份说起。那年我同广州欧科集团总经理王勇去成都市文化局信息中心联系业务，遇见时任市委宣传部副部长的师弟母涛。他是吉林大学考古专业 84 级本科，张忠培的硕士研究生，1989 年在山西忻州游邀遗址考古工地实习，所以，我们既是同门师兄弟，又有师生之谊。多年未见，母涛已经相当成熟，取得经济学博士，主持过很多研究项目，颇具学术型领导的风范。他说省委宣传部正在推进古蜀文明探源研究，目前对三星堆文化、金沙文化的认识还不充分，希望我从早期中国的角度谈谈自己的看法。可是，在“满天星斗”的体系中，我最不熟悉、最缺乏想法的就是古蜀文明。因为缺乏文献的信息，古蜀的传统与中原地区又完全不同，出土的很多青铜礼器是闻所未闻，见所未见，难度系数因此很高。自 1986 年两个祭祀坑问世以来的 35 年间，几乎所有的考古名家都三缄其口，即或来成都交流，也不过是讲讲中国考古学的前瞻或回顾性的话题，决不会深入涉及古蜀文明。由此可见这个题目的难度有多么大！所以，当时我就搪塞过去了。翌年，再去成都，母涛又提此事，并直接给出“古蜀文明与早期中国”的题目，在场的四川省考古研究院唐飞院长表示积极提供书籍、照片和资料，我看实在是没道理再推托，便硬着头皮应允下来，因为我是专搞古礼制度的，过去的很多观点也需要验证，学术攻关必须迎难而上。

经过两个月的分析和思考，终于从玉璋图案中发现铜人头像性别区分的关键线索，青铜礼器的列器套件制度和祭司集团的存在，从而找到了解读古蜀文明的切入点。第一稿完成后便发给母涛，没想到竟然被这位好学生给“枪毙”了。原因是牵扯考古学史过多，涉及古蜀文明的太少，有顾左右而言他之嫌。他嘱我多在古蜀文明方面下功夫。一个月后，我交上推倒重来的第二稿，母涛阅后认为可以开讲。接下来，我就只有精心准备我一生中最重要的讲演。因为，古蜀文明太有挑战性，祭祀坑的器物太有故事性，可要做到通俗易懂，深入浅出那就不容易了。因为时间关系，只能围绕祭祀坑器物特征、组合意义和场景再现，从礼制类型的角度加以分析，显然，这是我的独门武功，不会重复前人的研究。2019 年 3 月 2 日下午，在成都博物馆学术报告厅，金沙讲坛 10 周年纪念首讲开始。会场上座无虚席，但又鸦雀无声，没有一点喧哗，大家跟着我思路，走进了古蜀文明的记忆深处（图 24–2）。

图 24-2 2019 年金沙讲坛首讲的现场

下面的文字分三题：

（一）金沙讲坛发言提纲

各位来宾、各位朋友，女士们、先生们，大家下午好！很高兴很荣幸来金沙讲坛分享古蜀文明与早期中国的研究。我想请诸位跟随我的思路，跳出古蜀看古蜀，穿越历史的长河，追溯古礼的制度，看古蜀文明的特征。

1. 考古发现改写历史

古蜀文明和早期中国都不是来自历史文献的概念，而是中国考古学的发现与发明。它们是深藏地下的无字天书，是尘埃湮没的光辉岁月，是科学发掘的鲜活历史。在中国考古学出现以前，它们一个被视为神话故事，一个被称作"传说时代"，不论是学术界还是民间都缺乏完整的认识，虽然充满敬意，挥之不去的却是朦朦胧胧，半信半疑，似有似无，模棱两可的感觉。也有的研究将后者称为五帝时代，或者中国上古史，近年来讨论比较热烈。前者史籍见于《山海经》《华阳国志》《蜀王本纪》、李白诗篇等文献。虽不是正史，但也绝非空穴来风。自从有了考古学，现在的说法就不一样。

20 世纪 80 年代中国考古有三个震撼世界的重大发现，引领中国古代文明探源研究不断掀起高潮，古蜀文明与早期中国的概念因此逐步完美和丰满起来。第一是 1983—1985 年辽宁红山文化祭祀冢群和牛河梁女神庙的破土而出，著名考古学家苏秉琦先生提出中国文明起源多样性的"满天星斗"学说，中华文明五千年的认识得到广泛传播[1]。第二是 1986 年浙江良渚反山、瑶山高等级玉器墓葬重见天日，引起学术界高度重视，随后，良渚古城的发现，水利工程的确认，奠定 5000 年中华文明实证的坚实基础[2]。第三个就是今天讲的古蜀，也是 1986 年，四川广汉三星堆两个祭祀坑精美绝伦的青铜礼器惊艳登场，古蜀文明的崭新高度极大丰富了中华文明的内涵，开启和推进了川西地区文明进程的研究，同时也刷亮了世人的眼球[3]。

这三个重大考古发现引发第一次中国古代文明起源研究热潮蓬勃兴起，持续时间长达 15 年之久。2001 年中国社科院启动"中华文明起源与早期发展综合研究"，简称"探源工程"，是文明探源的第二次浪潮，历时也是 15 年左右。第三次文明探源的浪潮是 2016 年国家文物局联合五部门发布“互联网 + 中华文明”的三年行动计划，目前，正如火如荼深入发展。这一波又一波的探源浪潮充分显示出考古发现的意义重大和影响深远，赋予中国考古学新的内涵。实践证明：发现历史、发明新知是中国考古学的本质特点，也是区别于狭义历史学的关键所在。这三大发现中良渚文明的申遗走在前面，2019 年列入世界文化遗产名录。

在重大考古发现的推动与引领下，早期中国的理论应运而生。以前，学术界把夏代作为一个分水岭，研究社会发展史的称夏代以前的历史称为原始社会，其后为阶级社会；考古研究则称其前为新石器时代，其后为青铜时代；史学研究称其前为史前时期，其后为历史时期；文献学研究称其前为传说时代，其后为信史的阶段。随着考古资料的积累，这种区分的局限性越发突显出来。因为人们注意到，物质文化的序列几乎达到无缝连接的程度，这个所谓的分水岭实际上是个伪命题，一味地坚持就是把连续发展的中国古代历史人为地、主观地、武断地割裂开，不能正确的反映中国古代的真实状况。研究者开始思考如何实事求是地研究和表述夏代以前的中国历史。早期中国的概念就这样脱颖而出。但是，由于一些研究纷纷开始标榜自己发掘的遗址是最早的中国，说明对早期中国理论的理解还存在着原则性的分歧。不过，值得庆幸的是学术界已经形成共识，谱写早期中国历史只能依靠考古学的发现与发明，而文献记忆或国外比较研究只是参考材料[4]。

其中，以下几点认识尤为重要，必须反复强调。

第一，早期中国不是一个国家的概念，而只是时空框架的概念，意涵是西周以前中国这块土地上所有考古学遗存的统称。具体时间跨度大约是距今 15000~3000 年。即西周以前，有的地区可能晚到东周时期。早于这个历史阶段的是前期中国，晚于此阶段的是古代中国。再以后才是近代中国、现代中国。这是中国考古学探索多民族国家形成与发展的基本原则。目前的认识还有很大局限性，发现的资料也只是冰山之一角。还有更多难以估计的精彩、精华和惊奇深深埋藏在中华大地的下面。对此，考古工作者深信不疑。

第二，早期中国是古礼时代，礼仪之光汇成文明火炬。考古学是通过礼制认识古代文明成就的，古蜀文明就是见证。大家都知道，《周礼》是中国古代礼制的集大成者。是第一部成文的礼制典籍。但是，此前必有更加古老的礼仪制度存在，否则，周礼就有从天而降之嫌，成为无源之水、无本之木。这个早于周礼的礼制就叫古礼。礼制的发生发展、成熟完善是中国古代社会独特经历，也是中国古代文明起源的基本脉络，是中华文明的核心特色。这个早期中国的基本理论我称为“文明起源的中国模式”。

第三，早期中国考古学文化有区系类型的问题，文明的发展也存在区系类型的问题。在中华文明庞大的体系中存在农耕经济、草原游牧、森林狩猎和海岛渔捞等不同的生业群体，他们的发展道路不同，进步的方式迥异。早期中国古礼天下主要指农耕经济为主体的地区，不含其他的经济类型，目前已知的中国古礼发源地是农耕经济的地区，有两大系统，多个类型。一个系统是黄河流域及其北方地区的萨满系统，其影响范围可达到草原游牧和森林狩猎等经济类型。另一个是长江流域的傩礼系统，其影响方向是南部中国，甚至可及沿海地区和海岛渔捞生活的群体。多个类型有八个地区：

彩旗飘飘仪礼草创（黄土）；庙坛玉佩祭祀神话（辽河）；等级秩序酒礼出台（齐鲁）；文化旋涡诸礼杂糅（江淮）；道具天下傩礼崇拜（太湖）；极目楚天礼乐当先（江汉）；国家祭祀傩礼巅峰（川西）；俗化百越礼教南疆（岭南）。

第四，早期中国研究的抓手是超大聚落、超级工程、超常祭典、超凡礼器。文明起源和国家起源是早期中国理论的重大课题和关键内容。因为其精神实质与西方文明标准完全相同，都是强调社会动员能力、组织能力和管理能力，都是展示人类知识成果的精华。例如，埃及的金字塔、罗马的竞技场之所以有震撼力，就是因为它们都是超级工程。人们难以想象在生产力水平极其低下的古老年代，竟然拥有如此惊世骇俗的社会动员能力、组织能力和管理能力去完成这般匪夷所思的壮举，所以，才有感叹、惊叹和赞叹！其实，这种社会动员能力绝不是空话，是可以通过劳动量的数字化计算进行比较研究的。中国古代也有很多超级工程，但几乎都是软遗址，只能根据残留的基础部分换算其工程量的规模，精彩的部分早已荡然无存，所以是打了很大折扣的。尽管如此，我们依然力挺此标准。没有标准何以做研究？何以论文明？何以称自信？有研究说红山是文明，有研究说良渚是文明，也有说宝墩是文明，所依据的究竟是哪家标准？如果是西方的标准，这些地方都没有城市、文字，更没有青铜器，那凭啥是文明呢？中国学术界从来没集中讨论过自己的标准，甚至连基本的共识都没有！探源研究不是为考古发现颁奖，不能仅仅满足于说什么是，更要回答为什么和怎么样的问题，所以早期中国的理论就显得非常重要了，因为，只有这个理论明确地提出中国古代文明起源的特征是礼制的发生发展，成熟完善，由此提出超级工程、超大聚落、超常祭典、超凡礼器是中国古代文明起源的标准。古蜀文明的研究再次证明早期中国的理论符合中国古代实际。新时代的中国考古学，就是要根据软遗址刮出的硬道理，旗帜鲜明地提出中国特色的文明标志，在理论与实践的结合上论证和回答中华文明起源等一系列重大课题。文明探源更强调文化自信，什么是文化自信？那是一种觉悟、一种精神、一种境界，是一种特殊的财富！

2. 古蜀文明独树一帜

以往，人们只了解中原地区的青铜礼器，以为那就是中国古代青铜文明的全部，就是中国古礼唯一的至高境界。可是，川西平原发出一个浑厚低沉的声音：且慢！中华文明还有别样洞天，这里还有更多精彩！从新津宝墩、广汉三星堆到成都金沙，每一次重大考古发现都令天府百姓豪情满怀，令国人拍案叫绝，令世人叹为观止，令学术界激动不已。夏商周考古学的一代宗师邹衡先生曾经充满激情地赞叹三星堆的规模与郑州商城等量齐观，与鼎盛时期的商人都城相提并论，就是极高的评价！

为什么大师如此激动？因为自 1928 年河南安阳殷墟发掘以来，人们就翘首以待目睹商代王朝的国家风采，可是经发掘的 13 座大墓（包括一座未完工的大墓），也就是晚商的王陵都尽数被盗，王者风范已然失色。三星堆祭祀坑完整保留又经科学发掘，怎能让人不兴奋、不激动？更重要的是祭祀坑的发现，揭开古蜀文明的神秘面纱，再现出古蜀祭典的王朝气派。1 号坑出土铜器、金器、玉器、琥珀、石器、陶器等各类器物 420 件，象牙 13 根，海贝 62 枚。2 号坑的青铜器 735、金器 61、玉器 486 件合计 1300 件。另外还有象牙 67 根，海贝 4600 枚。如此巨大体量的灿烂文明，如此举世瞩目的重要发现，如此神秘诡谲的视觉冲击，在中国考古学史上独领风骚。早期中国，也只有古蜀这位神秘的旅伴才拥有全面、持久与中原商王朝抗衡的实力，不是在个别的时间段上而是在历史的全过程中，并且能够在最后的关头完成致命的反击。这无疑就是古蜀文明的魅力所在！

三星堆的青铜器是古蜀礼制的集中代表。900 多件青铜器能够看出与中原王朝关系密切者数量不多，这反映出古蜀文明与中原既有联系，又有自己独立起源和与众不同的发展道路，在距今 5000 年以后的 2000 多年里始终保持传统，全面发展，在精神意识、物质文化和制度建设各方面都创造出奇迹，这在早期中国的其他地区是绝无仅有的。所以，原生性特征是古蜀文明的主流、本质和要害。三星堆、金沙的发掘成果表明，古蜀文明的核心则是礼制的精彩与高度，当时的祭祀是国之大事，是举国之力，是国家级别，绝非民间活动。因此，这些重要发现与以往见到的普通遗址大相径庭，精彩绝伦，神秘诡谲，空灵飘逸就形成一种特殊的感染力，给人们留下极为深刻印象。因为，礼制原本就是顶层设计的产物。谁说考古不是挖宝呢？考古学本身就是通过地下宝藏再现历史，宝藏的级别越高其魅力越是光彩照人！

1995 年宝墩古城在成都新津县城龙马乡宝墩村发现，其面积达 276 万平方米，碳 –14 测年为距今 4500 年左右，就该文化的陶器面貌而言，可以确定是三星堆文化的直接前身，是川西平原古蜀文明的早期阶段[5]。

2001 年 2 月，成都金沙遗址被发现[6]，这是三星堆文化之后古蜀文明的重要阶段，其年代大致在商周之际到春秋前期，与三星堆文化具有明显的继承性。至此，川西平原古蜀文明的发展线索就比较清楚了，从宝墩古国到三星堆、金沙王国的历史进程就清晰地呈现出来。一个独立起源、连续发展、特点鲜明的古蜀文明与中华文明的诸多历史丰碑一样巍然屹立在古代世界的东方。目前，学术界对古蜀文化不同阶段的面貌特征、年代分期、发展关系、谱系源流等问题的研究意见基本一致，取得了积极的共识。

《三星堆祭祀坑》这本报告做了很好的研究，提出许多新看法纠正以前的推测，对祭祀坑的年代、分期、性质、成因提出关键性的解读，30 多年过去了，其基本结论在今天看来依然闪闪发光，为后来研究奠定坚实基础。但是，有些问题还可以进行更深入探讨。通过古礼的思路分析早期中国的研究前人没有，采用宗教观点评说古蜀礼制的研究大有人在。早期中国虽然还有一定数量的原始宗教仪式和观念，但甲骨文研究证明，历史发展到王国时代它们早已被纳入古礼的体系，那些自发的、随机的、分散的、个体的活动已经被有序的、定期的、有组织的社会化活动取代，制度化、标准化、规范化成为礼制的外在表现和鲜明特征，其等级秩序则成为社会成员安身立命必须遵守的道德规范与行为准则。

毫无疑问，古蜀文明的精髓是礼制的发生发展、成熟完善。它是中华传统文化和早期中国古礼发展的辉煌成就，是长江流域农业文明近万年律动与积累的必然结果，与黄河文明相伴相生、相辅相成、相得益彰。那么，如何解读呢？

3. 蜀王祭典解读悬疑

古蜀文明的巅峰状态是三星堆、金沙遗址呈现的壮观与辉煌，它们犹如灯塔一样，照耀着长江上游乃至中国西南和更加遥远的地区。精彩纷呈的考古发现令人眼花缭乱，目不暇接。光彩夺目的稀世瑰宝让人热血沸腾，激情满怀。对于那些在中原地区不曾见过的青铜礼器人们先是惊叹、赞叹和感叹，然后又觉得错愕、不解和神奇。于是，关于它的起源、身份和周边关系等问题就引出种种猜想。

其一，高鼻深目的铜人头像和纵目大耳的兽面神器，与中原现实生活的人物与艺术作品的写实风格明显不同，难道它们是天外来客？抑或是西方文明的使者？起源之谜扑面而来。其二，三星堆祭祀坑几乎所有的人物形象都躲在面具后面，它们有的站立、有的跪蹲、有的全身、有的仅为头像，但面部表情却规范统一，千人一面，它们赴汤蹈火在所不惜，究竟是何方神圣？身份之谜接踵而至。其三，青铜礼器端庄厚重，兽面纹饰复杂发达，一看便知有殷商青铜礼仪的影响，人们不仅要问它们与古蜀究竟是敌是友？关系之谜突显出来。

显然，这些疑点恰恰正是古蜀文明的亮点。在互联网＋中华文明深入开展的今天，简单的描述性介绍已经不能满足社会期许，只讲热闹不说门道难以成为中国故事；科学破译悬疑，精准解读困惑，既是推进古蜀文明深入研究的大势所趋，也是推进互联网＋中华文明国家战略的客观要求。

第一，蜀王祭典尽显古礼精髓。考古学研究古代遗存，不论是年代分期的探索、文化因素的识别、文化性质的确认、谱系源流的追溯都是依据器物组合的时空变化得出结论，寻找规律和逻辑是第一要务。三星堆发表的资料中，本地特色的神树、神殿、铜立人、兽面具、铜人头像等绝大部分器物都是中原地区见所未见、闻所未闻的，其知识产权完全属于古蜀文明的创造，这些土生土长的青铜礼器又如何能跟早期中国的古礼扯上关系？显然，不认真回答这个问题，就不能说明中华传统在古蜀文明中的精彩绽放，也难以理解古蜀文明的核心价值。

分析三星堆祭祀坑的资料，首先映入眼帘的是“三件套”现象，它们鲜明突出，无所不在。这是古蜀礼制属于中华古礼大系的铁证。典型的“三件套”（图24-3）有一些器物因毁于大火，而不能确定其数量的，但亦具有三件套的倾向（包括其倍数）。神树可能是一大带两小，有两套，还有太阳形器，长得像方向盘，用途不详，就是六个个体。还有兵器等，就连虎牙也是三枚一组。这种规律性的现象就是制度存在的见证。三星堆祭祀坑报告推测当时的场景应有布置，器物的放置除规定顺序之外，礼器还有固定的配套数量，这就是古礼“三件套”制度。

研究表明，中国古礼的核心是等级秩序，其考古学特征就是器物的使用具有等级制度的规则，例如，周代的列鼎制度。天子用九鼎八簋，诸侯用七鼎六簋，大夫用五鼎，士用三鼎，级别不同配套器物及其数量都不相同。这种等级制度最初的表现形式就是“三件套”，它滥觞于距今5300年前后的长江流域，从一种器物发展到多种器物的配套组合，从一般器物发展到特殊器物的配套，在墓葬的随葬品中特别显眼，通过器物的配套组合及其数量的多寡往往能够确定一片墓地中不同墓群的级别，同一墓区中不同排列的级别。“三件套”是现实生活中等级制

图24-3　古蜀礼制三件一套

度存在的缩影和代表，是长江文明的杰出贡献。

需要指出，对古礼“三件套”的认识有一个历史过程。《史记·龟策列传》有“周公卜三龟”的记载，但语焉不详。1972 年郭沫若先生在《文物》第 2 期发表《安阳新出土的牛胛骨及其刻辞》一文，明确提出商人“卜用三骨”的祭祀习俗，文中的附件提及殷墟发掘多见三件一套的石磬、铜铙。后来《文明起源的中国模式》将视野投向更广阔的区域和更早的年代，才确认比殷墟更早的很多考古学文化都有“三件套”的现象。新现象对应新制度，小器物蕴含大道理，古代军功爵位的萌芽线索，早期古国行政构架的管理级别，古礼等级滥觞与成熟的标志等一系列制度文化的大课题就此浮出水面。

经验表明，在一考古学文化中不是所有的器物都有资格进入“三件套”序列，只有极个别的器物才享有这种特殊待遇。在良渚文化，玉琮是代表。浙江余杭良渚反山与瑶山，江苏苏州草鞋山、武进寺墩、无锡邱承墩、上海福泉山等遗址都有三件套玉琮的发现。多数墓地一般都只有一座墓葬出一个“三件套”，其墓主人应该就是那里的首领。就像上海福泉山遗址 30 多座墓葬只 M40 出一个“三件套”。浙江余杭反山和江苏武进寺墩遗址是一座墓葬里出两个“三件套”的重要地点。

在安徽含山凌家滩文化，玉人是代表。年代再晚则是印章为代表：长沙马王堆 2 号汉墓和江西南昌海昏侯墓的随葬印章都是三件一套。由此看来，用以表示身份的器物容易进入“三件套”的行列。在三星堆，“三件套”现象几乎是青铜礼器的全覆盖，从而令长江文明的青铜时代达到制度化的巅峰状态。

“三件套”有普通与特殊的区别。普通三件套由三件一模一样的器物组成，郭沫若先生讲的“卜用三骨”便属此类。特殊“三件套”是由三件列器所组成，配套的意义更加明显，指示级别的意义更加清晰。什么是列器？就是具有发展变化关系的器物。不仅仅形体由大到小，还有根据玉琮节数的多少显示，钻孔数量的不同指示，刻痕多寡来表现（图 24-4）。三星堆的发掘者注意到祭祀坑中的玉石器普遍存在此类现象，在报告中特加注明，值得称道。

特殊“三件套”的典型是安徽含山凌家滩 87M1 和 98M29。在上一章曾讲过这两座墓葬（参见图 23-3）。87M1 的甲乙丙 3 个玉人手臂上的刻痕分别是 5、

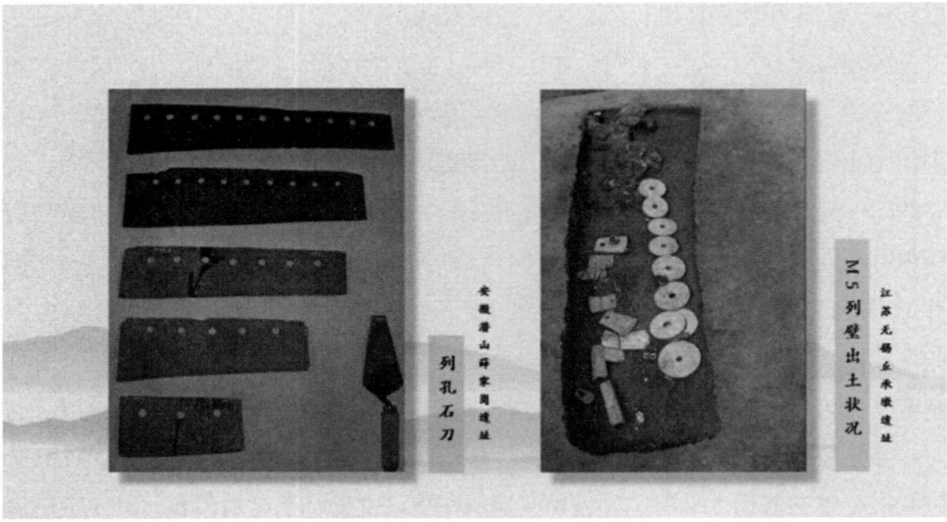

图 24-4 列孔石刀和玉列璧

5–6、7；98M29 的 3 个玉人分别是 6、7、8 道刻痕。这些痕迹应该是表示不同时期不同级别墓主人佩戴手环的数量，既能够表达出一种发展演变和进步的逻辑，又可以证明其身份等级的变化，揭示出官阶制度已然在当时社会上流行。值得注意的是：这里玉人的小平头与三星堆的平顶铜人头像颇有异曲同工之妙。

普通与特殊“三件套”混搭使用，可以指示身份。其代表是良渚反山 M12。此墓出 6 件玉琮，分 2 个“三件套”，一个是 2、3、4 节的列琮组合，另一个是 3 件相同的 4 节玉琮组合（参见图 23–4）。

古礼“三件套”还有表示双重身份的意义。在早期中国，“国之大事，在祀与戎”，但凡墓主人生前掌管这两种工作，其双重身份往往能够留下痕迹。在游人如织的南京博物院，许多观众驻足在展厅中江苏武进寺墩 M3 的原状陈列前，那是 2 个“三件套”与一支由多节高体玉琮组成的列琮梯队的混搭组合的出土场景。该募出土 33 件玉琮，是目前已知一座墓葬中出土玉琮数量最多者。其 2 个“三件套”与反山 M12 级别相同另有 27 件多节高体玉琮组成玉琮列队，其节数分别为 15、13、12、11、9、8、7、6、5、3（图 24–5）。研究表明，多节高体玉琮也是级别的象征，指示军阶的高低，与“三件套”的行政级别不同。显然，这座墓葬的主人

图 24-5 江苏武进寺墩 M3 两套玉琮

曾经是掌管祭祀与军事活动的首领。此墓颇受学术界关注，既为理解墓主人从士兵到将军成长经历增加了历史内涵，同时又成为那个时代存在“双重身份”的铁证。此墓 6 节的玉琮 7 件，7 节的 8 件，8 节的 2 件，9 节的 3 件，13 节的 2 件。按一个序列计算显然有多，多出的玉琮可能表示墓主人在不同军阶时期的业绩状况。目前已知 19 节玉琮是节数最多的，在中国国家博物馆和大英博物馆各藏一件。推测最多节数的玉琮应为 20 节，若一节代表领导 5 人，则 20 节玉琮正是百夫长的证物。“三件套”玉琮曾经是研究良渚文化墓葬等级的抓手，现在看，也是古蜀文明属于中华文明家庭成员的有力证据。

历史奇葩还有僭越“三件套”的存在。广州南越王墓使用 3 个“三件套”印玺，分别在胸部、腹部和裆部各放置一套。据研究，此墓是僭越古制的典型代表，其印章称玺，用龙钮，包括使用 3 个“三件套”都超出了诸侯王的级别（参见图 23-5）。可见，“三件套”具有指示等级意义的推断能够成为铁案。鉴于此，可推知三星堆 2 号祭祀坑的规格明显高于 1 号祭祀坑，是古蜀的王者级别。2 号坑安置了多种“三件套”礼器，其中，3 个特殊“三件套”的铜兽面组成顶级“三件套”代表此坑的最高级别。其列器发展变化的逻辑是眯缝眼到圆眼再到大下巴的装饰。此坑三个铜

图 24-6 “顶级三件套”王者风范

兽面的“三件套”填补了从良渚文化到南越国时期的时间空白。从凌家滩、良渚、三星堆，以及汉代印章的出土情况推测，早期中国古礼“三件套”可能与当时的地方政权三级制有关。秦始皇统一天下后实行三级行政管理制度，就是在此基础上建立的（图 24–6）。

最后是人们熟悉的动作“三件套”。人们对“三拜九叩”这个成语一定不陌生。一拜要磕三个头，所以三拜磕九个头，这是中国古代最高规格的动作大礼，对象只有天地君亲师。显然也是 3 个“三件套”。此外，成语“三件套”就更是不胜枚举了，例如“三人行必有我师”“事不过三”“举一反三”，如此等等。

需要指出，如果在某一考古学文化中发现“套件”制度的现象，那么肯定会涉及多种器物。例如，良渚文化反山墓地的头饰、服饰、玉钺等。但是由于它们不具有普遍性，不像玉琮那样特殊而又常见，所以，不具有代表性。同理，三星堆文化中存在多种器物的套件制，但铜兽面确是长江流域最常见而又最富有特点的器物。因此是最有意义的器物。不过，多种器物的套件现象更可以全面揭示这种特殊制度的存在与普及。

为什么反复讲“三件套”及其数量多寡？因为这是早于周礼的古制！在已知

的资料中，只有古蜀的经验可以证明顶级“三件套”是王者待遇、国家级别，支持笔者对良渚文化的研究。也就是说，只用 2 个“三件套”的良渚反山 M12，不是那里的最高级别，良渚的王墓至今尚杳无音信。

在中国学术界，几乎所有的研究都根据反山 M12“琮王”上微刻图案称其墓主人为良渚神王。然而，那图案原本是这位傩师着装后的模样，是所属人的记号，是傩师身份的证明。倘若不加分析、无限放大其意义，将墓主人推上良渚国王的宝座，进而渲染良渚神权至上的信仰，甚至为神权国度，那就完全背离了事物的真实。因为，相似的徽号在反山和瑶山有着极其醒目的区别，虽然都是 Logo，级差却能够表现出具体的人物形象。当我们研究了古蜀文明以后，就更加明了那是傩，是傩的徽号！良渚文化中始终存在长江流域古礼的线索，傩礼的光芒始终在良渚闪耀，只是很多研究并不认识，未加注意而已。为什么要反复与良渚比较？就是因为古蜀与良渚有共同性，属于相同的古礼体系，因为我住长江头，君住长江尾。都是大傩礼，潮落又潮起。逻辑的力量不可阻挡，古礼源远流长，传统千古一脉。长得不一样，基因却相同，古礼道出了古蜀文明的核心特色就是中华传统！

第二，蒙面铜人都是何方神圣？这里要讲述它们的身份之谜。考古类型学不仅研究器物形态的变化，也关注头型发饰、穿衣戴帽。三星堆报告认为铜立人像和跪坐人像是巫祝形象，而那些铜人头像是祖先亡灵的形象。但是，为什么不同的祖先要弄成千人一面的固定样式？难道是防止后人分辨世系认祖归宗吗！为什么它们都做成可移动的？难道要在宗庙里搬来搬去反复折腾不成！为什么祖先的形象要被折磨到七窍流血的程度仍不肯罢手，还要丢入坑中焚尸灭迹？！种种疑窦，令人费解。然而，这正是揭开古蜀文明神秘面纱的关键所在。细节是魔鬼，细节出故事。这里没有可以被忽视的器物，只有需要认真分析的现象。

按报告的描述，三星堆祭祀坑共出铜人头像 57 件，1 号坑 13 件，2 号坑 44 件，出土时一些人像的口缝、鼻孔、耳孔涂有朱砂，眼眶眉毛和头发绘有黑彩，可能有七窍流血的寓意。报告说“器物是分门别类且按一定顺序埋入的，在埋入之前似乎举行过某种仪式”，显然，也包括这些千人一面的铜人头像，它们是祭祀活动的重要组成部分，不仅反映场面，也表达内容。所有的祭祀用器和摆放的顺序，以及祈福、燔烧到掩埋的过程，无疑是一种特殊的语言。世界上许多语言原本就

图 24-7 铜人头像大有文章

是无声的。正所谓，此时无声胜有声。

头戴面具的铜人头像，虽然形形色色，但给人以各司其职的感觉（图 24-7）。它们有的饰金面罩，有的饰冠，有的圆头，有的平头，有的脸长，有的面宽，看上去扑朔迷离，无从下手，但形态学研究、统计学的方法还是可以发现一些关键性的历史信息。主要有头型头饰的信息、实际级别的信息、年代变化的信息。但更重要的是：解铃还须系铃人。

三星堆 2 号坑的玉璋 [K2（3）:201_4] 记录了两种不同的人物造型，其头饰、耳饰和所穿之鞋完全不同，极有启发意义（图 24-8）。画面中平头平冠者耳饰为铃铛，穿尖头鞋，位置始终在上；另一种尖帽头（报告称穹隆形帽），耳饰为套环，似为裸足，地位处于平头平冠之下，头饰在中国古代历来是男女不同的标识。头饰的差别与地位的差别叠加起来，说明尖帽头是女性，平头平冠是男性。当然，还有很多资料支持这种认识（图 24-9）。所以，铜人头像虽然都戴着面具，但是圆头和平头的分别却是格外醒目（报告称圆顶和平顶），圆头人像的痕迹表明顶部原本是另有装饰，极有可能与玉璋尖帽头相同，但平头平冠者始终不变。有鉴于此，可以确定平圆之分是铜人头像的第一级分类标准，具有性别的意义；然后

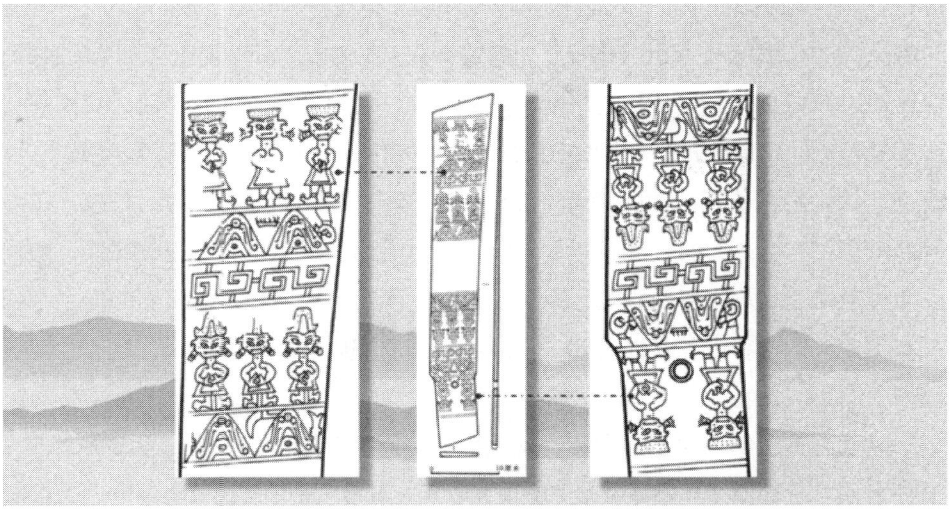

图 24-8　玉璋图案释读关键

图 24-9　古蜀男女各有所好

才是在圆头和平头的内部做类型的划分，有金面罩者为一型，无面罩为另一型；平头系列的分类标准为是否有冠。无冠的铜人头像数量最多，根据其面部的长宽之比可以分析它们制造年代的早晚，长脸者晚，短脸者早。男性平冠、女性则有尖顶头饰的认识就是放在早期中国的大格局中考察，仍然具有非常重要的启示性意义。徐中舒在论及《古代楚蜀关系》[7]引《黔书》关于“男子帽而长襟，妇人笄而短襟”的记载，对于理解三星堆铜人头像的男女区别也有积极的意义。前述安徽凌家滩玉人均为平头平冠，系男性无疑；西安半坡文化鱼纹人面的形象中那些有尖顶头饰物者都与女性有关；安徽屯溪西周铜俑皆戴尖顶头饰，且女性特征清晰（图 24–10）。

这批铜人头像与铜立人像和跪坐人像的绝妙搭配组成祭司队伍的豪华阵容；与神树和神坛等诸多礼器的相映成趣则指示它们赴汤蹈火的任务使命。它们是铜立人的下属队伍，象征着祭祀大典的有生力量；同时也是保家卫国的战士，系拯救危机重建家园的主力部队。从祭司集团的性质分析，一切现象都可以得到合乎情理的解释。倘若相反，若把它们当成祖先则有悖常理，人世间哪有用焚烧祖先来祭祀祖先的先例？还要让它们七窍流血，痛苦至极？从中华文化的传统看，那

图 24–10　安徽屯溪西周铜俑

叫欺师灭祖，那叫大逆不道，那叫人神共愤。

所以，可以断言，在三星堆，这两个坑是祭祀坑不错，但铜人头像与祖先毫无关系，它们表现的是一支祭司集团的豪华阵容，是一种制度规格的具体表达，是蜀王决意力挽狂澜的真实象征。整个祭祀活动在神秘的蒙面仪式中进行，有固定的仪式程序，规范的礼器使用标准，严守“三件套”古制，用铜偶献祭，等等，都可能是国家祭祀的最高规格。古蜀祭祀与中国古代所有祭祀一样强调庄严肃穆、神圣隆重的氛围，佩戴面具，统一着装；摆放礼器、安置祭品；宣读誓言，顶礼膜拜；杀牲献祭，燃柴燔烧；场面震撼，动人心魄，难以忘怀。这些特点与文献关于傩的记忆非常相似，与近现代长江流域依然存在的傩有亲缘关系。只是过去的人们不知道其历史竟有如此久远古老，其规格竟能如此惊天地，泣鬼神[8]！所以，如若成功展示三星堆祭祀坑的铁血与壮观，就必须再现古蜀国家祭司集团的方队与阵容。

关于古代的巫先秦文献有很多记载。在男曰巫、觋，在女曰巫。然而，傩却疏于文字记录。《文明起源的中国模式》认为古礼有黄河与长江两大系统。黄河流域及其以北的地区为萨满系，长江流域及其以南的地区为傩系。黄河流域的祭司多使用慈眉善目的人形面具；长江流域多见降龙伏虎的兽形面具，是巫师与傩师明显的区别。当然巫师往往也用于祭司的泛指。在中国古礼体系中祭司集团包括有大量的傩师。本文的傩是指一种古礼的祭仪制度，而非只用于“驱疫”的仪式。用巫为人牲的记载文献屡见不鲜，焚巫的事件甲骨文也有记录。殷墟已经有使用陶俑的先例。1937 年殷墟第十五次发掘，在小屯村北地 C 区 YH358 窖穴发现 3 件陶俑（注意，也是三件套），有件带手梏的陶俑曾被选为初中《中国历史》的插图，其影响相当广泛[9]。“始作俑者，其无后乎？”是人们熟知的典故，三星堆祭祀坑中确有人骨发现，数量不多，估计焚烧祭司之举尚未完全销声匿迹，铜人头像正是改变原始野蛮状况的物证。古蜀的国家祭祀不仅有焚烧祭司的内容，还有使用替身的证据，其年代与晚商陶俑的使用大体同时，早于目前已知的漆木俑，这个历史线索非常重要，是研究古蜀礼制不可多得的实物资料。它的启发在于：古蜀礼制在很多方面并不低于黄河流域，他们不是被动的接受者，而是长江流域傩礼的继承者、创造者和贡献者；是中华文明滚滚浪潮的引领者。

在三星堆的祭祀大典中，代表男性的铜人头像数量多于女性，基本上是以男性为主的阵容，耳饰铃铛显示出男性的动作需要明快的节奏和整齐的声音；鞋更是长途跋涉必备之物，看来他们枕戈待旦能够随时投入战斗，与文献关于傩也是军事组织的记载完全吻合，证明前面对性别的研判合情合理，合乎逻辑，经得起推敲。

这些认识是探索未知世界的可喜进步，是古蜀文明研究的新成果。考古学是通过发现研究再现历史的，而器物形态、遗迹现象、遗物环境、痕迹特征、场景状况是重要媒介和证据，重复性的历史现象更值得重视和深入研究。

第三，虎头兽面源自长江奉献，是傩面具的主要题材。需要说明的是，殷商与古蜀本来就不是盟友。三星堆祭祀坑发现后，人们最先认识的就是其年代，因为这里出土的青铜尊、罍与殷墟文化的同类器物却非常相似，年代的确认不成问题。可是，这两个地点相隔千里，它们究竟是什么关系，这些礼制因素又是通过怎样的途径进入古蜀的呢？

以往川西地区的考古工作从来就没有发现过殷商文化因素，加之文献又没有相关的记载，所以，两者的关系并不清楚。甲骨文倒是有记载，但那大部分是在蜀地打仗或伐蜀的记忆（姚孝遂《殷墟甲骨刻辞类纂》有多条蜀的记载）。所以，可以断定晚商时期商王朝不是古蜀的盟友，没有材料能够证明它们曾经发生过直接的联系。三星堆的青铜器为探索这个问题提供了资料。李学勤先生指出三星堆青铜器兽面纹与湖北出土器物相同，与殷墟的区别较大，认为殷商文化因素是经长江中游地区传入古蜀，与今天湖北盘龙城、湖南宁乡同时期遗存关系密切[10]。这些精辟论述为进一步研究指出方向，说明兽面纹饰是认识商代青铜礼器的重要路径。

关于兽面纹的研究是个古老的话题，就像爱情故事对于文艺作品是永恒的主题一样，兽面纹对于中国青铜时代考古而言，也是永恒的主题。先秦文献《吕氏春秋》记录并命名这种纹饰为饕餮纹。北宋时期的《宣和博古图》用图录的形式告诉世人《吕氏春秋》说的饕餮纹究竟长啥样，这个名称因此在铜器研究中一直沿用到现在。近代以来，几乎都是大先生、大学问家最乐意讲饕餮纹的故事，瑞典汉学家高本汉、日本考古学家林巳奈夫，美国人类学家张光直，中国的考古前辈李济、陈公柔，张长寿、李学勤等许多大师级学者参与研究，著作颇丰[11]。如今，仍有很多高校的博士硕士研究生以这种纹饰为题材进行研究。不过，大多数学者不主张用饕餮纹的说法，认为称兽面纹或动物纹比较妥当。近年来，还有研究称其为幻想动物纹的，即现实生活中并不存在的神话动物形象。

1989 年江西新干大洋洲发现一座商代贵族墓葬，对进一步探索兽面纹具有很大启发。该墓出土 1900 多件精美的器物，尤其以青铜礼器的特色最为鲜明。殷墟常见的方鼎，鼎、鬲、簋的组合，都说明他们既不是接受商文化影响的土著，又非商文化的地方性变体，而是典型商人南下的结果。请看都是殷墟早期的年代，新干与三星堆却有天壤之别[12]。新干商墓有两个面具，1 件为羊首，另 1 件人形，这些因素显然不是长江流域的传统而与黄河流域的风格相近。该墓出土玉质牌饰，其兽面纹饰却是长江流域虎头虎脑的传统，显然，这既是墓主人主掌祭祀大权的凭证，也足以说明任何强势外来者都面临入乡随俗的大课题。此墓商文化因素浓郁，青铜礼器的传统与湖北、湖南和古蜀存在明显区别，充分说明商代长江流域的国别族属是相当复杂的课题，文化的交流与传播也有曲折的路线，不能简单地就事论事，而研究的视野应该着眼于长江流域的大传统，才能获得正确的认识。

新干商墓让人联想到黄河流域的巫师传统。请看黄河流域巫师长啥样（图 24–11）。此时的长江流域却是另一番风情。距今约 7000 多年前湖南沅水流域高

图 24–11　萨满祭司形象憨态可掬

图 24-12　长江兽面虎头虎脑（上排左起：反山、高庙、石家河；下排左起：新干、盘龙城、三星堆）

庙遗址的兽面纹饰精彩亮相，令整个学术界为之倾倒。那种规范的程度，那种精美的工艺，那种神秘的感觉让人回味无穷。而且，如影相随的都是祭祀活动的遗迹和遗物（图 24-12）。从湖南高庙、浙江良渚、湖北石家河、江西新干、湖北盘龙城再到广汉三星堆，长江流域的祭祀盛宴从来就不缺少兽面纹。

究竟什么是“兽面纹”的祖型？有人认为是龙，有的认为是牛，有认为是虎，还有人推测与河姆渡文化的鸟纹有关。其实，用一个概念概括所有的兽面纹显然不科学，新干商墓证明这种纹饰的祖型极可能存在南北不同的来源，龙虎牛都有可能，目前的研究需要根据古礼大系对具体问题进行个案研究，改变眉毛胡子一把抓的倾向。湖南高庙白陶是对虎头的夸张描绘，突出巨齿獠牙；良渚文化的特殊图案是龙是虎争论至今，但石家河文化的虎头形象已然进入成型的阶段，到了湖北盘龙城和广汉三星堆的虎头兽面纹则是进一步发扬光大。长江流域以虎头为蓝本作为祭祀徽号，然后发展成为大傩师专用的身份标识，或是标记或是挂饰，最后融入面具，其目的始终如一，渲染庄严神圣的祭祀氛围，鼓动顶礼膜拜的敬畏情绪，突出的是傩师职业特点，追求的是条件反射的心锚效应。所以，古蜀文明就其本质而言属于长江流域大传统，是对这个传统的坚守和继承，也是其最高的境界。准确地讲，这种具有虎头大眼特征的面具应该直呼其为傩的面具。江西新干大洋洲商代墓葬的兽面用羊头而非虎头，但是，玉质牌饰依然能够证明虎头传统没有销声匿迹。所以，古蜀文明重要启发是：要在古礼体系的基础上，探索兽面纹最初的来源，具体问题具体分析，才能达到分类精准的要求。

4. 文献记忆经典举例

说古蜀文明精髓是傩礼，听上去觉得很奇怪，仔细琢磨却在情理之中，再往深想则有历史必然的感觉。奇怪是因为过去，人们只知道民间的傩，只了解近现代的傩，只记得书里的傩。情理之中是因为在成都人们对傩总有似曾相识的感觉，人们会联想到传统的四川傩戏。特别是党的十八大以后，四川省委宣传部加大对传统艺术的深度发掘，推出不少傩的剧目。其实，傩礼是中国古代正宗礼制。曾登堂入室融入周礼大系，具有大俗大雅的鲜明特点。

在众多相关研究中，首推的是汪宁生先生的经典之作。他认为，三千多前的牧野之战是商周鼎革关键之役，傩兵的英勇表现，令原本并无稳操胜券希望的周武王稳住阵脚，胜利后以傩舞为蓝本做“大武舞”，又称《武》。后将其引入周朝，用于宗庙祭祀，并改为国家礼乐。据说，秦统一天下后，废除了很多宫廷舞乐，只有两个被保留下来，《武》即是其中之一。据此，可以断定傩礼曾经是周代礼制的重要内容，能登大雅之堂，属于国家级别。古蜀的傩与近代民间的傩活动不可等量齐观。期待更多的考古发现推进傩礼的深入研究。而四川拥有丰富的资源优势、人才优势、考古优势，必将在这个方面取得新的突破，做出较大贡献。

先秦文献清楚记载：

《周礼》有专门管理傩的官职——方相氏。

《周礼·夏官·方相氏》有“方相氏掌蒙熊皮，黄金四目，玄衣朱裳，执戈扬盾，帅百隶而时傩，以索室驱疫；大丧，先柩，及墓，入圹，以戈击四隅，驱方良”的记载。

《淮南子·时则》：令国傩。

《吕氏春秋·季春纪》：国人傩。

《吕氏春秋·仲秋纪》：天子乃傩。

《吕氏春秋·季冬纪》：命有司大傩。

这些片段记忆说明：傩是一种礼仪，因时因事由不同级别的人物主持，因而有等级差别。“天子乃傩”“有司大傩”“国人傩”既是指明等级又是讲普及程度。“大傩”的记载则表明可能还有中傩和小傩，傩的内容存在区别并制约着活动的规模。周代的傩在制度上已经相当成熟，不论在社会上层还是在民间又相当普及，它起源的年代无疑应该更久远。只是随着时代的发展，傩才逐渐流落民间，成为长江流域的民间习俗。

近年来，山西翼城大河口遗址等西周墓葬都出土漆木俑，特点是大眼睛、蒜头鼻、招风耳，共出的还有漆木盾和带长木柄的青铜矛等兵器，有研究认为与方相氏“掌蒙熊皮，黄金四目，玄衣朱裳，执戈扬盾”的记载相符，是西周时期“大丧傩”[13]。可见，傩礼的资料随着考古发现不断增加，相关研究也逐步受到学术界的重视。

傩的战斗以五人一组。方相氏“帅百隶”的记载说明傩又是军事组织，与先秦时期5人一组的兵制单位吻合。《周礼·地官·司徒》称“五家为比”“五人为伍”。据考证，这个“伍”是兵制中最基本的单位，也是进制的基数。在殷墟宗庙遗址车马坑周围，有若干大坑分别埋有5人，是商代有“伍”的证据[14]。但是，我认为这个伍出现年代可能更早。三星堆2号坑2件神坛都有五人一组的场景，说明傩有百人的编制，其头目可能就是百夫长。汪宁生《释“武王伐纣前歌后舞”》[15]，是解读巴蜀傩兵战斗力的经典。据他研究，近代西南少数民族的械斗，还有傩兵的遗风。着装艳丽，连喊带叫，咄咄逼人，边跳边打，“冲锋陷阵，锐气喜舞”。

古蜀的傩是长江流域土生土长的古老礼仪。有研究认为不排除外部文化或异国文明影响的可能。但是，在早期中国古礼天下的视角下，古蜀许多特产不仅在早期中国，就是在古代世界也是独树一帜，西方的文明因素很难与其攀上亲缘关系。三星堆铜立人的服饰就很有说服力，铜人身着本地特色的服装，其靓丽的程度说明当不是麻织品而可能是飘逸的丝绸，这东西显然不是西方文明的强项，只能是长江流域自产自销的土特产品。丝绸、面具加酒器是傩礼的基本元素。而丝绸遗物最早的发现就是与良渚文化关系密切的浙江湖州钱山漾遗址，证明世界丝绸之源在东方。几千年来，古蜀的物质文明连续发展，在精神世界同样没有断层，真的是令人啧啧称奇！

古蜀文明的另一个重要课题是其开发西南的贡献。从古文字研究成果和考古学关于文化态势的分析，古蜀文明虽与中原王朝比肩而行，但矛盾重重，纷争不断，不论是商代还是周初的甲骨，都有征伐蜀的记载。多难兴邦，造就出古蜀王国特别能战斗的特点，尤其是开发西南厥功至伟。越南北部发现的牙璋，就形态和工艺而言，当来自古蜀。可见，古蜀文明不仅拥有庞大的体量，同时，拥有得天独厚的战略纵深，这显然是它与中原文明并驾齐驱的地缘优势。

古蜀文明与夏、商、周不同历史阶段的王朝结伴同行，遥相呼应。其中，尤以与夏文化关系非常密切。早期中国龙山时代的酒器以空三足为特征，有鬶、斝、鬲、盉四大家族。考古发现表明：长江流域是鬶、盉的天下。在浙江遂昌好川、江西修水山背、湖南澧县、湖北天门石家河等遗址，总有它们挺身而出。它们与傩式面具和蚕丝一类遗存共同组成长江传统的核心。其中，三星堆的陶盉更是与河南偃师二里头文化的别无二致，甚至可以乱真。另外，牙璋的研究也让人们看到夏人礼仪在古蜀文明中的流淌，这骨子里的东西让人想到《史记·夏本纪》注释里关于“成汤伐桀放于南巢”的记载。这种可能性应该给予高度重视和深入研究。

在中国考古学文化编年体系中，距今 5000 年前后是文明火炬接力式发展的换棒时期。这个时期的考古，随时都可能发现颠覆以往认识的重要资料，因此，格外引人注目。在中原地区，经过庙底沟文化彩陶的洗礼，玉质礼器走上历史舞台的中央，崧泽文化、凌家滩文化、良渚文化强势崛起；大河上下迎来文化重组的生机。此时，川西茂县进驻来自黄河上游地区庙底沟马家窑文化因素的考古学文化的人们共同体。逼近成都平原的彩陶，将宝墩文化的兴起与中原古礼的发展紧密联系起来，所以，古蜀文明探源研究的视野必须投向更加广阔的东方。

5. 历史坐标灯塔意义

现在到了总结古蜀文明历史贡献的时候。此时，我想到邹衡先生的赞叹，他说“可以想见，当时屹立在中国西南部的这一古国是何等气派”。她真的像灯塔一样光芒四射，照亮长江，照亮西南；她是中华文明坐标体系中的崭新亮点，是中国古礼的历史丰碑，是中华文明史上的灿烂篇章。

那么，什么是古蜀文明？从距今近 5000 年的宝墩古国，到三星堆、金沙王国连续稳定发展的、长江传统清晰的、本地特色浓郁的、包容特质明确的物质、精神和制度文化就是古蜀文明。所以，古蜀文明有四大特征：大江传统、本地特色、包容开放、传承有序。

而长江传统的神秘仪式在距今5000年后的川西地区，经过标准化、制度化、规范化的完善与升级所形成的认识和仪式体系就是古蜀礼制。最充分、最完备的展示就是古蜀祭典：大俗大雅王朝气派；傩礼巅峰国家级别。

在中华文明的进程中，南北两大古礼体系交相辉映，彼此借鉴，互相补充，共促发展。长江大系的傩礼率先推出“礼器套件制”“器物序列制”“身份标识制”等一系列古礼规则，开后世军功爵位之先河，推等级制度之滥觞，筚路蓝缕功不可没。距今7000多年，高庙首创的兽面纹始终在大江上下自由飞翔，连续不断地游弋在陶器、玉器、青铜器不同的物质载体上，随着时代的进步而精彩纷呈，随着生产力水平的提高而巧夺天工，神秘的境界、神奇的工艺、神圣的仪式最终成为中华文明多元一体的重要源头（图24–12）。这就是文明的基因，古礼的DNA！而古蜀文明精彩的内容无不与长江文明血肉相连。这就是大江传统的含义所在。

在学术界，河南安阳殷墟遗址的发掘被誉为中国考古学的基石，是中华文明的丰碑和醒目的历史坐标。商史成为信史，殷墟文化擎起时代的旗帜。古蜀文明同样如此，其意义则集中体现在中国古礼大系和类型方面。她与夏、商、周王朝比肩同行，力挽长江独特之传统，令黄河长江文明交响曲绕梁千载经久不息；她开西南地区文明之先声，泽被后世，光照千秋。

这个历史坐标显示：古蜀文明的高度与辉煌本身就是多民族共同发展的历史见证。她深刻诠释中华文明的灿烂一元拥有独立起源、底蕴深厚、文化复杂、影响深远、体量庞大、纵深辽阔、传承接力、创新发展的特征。

这个历史坐标显示：古蜀礼制独步天下，虔诚信仰至高无上，国之大事在祀与戎，巅峰时刻凝聚力量。中国古代文明从满天星斗的起源开始，不断放射出礼仪之光，不同文化接力传承，到西周时期终于汇成多元一体的礼制大系。历史证明：礼制的发生发展、成熟完善是中国古代社会的独特经历，是中国古代文明起源的基本脉络，是中华文明的核心特色。

在这个历史坐标指引下，人们不仅能够透过重重历史迷雾看到滚滚长江东逝水，更可以感受早期中国文明灯塔的光芒，那是距今3200多年川西平原的古蜀王国、4000年左右湖北天门石家河古国、5000年前后浙江余杭良渚古国、距今约7000年之久湖南洪江高庙族群的幽灵在徘徊，看上去是魍魉世界的鬼影幢幢，实际上是古礼天下的文明帷幕正徐徐拉开，是“满天星斗”到“灯塔林立”的真实写照和历史浓缩。

中华文明多元一体，长江流域傩礼故乡；

考古解密蜀王大典，巅峰时刻绽放辉煌。

（二）天府论坛的发言

2020年10月28日，我受邀参加第三届世界文化名城论坛天府论坛——文化遗产与城市发展沙龙时，又进一步指出：古蜀文明的魅力根植于独特的制度创造。全文如下：

参加这个论坛很高兴、很荣幸。最近，学习习近平总书记关于中华文明“向世界贡献了深刻的思想体系、丰富的科技文化艺术成果、独特的制度创造，深刻影响了世界文明进程”的论述，深受启发。我认为这是精准解读文化遗产的关键，是科学认识中华文明博大精深的重要抓手。没有精准解读，何来充分利用？更不要说助力城市发展了。

大家知道，古蜀文明是经历了宝墩文化、三星堆文化和金沙文化几个重要发展阶段，集精神、物质、制度于一身，是川西平原土生土长的政治实体。她文化内涵极其丰富，地方特色光彩照人，是中华文明的重要组成部分。特别是她与夏、商、周三代文明比肩而立，并驾齐驱，因此，格外神奇，备受青睐。而独特的制度创造正是其魅力的根基之所在。下面，就从三星堆祭祀坑的仪式入手，感受和领略古蜀文明的大千世界和大气磅礴。

第一，古蜀仪式的“三突出”照亮了制度创造的优势。美轮美奂，灿烂夺目的古蜀文明与中国古代其他地区的文明相比，有三个最为突出的特点：一是祭祀主体突出人物的形象；二是祭祀对象突出本土的特色；

三是祭祀规模突出场景的创造。这是迄今为止，三星堆以外地区从未见过的特殊现象，必须科学分析，精准解读。所以，把目光仅仅停留在精美绝伦的出土器物上是远远不够充分的，它们虽然是古蜀文明的精华，但只是树木而不是森林。人们通常说要透过现象看本质，不能“只见树木不见森林”，那么，什么是森林呢？大家一定对陕西秦陵兵马俑印象深刻，那里场景壮观，规模宏大，强大的视觉冲击力让人心潮澎湃，久久难以平静。但是兵马俑也只是树木，不是森林；被埋葬的秦人兵制或军事制度才是森林。三星堆 2 号祭祀坑埋葬的是国家祭祀阵容，古礼制度才是森林。可能有人会问，一个坑口长 5.3、宽 2.2、深 1.5 米左右的祭祀坑，怎能容纳古蜀礼制的盛大仪式？

根据发掘报告的介绍，2 号坑 1300 件器物构成祭祀团队的三个方阵，被依次埋入坑中：

第一方阵是祭祀对象的阵容。由青铜神坛、神殿、神树等多套件器物组成，埋在祭祀坑最下层。

第二方阵是祭祀主体的阵容，以铜立人为领队，多种姿态的人物形象，铜人头像、铜人面具、铜兽面等多种类青铜器组成，埋在祭祀坑的中层。

第三方阵是祭祀舞队的阵容，由 67 根象牙组成的殿后团队。这是最关键、最容易被忽略的部分！它们究竟意味着什么？虽然发人深思，却始终无人深究。如果将 67 根象牙中的 3 根作为领队居前，余下 64 根按八纵八横的队形排列，就会猛然发现那每根象牙的后面仿佛都站立着身着靓装的舞者，或体格健硕或婀娜多姿，正翘首以待鼓乐号令。这种阵势与先秦文献的“八佾舞”毫无二致。此舞是中国古代顶级的祭祀舞蹈，因《论语》“八佾舞于庭”和“是可忍,孰不可忍”的经典名言而广为流传。如果按此思路将研究的视野投向更久远的年代，自然可以联想到另一个重要的历史事件。三千多前，在武王伐纣的牧野大战中，巴蜀傩兵参加了推翻商王朝的战争。他们头戴面具，前歌后舞，英勇无比，威力无穷。周武王深受启发，得天下后，便以傩舞为蓝本做“大武舞”，引入周天子的宗庙祭祀，成为一代王朝的国家礼乐。可见，祭祀舞蹈原本就是古蜀的看家本领，绝对强项。象牙可能是舞者的道具，现在成为舞者的替身，它的数量仅仅指示舞蹈级别，而祭祀舞队的隐喻才至关重要。2020 年 10 月 12 日央视 10 套考古公开课“梦回金沙”节目透露，当年三星堆 2 号坑出土象牙为 81 根，准此，九纵九横的方队更符合古蜀对“三件套”原则的理解，仍然支持上述象牙隐喻的分析。这个点睛之笔犹如神助，既能够证明三星堆国家的王者级别，又可以表明古蜀礼制在中华文明体系中的杰出地位，是解密蜀王祭典规格的钥匙。因是压轴方阵，被埋在祭祀坑最上层。

总之，三星堆 2 号坑把祭祀对象、祭祀主体、祭祀舞队融为一体，将庄严肃穆、超级震撼的古蜀大典淋漓尽致地展示出来：若干器物画龙点睛，三个部分前后呼应，再现场景昭示制度，“剧中人又是剧作者”，充分显示出古蜀文明高深莫测的大智慧。遥想当年，现实版的三个方阵，需要投入怎样巨大的人力和物力才能营造梦幻般的蜀王大典，断非今日的研究所能估算和想象出来的。古蜀礼制万千气象，洋洋大观，举其一二，便足以令人击节赞叹，回味无穷。

第二，古蜀礼器的“三件套”洋溢着制度创造的神采。三星堆出土器物与中原商文化完全不一样，但基因却是相同。甚至某些重要的形式都与中国古礼的制度息息相关。距今 5000 多年的安徽凌家滩、浙江良渚墓葬中古礼“三件套”制度已经成熟，有普通三件套、特殊三件套、混搭三件套，等等。这些情况在三星堆 2 号坑中反复出现：跪坐铜人 3 件一套，神坛 3 件一套、神树为 1 大带 2 小的 2 个三件套，铜罍 2 个三件套是 6 件、太阳形器是 2 个三件套 6 件、铜尊 3 个三件套为 9 件，其中 9 件铜兽面组成的 3 个特殊三件套属于顶级三件套，可以证明蜀王的级别，与八佾舞的象牙方阵遥相呼应，相得益彰。蜀王祭典，国家级别，巅峰时刻，绽放辉煌。

值得重视的是：三星堆祭祀坑本身就是“瘗埋”制度在古蜀的实践，其来源正是中国古礼根深蒂固的传统。不论是长江还是黄河流域，在距今7000多年以前的祭祀遗址中瘗埋制度已经相当完备，甲骨文对瘗埋祭法的记载尤其明确，先秦文献更有详尽的注释。三星堆祭祀坑从内容到形式都是中华文明的大传统，充分显示古蜀傩礼等级明确，各司其职，凝聚共识，建设秩序，中信笃敬，上下同之，这个特点具有极强的感召力和凝聚力，是古蜀文明长盛不衰的内部原因，是天府文化的历史基因，是成都城市建设的精神财富。所谓三星堆文化“西来说”等议论，脱离材料，牵强附会，有悖于历史的真实。

第三，长江文明的“三件宝”讲述制度创造的历史传承。这三件宝就是罍、盉酒器，兽面面具，丝绸靓妆。从距今7000多年的湖南高庙遗址，到5000年的良渚文化、4000年石家河文化，长江流域兽面与酒器的接力传承从未断流，这个传统在古蜀文化中继续发扬光大。难以保存的丝麻织物在距今4000多年的浙江湖州钱山漾遗址的发现证明，三星堆铜立人三层着衣的丝麻工艺就是长江文明的物质结晶。由此可见，“三件宝”已然被成都全面继承，今天的国窖、傩戏和蜀锦无不闪烁着古蜀的荣光。成都历史与现实的融合深度，在世界范围内屈指可数。

成都具有5000年文化底蕴，当你经过太古里的现代馆舍，仿佛能够听到历史经验口耳相传；当你在宽窄巷里游走，或许能够感受到古蜀神韵的扑面而来。成都天然的文化优势、和谐的生活基调、诱人的青春气息、浓郁的历史情怀，无不根植于古蜀文明独特的制度创造。

古蜀文明经天纬地，光芒四射。照亮了长江上游，照亮了我国的西南大地，更照亮了东南亚地区。她不仅属于中国，更属于世界。可是，尽管我们的认识能够达此高度，但长期以来依然低估了她的壮志雄心、创造伟力和制度特色；她成功地吸收中原乃至长江流域有史以来的种种经验，才完成了在青铜礼器和制度创造方面的独领风骚。她力挽长江流域的古礼传统，令中华文明的融合乐章绕梁千载经久不息。古蜀文明的高度与辉煌本身就是多民族国家共同建设、共同发展的铁证。历史证明：礼制的发生发展、成熟完善是中国古代社会的独特经历，是中国古代文明起源的基本脉络，是中华文明的核心特色。

（三）古蜀之魂文明之光——三星堆考古新发掘观后

2021年3月10日，央视总台对三星堆考古现场的直播，引发全球的高度关注，穿梭古今的惊世传奇，再现中华文明的博大精深与灿烂辉煌。5月14日在四川省文物考古研究院院长唐飞、成都文物考古研究院院长颜劲松先生的陪同下（图24-13），我又一次进入举世瞩目的三星堆的考古发掘现场，观摩学习当今世界最前卫的考古发掘，感受在习近平中华文明新理论指引下，中国考古学派的新风格、新风采和新气派。三星堆遗址再发掘具有里程碑意义，其深远影响将与日俱增。

从2019年金沙讲坛到2020年天府论坛，再到此行的媒体访谈，我的三次造访形成了认识三星堆的三部曲：一是从铜人头像的性别分析入手掀开祭司队伍的神秘面纱；二是从埋藏顺序和器物组合特征复原出祭祀对象、祭祀主体和祭祀舞队的豪华阵容；三是从铜人面具的列器序列确认军功等级的存在与物化标准。终于敲开了尘封已久的古蜀大门，取

图24-13-1 与唐飞、颜劲松等在三星堆合影

图 24-13-2　与母涛、唐飞等在三星堆合影

得重要突破。我的认识可以比较完整地表述如下：三星堆 2 号祭祀坑掩埋着古蜀王国祭祀大典的鲜活场景，珍藏着古蜀王国鲜为人知的辉煌历史，浓缩着古蜀之魂的文明之光，三个巡游方阵，两套参与人马，一支隐喻舞队，将《左传》的“在祀与戎”与古蜀的“前歌后舞”等先秦文献的经典融为一体，生动地再现国家级别的祭祀大典，巅峰时刻的灿烂辉煌。毫无疑问，这是解读古蜀文明、恢复长江文明历史记忆，全面认识中华文明的要义与精髓，是深刻认识礼制的发生发展、成熟完善是中国古代社会的独特经历，是中国古代文明起源的基本脉络，是中华文明的核心特色关键所在，其意义远远超出三星堆祭祀坑的本身。

1. 从祭祀坑布局说起

熟悉三星堆遗址的读者一定知道，2020 年新发现的 6 座祭祀坑，让三星堆祭祀场所更加丰满、更加充实。其规律性分布现象完全呈现出来。两两成对，依次分排的倾向非常值得重视，给人留下深刻印象。8 座祭祀坑大体上由北偏东而依次分四排：1、4 为一排；2、3 为二排；7、8 为三排；5、

6为四排。说明上述祭祀坑的形成有先后的顺序，有发展的过程。出土器物证明，这里曾经是一处地点固定、国家级别、神秘莫测的祭祀场所，按历史文献的记载是燔燎瘗埋的地点。而非民间与个人所能企及。

关于8座坑的先后顺序。如果是按2号坑铜立人出土时“方座一端在东南，身躯一端向西北”的情况分析，其头东北脚西南的可能性很大，若按头像的指示推测，那北偏东前排的1、4坑年代可能最早;2、3次之，7、8再次；5、6坑最晚。后者年代晚且体量小，又有打破关系，其性质的确定虽然有待认真整理，但是，这一情况似乎支持东北早而西南晚的推测。

退一步讲，即或是7、8号坑年代早，也不能改变2号坑年代居中的顺序。在早期中国，任何文化与文明的盛大祭典都未见完全重复者。经验表明,一个遗址、一个墓地、一考古学文化的鼎盛期往往发生在中期。另外，“燔燎瘗埋”是文献记载的组合式祭天祭地仪式,最早见于《尔雅 · 释天》,“祭天曰燔烧，祭地曰瘗埋”。所谓燔烧就是在地上烧，也称燎；瘗埋就是将祭品埋入坑坎。明代祭宗庙和孔庙称“望瘗”，当今，在北京历代帝王庙的祭祀大典中仍有庄严肃穆的场景再现，是久远的传统礼仪制度。

2. 如何读懂祭祀坑的内容?

三星堆的文物精品让人目不暇接，不同的祭坑出土的物品不尽相同，怎样认识和如何比较呢？ 2号坑出土器物数量奇多，套件制度明确，顶级配置抢眼，级别明显高于1号坑，甚至有可能是三星堆遗址中级别最高的祭祀坑。所以，最受关注，成为解读的亮点。

2号坑长5.3、宽2.2、深1.5米，出土器物1300件。其中青铜器多达735件，使用9件兽面具的规制，即“顶级三件套”。按三星堆祭祀坑的发掘报告描述，这些器物组成的三个祭祀方阵是依顺序、有先后，有步骤被埋入坑中的：

第一方阵是祭祀对象的阵容。由青铜神坛、神殿、神树等多套件器物组成，埋在祭坑的最下层。

第二方阵是祭祀主体的阵容。以铜立人为领队，多种姿态的人物形象，铜人头像、铜人面具、铜兽面、青铜尊罍等多种类青铜礼器组成，“顶级三件套”也在其中，它们埋在祭祀坑的中层。

第三方阵是祭祀舞队的阵容。由67根象牙组成的殿后团队。这是最关键、最容易被忽略的部分！如果将67根象牙中的3根作为领队居前，余下64根按八纵八横的队形排列，就会猛然发现那每根象牙的后面仿佛都站立着身着靓装的舞者，或体格健硕或婀娜多姿，正翘首以待鼓乐号令。这种阵势与先秦文献的“八佾舞”毫无二致。此舞是中国古代顶级的祭祀舞蹈，因《论语》“八佾舞于庭”和“是可忍，孰不可忍”的经典名言而广为流传。三千多前，在武王伐纣的牧野大战中，古蜀傩兵头戴面具，前歌后舞，英勇无比，威力无穷。周武王深受启发，得天下后，便以傩舞为蓝本做“大武舞”，引入周天子的宗庙祭祀，成为一代王朝的国家礼乐。象牙可能是舞者的道具，现在成为舞者的替身，它的数量仅仅指示舞蹈级别，而隐喻的祭祀舞队才至关重要。

三个方阵的祭祀阵容，充分显示出古蜀大典阵容完整，主次分明，等级明确，前歌后舞，庄严肃穆，超级震撼。这是将祭祀对象、祭祀主体和祭祀舞队融为一体的阵容，组合完整很难拆分，或插入任何其他成分，“剧中人又是剧作者”。所以，绝对不能照搬黄河流域的中原传统，用朝拜瞻仰的仪式来分析其组合特征，而应该用长江流域傩礼巡游检阅的仪式解读其内涵。一个是宗庙里相对封闭的朝拜瞻仰仪式；一个是城郭内完全开放的巡游检阅仪式，而后者恰恰是长江傩礼大系的指标性的关键特征，至今依然在南方地区盛行。朝拜瞻仰的仪式至少见于距今5500年前黄河以北的地区。红山文化牛河梁遗址“前朝后寝”的布局是宗庙朝拜的仪式，那里有朝拜瞻仰仪式的中心平台，其周围分布着“偶像库”和“祭器库”等建筑，平时存放专用的特殊祭奠用器，举行仪式活动时拿来布置场景。黄河、长江两大古礼仪式就是如此的风格迥异，泾渭分明，不了解这一点，就不能读懂古蜀文明，也不能了解为什么《山海经》与三星堆有那么多的不解之缘。

更重要的是：2号坑中簇拥着“在祀与戎”的两套人马。44个铜人头像代表的祭司团队；20个铜人面具代表兵事军功的等级序列。关于祭司团队的问题，2019 年在金沙讲坛，笔者从性别分类入手，做过详细论证。兵事军功的问题是新认识、新收获。2 号坑发表的 20 件人面具按由小而大逻辑关系可以排成长长的列队，递进嬗变、有规律可循。“三星堆 2 号坑列器——人面具”（图 24-14）显示，这个演进趋势具有两个鲜明的特征：一是人面具长宽比例变化有规律，形体由瘦高向矮宽发展；二是，体量由小巧而向厚重敦实硕大变化，列队的首尾实有云泥之别，给人以“从奴隶到将军”的强烈感觉，气派截然不同。

早期中国不同考古学文化都有列器存在的线索。在周代大中型墓葬中常见一些形制完全相同而形体大小不一的青铜器，例如，列鼎、列簋，它们的形体可以构成一个递减或递增的序列，有的器物则是通过数字表

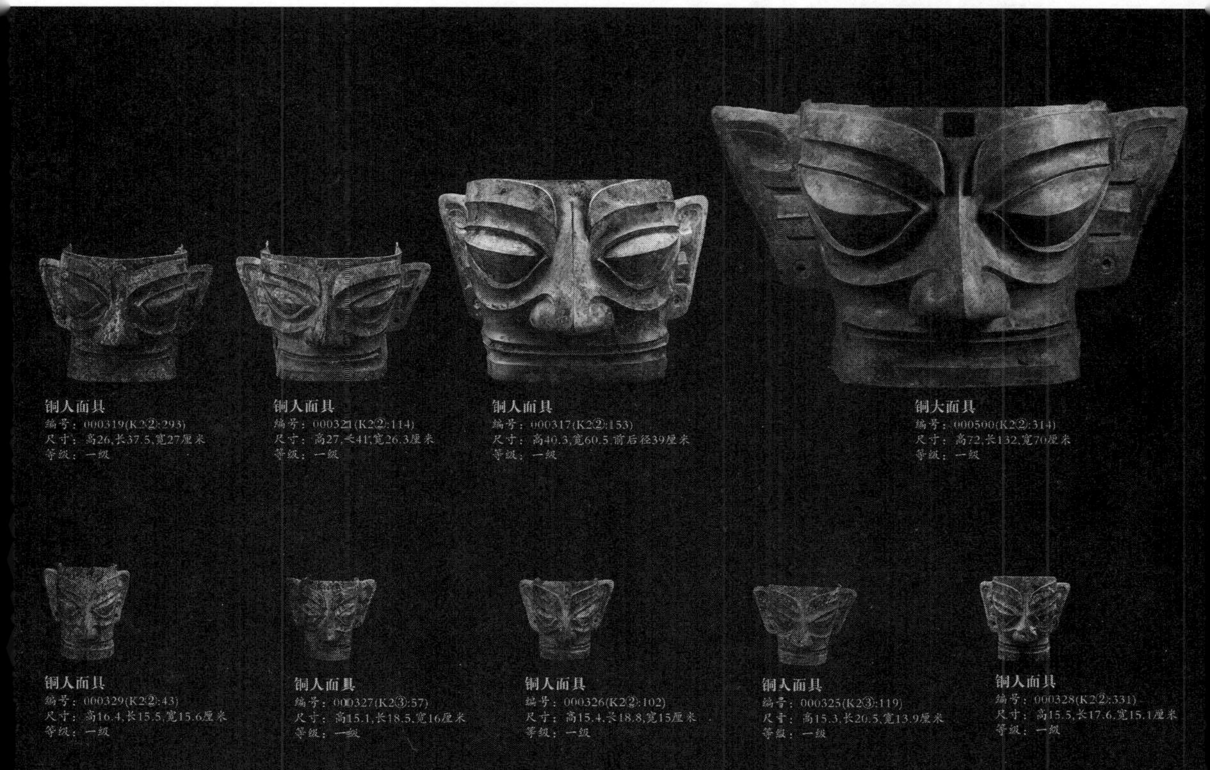

图 24-14　三星堆 2 号坑列器——人面具

达这种逻辑关系。人们耳熟能详的是周代的列鼎和曾侯乙墓葬的编钟，由小而大的序列令人醍醐灌顶，印象深刻。其实，列器是凝聚着社会等级关系的物质载体，早期中国的考古学文化都有自己特定的喜好与选择，并通过具体的物化形式规范社会秩序，使之简单明了，一望即知，毋庸赘言。陕西高陵杨官寨仰韶晚期陶窑中出土过小口尖底瓶的列瓶组合，良渚文化的列琮在江苏武进寺墩M3中崭露头角，由3节向19节发展的趋势呼之欲出；安徽潜山薛家岗列孔石刀引人注目，石刀孔数从3、5、7、9、11至13，乃至更多，只用奇数的情况与周代用鼎制度别无二致。周人列鼎的大小和多寡与权力的大小相对应（图24–15），曾侯乙墓葬豪华的编

图24–15 周代列鼎

钟阵容与音调的高低相关联（图 24-16）。那么，三星堆铜人面具的序列又具有哪般意义呢？

在历史文献的记忆中，古蜀傩兵面具独特，前歌后舞，威震中原。可见，铜人面具是傩兵的专属无可厚非，军功爵位序列的固化和物化由铜人面具担当，显然是别具匠心的古蜀创造。在他们的社会生活中，面具可能是男丁成人后的标配，是最值得骄傲和尊敬的荣耀。历史上有“惟器与名不可以假人”（《左传 · 成公二年》）的告诫。在三星堆，器与名集中体现在铜人面具上。如此看来，该坑活化的历史场景竟然是：蜀王大事，在祀与戎；傩兵出动，前歌后舞。《左传 · 成公十三年》“国之大事，在祀与戎”的记载是研究早期国家发生发展的关键性文献。反复被历史和考古学研究者引用。一手抓兵戎，一手抓祭祀，乃王者风范。蜀王的文治武功尽藏于2号坑中。有鉴于此，可断言大立人的王者身份确定无疑，以往的不实推测都不能成立。一座祭祀坑，钩沉古蜀史。“剧中人又是剧作者”。随着祭祀坑的发掘，蜀王的创意将大白于天下，活化的历史场景已然烘托他从远古走来。

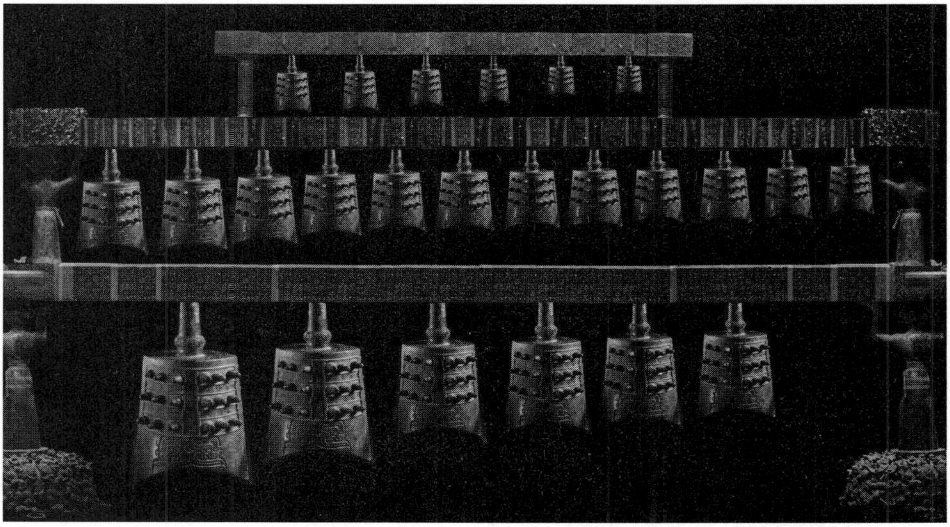

图 24-16　曾侯乙墓出土编钟

必须指出，三星堆每座祭祀坑都是相对独立的单元，相同的器物在不同单元环境中其意义可能存在天壤之别。另外，2 号坑还有一些器物没有得到合理的解读；被烧毁的器物难免造成信息流失；新 6 坑的工作仍在继续；如此等等。所以，必须遵循实践——认识，再实践——再认识的规律，不断完善新知识体系。不过，值得庆幸的是，现在的研究毕竟已经走出造型独特、神秘莫测的魍魉世界，迎来早期中国的古礼天下。

早期中国的古礼有南北两个大系。黄河及其以北是萨满系；长江及其以南地区是傩系。在仪式的模式方面，北方习惯封闭式的朝拜瞻仰仪式，南方流行开放式巡游展示仪式；在面具方面，前者以善男信女的人物形象为主，后者是以龙虎争锋的奇异面孔盛行。早期中国的北方地区，旱作农业，条件艰苦，民不畏死；南方一带，鱼米之乡，物华天宝，富裕奢华。在中华文明的历史进程中，两大古礼体系不断角逐，历来都是北强南弱，北方大系以绝对优势主导各种资源的整合。大概因此，江南傩礼便逐步沦落民间，失去了往日的辉煌。依靠口耳相传的傩礼体系也自然地被挡在正史大雅之堂的门外，遂成为可有可无，可信可疑的神话传说。自汉代以来，正统文献但凡提到长江流域的古国，不是蛮夷之地，就是鬼神之乡。殊不知，女娲补天、精卫填海、夸父追日、后羿射日等一大批妇孺皆知的中华精英都是通过《山海经》《淮南子》传唱至今。长江文明的风采被选择性的文献传承所耽搁，被厚厚的历史尘埃所淹没。只是因为中国考古的崛起，才逐步恢复她春潮澎湃、惊涛奔海、绚丽多姿、光彩照人的本色。

3. 何谓古蜀文明?

历年考古工作证明：三星堆遗址先后被三种考古学文化开发经营，其年代跨度大约 2000 年之久。第一期文化遗存是宝墩文化，该文化赖以命名的典型遗址是成都新津宝墩古城。那里有双重城墙，大型祭祀建筑，城址面积达 276 万平方米，已进入早期中国古城古国的历史阶段。第二期文化遗存才是名正言顺的三星堆文化。此时，遗存分布面积达 12 平方公里，四周围绕着长 1800—2000 米的宽大的堆土城墙，其规模与商王都城郑州商城不相上下。值得注意的是，祭祀坑属于三星堆文化的晚期，与殷墟王朝的晚期年代相若。第三期文化遗存是金沙文化，年代在西周到春秋时期。早年又称成都十二桥文化。所以，古蜀文明是历史过程的精彩浓缩，集中了宝墩文化、三星堆文化和金沙文化的精髓，汇精神、物质、制度于一身从川西平原独立成长起来的政治实体，文化内涵极其丰富，地方特色鲜明突出，是中华文化与文明的重要组成部分。

如果把三星堆放在川西地区的文明进程中，放到中华文明古礼大系中，放到古代世界文明大格局中加以考察，古蜀文明具有本地特色浓郁、长江传统清晰、包容特质明确、制度创造独特四大特征就突显出来了。从 20 世纪 30 年代三星堆第一次映入世人的眼帘，新的发现就形成高潮迭起，喜讯频传的势头。随着 1986 年祭祀坑的面世，古蜀文明的神秘色彩越发浓郁，多元一体、古礼类型和制度创造成为解读古蜀文明的理论方法。长江传统的神秘仪式在距今 5000 年后的川西地区积蓄力量，经过标准化、规范化、制度化的不断升级，从思想、物质和制度等方面全面发力，终于成就了古蜀礼制。三星堆祭祀坑的科学发掘，揭示出古蜀大典的王朝气派，令人耳目一新，叹为观止。

4. 为什么古蜀属于中华文明?

首先，三星堆礼制体系属于中华文明的古礼大系，属于独特的制度创造。因为这里不仅有古蜀的“前歌后舞”，还表达“国之大事在祀与戎”华夏理念。《左传》是先秦史学最高成就的代表，是先秦儒家思想的史料。三星堆 2 号坑的“在祀与戎”，恰好证明古蜀原本就是中华文明的支系。所以，绝不能简单地拿几条文明因素的表面现象，只言片语地论证古蜀文明，而要寻找骨子里的东西，本质上的原因，体系上的来源。就说礼器的套件制度吧。在早期中国的古礼体系中，黄河与长江流域等许多地区，列器的出土习见，套件制尤其盛行，这些文明的基因成为商代“卜用三骨”制度的源头，也是周代用鼎制度的先声。三星堆祭祀坑无疑将这个传统发扬光大。在众多青铜礼器中,“三件套”制度最为抢眼。何谓“三件套”?

普通“三件套”是指 3 个形制完全相同，或一摸一样的器物作为一组出现。例如，三星堆 3 件铜跪人是典型的一个普通三件套；六件方向盘形器是 2 个普通“三件套”。

特殊三件套是指具有发展演变关系的 3 件器物为一组出现。像安徽潜山薛家岗的列孔石刀的 3、5、7 孔构成一组列器；安徽含山凌家滩的玉人是通过手臂上的佩环数量表现出来的，一组玉人的佩环或 5、6、7，或6、7、8。三星堆2号坑铜兽面是3个特殊“三件套”的顶级配置，每一套都有从小眼到大眼，再到大眼大下巴的变化特征。中华传统的“三拜九叩”的动作大礼，正是3个普通“三件套”的社会行为延伸。

其次，三星堆的青铜神树是中国古代文献《山海经》记载的实物。不是中国的怎能在中国典籍中出现呢？没有见过的并不一定是外来的，外地见过的也不能否定古蜀制造发可能性。果由因生，事待理成。就因果关系而言，便足以说明古蜀文明是中华文明多元一体之灿烂一元。所以，三星堆祭祀地点再度发掘，对重构中国古史体系举足轻重，一些历史文献的真实性，古蜀礼制与夏王朝关系等许多问题正在浮出水面。三星堆再发掘必将成为中国考古学史上的里程碑而载入史册。

其三，三星堆祭祀坑的本身就是中国古礼根深蒂固传统。甲骨文著录的“陷”字即是三星堆祭祀坑的瘗埋。著名古文字学家于省吾曾有经典考证。燔燎瘗埋的祭祀方法，在距今7000多年前河北武安磁山遗址就有典型的例证，用家畜为牲和虔诚奉献表现的祭祀景观震撼心灵。湖南洪江高庙祭祀遗址刻有祭祀徽号和牌楼建筑的白陶礼器，令人赞叹不已。三星堆的燔燎瘗埋是对《尔雅》的标准化诠释，如此精彩的证据实不多见，弥足珍贵。祭天祭地是中国古代最高规格的祭祀形式，凡事大不过天。因此，祭天祭地不仅仅是表达尊崇自然、信奉神灵的理念，也强烈的反映祭祀者感天动地、顶天立地、战天斗地、改天换地等多种理念，甚至是古蜀王者力挽狂澜的意志和决心的象征。在关键时刻为唤起斗志，同舟共济，使用最高规格的祭祀是必然选择。不言而喻，三星堆祭祀坑从内容到形式都是中华文明的大传统，只是过去的历史信息不对称而已。

第五，三星堆再发掘的启示

启示之一：中华文明的基因与汇通天下的交流相得益彰。中华文明多元一体，世界文明交流互鉴。三星堆祭祀坑的惊世发现，不仅向世人展示中华文明的博大精深，更展示强大的古礼基因和开放包容的胸襟。三星堆祭祀坑中数量众多的海贝引发热议，数量惊人的象牙令人瞠目，王冠的璀璨、权杖的神圣都引来无数的错愕和赞叹。它们来自何方并不重要，因为可能性很多，故事很曲折，解密周期很长，况且，单靠一国的力量还远远不够，要多方协同研究才有意义。可见，未知永远存在，猜测将不断持续。

重要的是对文明包容性发展拥有足够深刻的认识，文明从来都是海纳百川有容乃大，文明的交流从来都是浩浩荡荡，不可阻挡，顺之者昌、逆之者亡。文明因交流而发展，古礼有基因才强大是历史的逻辑与经验。

中华文明多元一体、开放包容。考古资料与历史文献都可以证明，早在张骞出使西域之前，由蜀地通往印度和越南北部的南丝绸之路就已经存在。公元前 138 年汉武帝建元二年，张骞第一次出使西域。在大夏国（今阿富汗斯坦北部）见到邛地竹杖、蜀布的史实广为人知。以古代成都为起点的南方丝绸之路最主要的一条是通往印度的“蜀身毒道”，还有从岷江入金沙江，向东接红河入越南。史称“金沙走廊”。越南北部富寿省 Xom Ren 等遗址 1981、1985 年发现的牙璋与三星堆祭祀坑所出别无二致。后来又有金沙遗址的牙璋发现。这些新发现充分说明，古蜀王国与南亚多个方向都有顺畅的联系通道。海纳百川汇通天下，战略纵深无比辽阔，是古蜀文明长盛不衰重要原因之一。

当然，更汹涌澎湃、源源不断的文明浪潮是来自夏文明和长江中下游更古老的文明。流行数千年的傩礼面具与蚕丝传统在川西平原安家落户，并生根开花；河南偃师二里头遗址的陶盉与牙璋都是在中原地区消失后，却在三星堆文化中重现江湖；商人的礼仪重器铜尊和铜罍在古蜀面前似乎也甘拜下风；中国历史典籍中的神树若木，居然成群结队在三星堆参加盛宴。这些礼仪祭典是中华文化的精髓和传统，岂是金银珠宝所能等量齐观！比起某些文化与文明因素要厚重许多，比起某种高超技术和工艺流程的影响更为深远。制度的优势造就了古蜀文明汇通天下的优势。三星堆祭祀坑再现出古蜀文明胸怀大目标、持璋闯天下，开贸易渠道，拓战略纵深的宏大历史画卷，极大地丰富了中华文明的内涵。

启示之二：喜迎新时代再攀新高峰。三星堆新一轮发掘已经站上历史的新起点。国人对中华文明的理解也达到历史的新高度，特别追求考古学带来的刺激性与颠覆性。中国有文字可考的历史只有 3000 多年，但近万年以来的考古资料就有文明的律动，很多发现远超人们的想象。所以，习近平总书记的中华文明新定义对于突破文献的束缚，对于走出传统史学的窠臼；对于纠正狭义考古学的局限性意义重大。中国考古的发展将促成新知识爆炸式增长，促进认知体系的迭代更新。文献没有记载的、世界也无先例的、过去未曾听说的，完全超出想象的新发现、新资料、新观点，就如同三星堆一样惊天下，震寰宇，极大地丰富人们对中国古代历史的认识。三星堆新一轮发掘科技含量很高，发掘模式创新，多学科联合公关，讲规模讲体系，融发掘、保护、检测、实验、修复、分析于一炉，创造了中国考古新高度。用精彩纷呈，震古烁今；精致发掘，前无古人；经典理论，彪炳史册概括恰如其分。新的突破接连不断，奇迹随时都能出现。但是，其规模、体量与级别能否超出 2 号坑则为人们翘首以待。

人类的知识传承经历过从口耳相传、图像传递、文字传播，再到当代的数字传承，逐步升级，稳定发展。当今中国考古的发现与研究已然进入数字传承新阶段，考古新锐、科技领先，理论逻辑、风格独特，学科实力、再上台阶，将助力民族复兴的伟大事业，为灿烂的世界文明做出新贡献（卜工：《古蜀之魂 文明之光》，《天府文化》2021 年第 6 期）。

从金沙讲坛、天府论坛再到成都媒体访谈，是认识三星堆 2 号坑的三部曲：一是从铜人头像的性别分析入手掀开祭司队伍的神秘面纱；二是从埋藏顺序和器物组合复原祭祀对象、祭祀主体和祭祀舞队的豪华阵容；三是从铜人面具的列器序列确认军功等级的存在与物化标准。从而揭示蜀王祭典的大气磅礴，古蜀之魂的文明之光。

三星堆祭祀坑的研究到今天，总该有个基本估计和预判了。如果起个名，就叫“草蛇灰线”证明“衣冠王冢”。具体认识如下：

一是 8 座祭祀坑为有机整体，出土物都是一代蜀王生前至爱。出土器物表明每座祭祀坑都有自己的主题；但又能相互补充，目标指向完全一致。所以，1986 年到今天仍在发掘的地点应直呼为鱼凫王衣冠冢地。衣冠冢是中国古代传统，由来已久。《史记·五帝本纪》有相关记载。

二是不同的祭祀坑都表达了什么主题?

一号坑即告示坑。与四号坑在同一直线上，虽有游离的倾向，但其位置特别耐人寻味。出土器物的重中之重是那件金杖（K1：1），实际上应称其为金牌告示，其上的特殊纹饰具有图说证件的意味，是领地或用地的标志。这件核心器物的明确指向具有决定性意义。

四号坑即探路坑。那3个扭头跪坐铜人是古蜀礼制常见的“普通三件套”，代表一个级别。他们一步三回头的姿态，活灵活现地表达出探路先锋对大部队的依恋，和不知路在何方的恐惧。紧随其后的正是至尊蜀三和他率领的王者之师。

二、三号坑并肩而坐，彼此呼应。二号坑即权力坑。三个方阵，两套人马，演绎“国之大事在祀与戎”的巡游阵容，“前歌后舞”的古蜀特色，是古蜀文明制度创造的杰出代表。三号坑即级别坑。器物形体硕大，指明等级高度。巨型铜人面具可排在二号坑同类器顶端。至尊列器，镇国之宝。

七、八号坑仍在发掘，无价宝藏将令人翘首以待，祭神、宴享与出行的场景随时可能出现。

五、六号坑年代最晚，规模也小。五号坑即衣冠坑。出金灿灿的面罩，斗篷或披肩类编织衣物，皆鱼凫衣装。六号坑即细软坑。木箱内或有服饰、羽毛、仙草等装饰品，有待进一步科学分析和检测。

这些祭祀坑成双结对，两两相配的特点十分抢眼，且出土器物彼此呼应引人思考，应该是某种配享制度的必然要求。

三是衣冠冢在三星堆并非孤证。早年月亮湾燕宅附近也是挖在衣冠冢上，否则，普通遗址出土器物怎能不用修复就车载斗量，不可胜数呢？

四是本文的研究为探索古蜀文明制度创造提供了新的认识；更说明古蜀文明绝对不能套用或照搬夏商周文明模式解读。

注释：

1. 辽宁省文物考古研究所：《辽宁牛河梁红山文化“女神庙”与积石冢群发掘简报》，《文物》1984年第11期。苏秉琦：《辽西古文化古城古国——兼谈当前考古工作的重点或大课题》，《文物》1986年第8期。
2. 浙江省文物考古研究所：《反山》，文物出版社，2005年。
3. 四川省文物考古研究所编：《三星堆祭祀坑》，文物出版社，1999年。本文引用三星堆的资料均出于此书，以下不再注明。
4. 卜工：《中国模式解读早期中国》，科学出版社，2011年。

5. 成都市文物考古工作队、四川联合大学考古教研室、新津县文管所：《四川新津县宝墩遗址调查与试掘》，《考古》1997 年第 1 期。
6. 成都市文物考古研究所：《成都金沙遗址Ⅰ区“梅苑”地点发掘一期简报》，《文物》2004 年第 4 期。
7. 徐中舒：《古代楚蜀关系》《论巴蜀文化》，四川人民出版社，1982 年。
8. 萧兵《傩蜡之风——长江流域宗教戏剧文化》，江苏人民出版社，1992 年。
9. 辛夷：《关于殷墟出土的“带手梏”的陶俑》，《史学月刊》1985 年第 2 期。
10. 李学勤：《三星堆饕餮纹的分析》，载李绍明、林向、赵殿增主编《三星堆与巴蜀文化》，巴蜀书社，1993 年。
11. 陈公柔、张长寿：《殷周青铜容器上兽面纹的断代研究》，《考古学报》1990 年第 2 期。
12. 中国国家博物馆、江西省文化厅编辑：《商代江南——江西新干大洋洲出土文物辑粹》，中国社会科学出版社，2006 年。
13. 山西省考古研究所大河口墓地联合考古队：《山西翼城县大河口西周墓地》，《考古》2011 年第 7 期。
14. 陈恩林：《先秦军事制度研究》，吉林文史出版社，1991 年。
15. 汪宁生：《释“武王伐纣前歌后舞”》，《历史研究》1981 年第 4 期。

悟道者说

古蜀文明的考古资源为科技考古提供大显身手的舞台，为基础理论开创提高升级的课堂，为文明理论扩大创新发展的空间，助力中国考古再上新台阶！

二五、白山黑水　显文明曙光

（终于来到小南山）

各位同学、老师，线上的女士们、先生们，大家晚上好！（2020 年 9 月 28 日晚，于黑龙江大学发言提纲）

很高兴、很荣幸有机会与大家一起分享《白山黑水显文明曙光》的研究，非常感谢黑龙江省文物考古研究所长赵永军、黑龙江大学王乐文副院长为我提供的机会。

大家都知道黑龙江饶河小南山和齐齐哈尔洪河遗址今年取得了令人瞩目的好成绩。前者闯入中国考古十大新发现的十强；后者进入社科院考古所六大发现的六强。这是黑龙江文物考古界值得庆贺与骄傲的历史性事件，是黑龙江省文物考古研究所历史上的最高水平，标志着该所的考古发现与研究进入崭新阶段，白山黑水的考古工作大有可为已是不争的事实，新的学术增长点就在眼前。

可是，今天的讲座却不仅仅要分享这个重要的考古发现，而是从中认识和感悟中国文明起源和理论。大家比较熟悉“满天星斗”的文明理论，那是讲文明起源多源性与多样性的理论。但是，却不熟悉“结合部的文明论”。大家一定知道红山古国发生在农耕与渔猎经济的结合部；河洛诞生于仰韶晚期中原与大汶口文化的结合部；良渚产生于“南稻北粟”的结合部；陶寺出现在华夏与戎狄的结合部；石峁发生在农耕与游牧经济的结合部；古蜀王国屹立在长江与黄河的结合部。这是我来小南山的学习体会之一。

有两个问题需要反复说明，第一，中华文明是包括了农耕、渔猎、草原和海洋等多种经济类型组成的文明综合体，拥有庞大的体量和辽阔的战略纵深，7000 年以来，文明连续发展，薪火接力传承，历久弥新，生生不息。很多关于中国古代文明的研究，其实只是对农耕经济社会的研究，用其代替中国古代文明的全部，代指中华文明的整体，其结论的局限性很大，可见，中国古代的考古学文化有区系类型的问题，文明起源也有区系类型的问题。

第二，小南山是非常重要的发现。不仅因为它年代早，而是因为积石墓葬和玉器传统证明牛河梁遗址的墓上石砌建筑和玉器是渔猎经济的深厚底蕴和独特魅力。渔猎经济对中华文明的贡献要比鲜卑契丹入主中原早几千年，小南山向世人展示出距今 9000 年的玉器世界，不愧是东北亚地区玉文化的龙头，那里的人们通过佩戴玉玦的数量显示其尊贵的地位，在如此久远的时代等级秩序已经悄然而至，真的是匪夷所思。文明的光辉是否最先照耀在渔猎经济的地区需要艰苦探索，不过，对中华文明的贡献却已然提到研究的日程上来。

一讲，终于来到小南山

黑龙江省双鸭山市饶河县城东南的小南山，是乌苏里江岸边南高北低两座山峰组成的孤立小山，属完达山的余脉，南北长 1000、东西宽 400 米，最高处海拔 106 米，高出江面 60 米。

该遗址有 6 次考古工作的经历。分别是 1958 年、1971 年、1980 年、1991 年、2019 年、2020 年。这些发掘非常重要：让人们领略到三江平原一个新的古老文化，一个开发滨海地区的考古学文化人们共同体的风采。此时，一个电视剧、一本学术专著和一位学者不断地在脑海中闪现。

这个剧就是 2008 年开播的电视剧《闯关东》。在中国近代史上，走西口、下南洋、填四川和闯关东是人口四大迁徙的事件。其中，闯关东的史实因电视剧的热播而家喻户晓。人们因此知晓白山黑水物产丰富，“棒打狍子瓢舀鱼，野鸡飞到饭锅里”，只要是勤劳的人来到这里，虽然艰苦和曲折，但一定能够享受美好的生活。可以淘金、可以挖参、可以伐木，内容丰富多彩，日子惊险刺激，是这块风水宝地特有的风格和神韵。但是，这块宝地究竟是何时被开发、被何人开发的历史却无人知晓，鲜有问津，这难道不是件很奇怪的事情吗？

想到的那本书叫《森林帝国》，是清史专家阎崇年写的。其中心思想是：自古以来，几多少数民族从这里崛起，翻过大山走出森林，为中华文明注入新鲜血液和发展活力。鲜卑、契丹、女真、满族都建立过显赫的王朝帝国。中华人民共和国成立以后，毛泽东主席就十分关注满族入主中原的历史动因及其治国经验。没有深厚的文化底蕴，何来森林帝国的霸业？那么，这个深厚的文化底蕴究竟从何时开始，又是怎样发展，其伟大贡献又是什么？难道不引人入胜吗！

我想到的那位学者，就是中国著名考古学家张忠培先生。1971 年小南山第一次主动发掘就是张先生做技术督导。40 年前先生就看到小南山学术上的增长点，他对渔猎经济在蒙昧向野蛮过渡意义的推测，具有学术上的预见性、前瞻性和创造性，令人感佩之极。假如先生能看到现阶段小南山的发掘成果他该有多高兴啊！一定会热泪盈眶的，就像 1982 年晋中考古调查结束后，他来山西太谷白燕遗址，看到晋中所有已知资料按年代排出的 33 段成果（从前仰韶到春秋），激动得泪流满面那样。今天，能追随先生的足迹，一睹小南山的风采，深感荣幸，非常感谢黑龙江文物考古研究所所长赵永军先生、老所长李陈奇先生、黑龙江大学王乐文先生所赐的学习良机，也感谢李有骞、张伟等先生不吝赐教（图 25-1）。

黑龙江文物考古研究所李陈奇、赵永军两位所长曾经写过一篇纪念张忠培先

图 25-1 与小南山发掘者李有骞合影

生的文章。文章中讲到，1971 年黑龙江省博物馆考古部组成小南山考古队，9 月份发掘小南山遗址。特聘吉林大学历史系任教的张忠培为业务指导。此次发掘共开探沟 6 条，揭露面积 100 平方米。出土石器 84 件，有矛、镞、刮削器、尖状器以及石片、石核等，还有罐等少量陶器，张先生认为是新石器时代渔猎文化的遗存。在张先生建议下，又对石场、五林洞小东山、珍宝岛西南、小佳河古城遗址等进行专题考古调查。

那是中苏关系特殊紧张的时期。珍宝岛战役刚刚结束。小南山的发掘地点高出江面 25 米，距江边仅 15 米，我们工作人员的一举一动完全暴露在苏联军队监视之下。除对岸高高矗立的瞭望塔之外，还有两艘炮艇日夜不停地在江上近距离观察，炮口一直对着我方的发掘工地，这次在对方眼皮底下进行的考古发掘被戏称为“炮艇下的考古”。小南山考古发掘引起了当地各个方面关注，田野工作结束后，考古队应邀在县政府礼堂向驻军官兵、党政干部做大型报告。开黑龙江公众考古的先河。

小南山遗址推开三江平原万年前的历史大门，是认识三江平原乃至黑龙江流域考古学文化发生、发展和文明起源的钥匙。小南山遗址有五个时期的文化遗存（今年又发现一个时期的遗存，严格地讲是 6 期遗存，今天暂时按 5 期讲）：

小南山遗址第一期遗存距今 17000~13000 年。未发现遗迹现象，原生堆积多只压在巨石之下，陶片残片的数量较少，多见于墓葬封土。根据夏鼐先生在甘肃宁定县阳洼湾齐家文化墓葬发现马家窑文化陶片，从而证明后者早于前者的理论认识，故建议可将小南山墓葬填土陶片独立区分出来，是本遗址目前认识的最早阶段。又根据滨海地区、嫩江中游、江西万年仙人洞、广东英德青塘等多地的早期新石器时代遗存考量，小南山第一期文化遗存的年代基本可信。甚至有可能突破其上限。这个阶段出土的陶片显示其年代并不单纯，存在进一步划分阶段的可能。小南山第一期文化遗存发现 5000 余件打制石器和珍贵的早期陶片，石制品以两面器和大量石片为主，陶片火候较低，夹砂，内外表面有压印草痕。还有若干动物化石，碳 –14 测年数据表明其年代早于俄罗斯境内距今 13000 年左右的奥西波夫卡文化。

第二期文化遗存是以出土玉器的墓葬为代表的阶段。

第三期文化遗存距今 4700~4500 年，是由 10 余座半地穴房址组成的村落。目前仅发掘房址 1 座，出土器物主要为平底筒形罐，陶器表面纹饰繁缛，以细密篦点纹为底，上加划蜗旋纹，其文化特征与俄罗斯境内的沃兹涅谢诺夫卡文化相同，这是在我国境内首次发现的具有明确层位关系的此类文化遗迹。

第四期西周中期遗迹只有半地穴房址，以颈部饰折线纹的陶壶为代表。

第五期文化遗存为西汉时期。以房屋出土素面陶壶为主。第四期、第五期在我国境内此前从未发现，两者在俄罗斯境内也只有零星的线索，小南山的发掘为这类文化遗存的发现与研究提供了经验。

今天主要讲小南山遗址的第二期遗存，也就是小南山文化。

目前的资料表明，小南山文化有进一步分期的可能。碳 –14 测年数据在距今 9000 年左右。此时，最重要的资料都出于墓葬。该墓地由 50 余座土坑竖穴墓组成，墓坑大小不一，长 250~300 厘米不等。墓葬之上方均有封土积石，但积石的方式则有不同：南部单体封石为主，即每座墓葬各有自己的积石封墓。北部则以整体封石为特点，所有的墓葬都被压在同一片石砾之下。仅直径 5 厘米以上的石块就有 13000 余个，最大者近 200 千克，总重量达 14 吨。两片墓区相距 75 米。巨大而持久的劳动力投入，反映出小南山先民的社会生活充满活力和生生不息的传承魅力。

现在的问题是学术界对该遗址早期（第一期和第二期）遗存年代的认识存在不同看法。有的看早，有的看晚，有的认为早于内蒙古敖汉旗兴隆洼遗址，有的认为相当兴隆洼遗址中晚期。我认为小南山早期遗存只能早，而不能晚。这就涉及人骨碳 –14 年代测定数据的准确性，小南山陶器年代的定位，玉器工艺的时代特征等多学科多领域的问题。把这些问题说清楚，小南山遗址的学术价值自然会跃然纸上，令人惊叹。

第一是碳 –14 测年数据的问题。小南山 7 个碳 –14 测年数据。其中，2015M2、M3 经数轮校正分别为距今 8775~8595 年、9135~9010 年，测年数据取样标本是木炭样品；2019 年的两座墓葬测年取样标本为人骨，测年数据经校正后均为距今 9000 年左右。2017 年检测的人骨碳 –14 年代也为距今 9000 年前后。这些数据均出于美国碳 –14 测年贝塔实验室。大家知道，一般碳 –14 样品中，粮食和小动物的样品比如炭化种子和家禽家畜的生命周期较短而比较理想，人类遗骸也是如此，误差不会超过几十年。炭化木头、木炭等由于可能来源于树龄几百年甚至上千年的样本，因此可能会造成比较大的误差，这种观点可以解释 2015 年两座墓葬年代差异 200 多年的问题。所以小南山几座墓葬人骨样本的碳 –14 测年数据当能够真实反映小南山早期遗存的绝对年代。目前研究表明，小南山遗址考古发掘资料的进一步整理，关于早期遗存年代的认识可能会产生新的突破。

第二关于陶器年代的定位问题。这是凭经验进行的材料比较问题，属于感性认识，只能意会难以言传。发掘者李有骞在《考古》(2019 年第 9 期) 所指出小南山第三层年代，应在距今 9000~8500 年阶段，即奥西波夫克与鲁德纳亚文化之间，与日本北海道的石刃镞文化时期相当，在国际上有一定影响。有的学者认为前述兴隆洼遗址中晚期遗存才有小南山三窝点一组的纹饰出现，是小南山年代较晚的证据。其实，恰恰相反。大兴安岭西麓与小兴安岭长白山一线实属不同考古学文化区。兴隆洼的发现，只能说明大兴安岭西麓这种纹饰出现的年代，而不能说明它在三江平原兴起的年代。这从另一个侧面暗示出三窝点一组的纹饰不是兴隆洼原生的纹饰，而是从东面的三江平原传输而来。黑龙江考古学文化区域东西两个系统的认识对于认识具体遗址文化因素极其重要。在江西万年仙人洞同样有相似的成组窝纹，北大实验室测年数据均在万年以上。小南山墓葬填土陶片的年代可早到万年以前，为墓葬年代的上限提供了足够的空间。

第三是关于玉器工艺的时代特征问题。我认为只能听玉器研究权威的意见。香港中文大学邓聪先生认为：小南山玉器工艺技术及组合，都与兴隆洼文化玉器不同，后者继承前者的因素明显。例如前者只有环状玦，玦的圆形控制较弱，后者除环状玦外，新出现管状玦，且环状玦的圆形更规范近正圆。技术上玉器切割技术，均采用了砂绳切割的工艺，是东亚早期新石器时代玉工的特色。最后石器形式方面如石叶镞、两面加工石枪及大型石斧等，无不指向距今 10000~9000 年前阶段，与俄罗斯沿海州至日本考古共同的研究成果完全吻合。

当然，小南山玉器组成格外复杂，比兴隆洼文化玉器种类更丰富。其中扁圆形玉珠、圆形玉珠、璧形坠饰、玉环等均非常发达，却未见于兴隆洼文化的阶段中。其中小南山的玉珠圆浑可爱，制作技术十分超前，可堪媲美红山玉器，值得玩味。另扁圆形玉珠，曾见于吉林双塔遗址，年代接近距今 10000 年前，可证此种玉珠在小南山出现并不奇怪。小南山玉器对其后玉器文化产生巨大的影响应该是玦、匕形饰、玉管及弯曲条形器等。这些玉器到了距今 8000~7000 年前间，自北至俄罗斯沿海州，向东跨过日本海，登陆本州岛的北陆，向南在内蒙古东南、辽西，再翻越燕山至河北易县及天津。因此，小南山所出土玦、匕首形器、玉管及弯曲条形器，是东北亚新石器时代玉器革命的源头。

小南山玉器加工技术中砂绳切割技术、锯片切割技术兼备，尤以前者是具有世界性的意义！以解玉砂配合绳子切割玉器素材，在小南山遗址中，已经十分成熟，可以连续切割生产扁平玉片，再加工成各种类型的玉器。良渚文化中几乎所有玉器，都以砂绳技术开料，其源头来源于小南山无疑。然而对西伯利亚西南部、贝加尔湖周沿出土大量史前玉器考察，却从未有见玉器上有砂绳切割技术的痕迹。

小南山砂绳切割玉器技术是兴隆洼、红山及良渚玉器加工技术的先驱，舍此，早期中国玉文化的发展就很难取得如此成就，或者面目全非。现在所知，年代上小南山所见砂绳切割技术，为世界上最早的。俄罗斯沿海州鬼门洞、日本桑野也见相同砂绳切割技术，均来自小南山的影响。向南砂绳切割技术南下至粤东沿海，甚远至香港、澳门。

真玉辨别问题至关重要。矿物学上真玉仅指软玉（即市场上和田玉）及硬玉（即翡翠）两种矿物。其他矿物不能称真玉或玉。目前，小南山所指玉器，至少包括有软玉、蛇纹石及玛瑙等，以前两者为多。有待进一步科学鉴定。但按本人肉眼观察，其中软玉当占相当大的比例！特别是一些大型玉玦、环、匕形器等重器，均玉质温润而泽，很明显玉工对软玉的辨别已经达到很高的水平。当时小南山人对软玉的爱好和重视，跃然于物上，可以理解。如此软玉已在当时社会中，被选择作为最珍贵之物质，赋予巨大象征性意味，玉的精神意义已从其他所有矿物中，脱颖而出。小南山早期遗存作为中国玉文化摇篮，当之无愧。

二讲，洪河遗址有辉煌

该遗址位于黑龙江省齐齐哈尔市富拉尔基区杜尔门沁达斡尔族乡洪河村南约 1 千米处，坐落于嫩江中游右岸高出江面约 10 米、临江二级台地边缘，东北隔江与梁思永先生 1930 年发掘昂昂溪五福 C 遗址相望。2004 年和 2009 年，齐齐哈尔市文物部门在此做过已暴露墓葬的简单清理。

昂昂溪遗址分布在嫩江左岸湿地沙丘间，是一处遗址群落。1929 年、1930 年，俄籍中东铁路雇员路卡什金和梁思永先后对齐齐哈尔昂昂溪五福 C 遗址进行调查与试掘。1932 年发表《昂昂溪史前遗址》考古报告，将五福 C 遗址清理的 2 座墓葬材料和地表采集材料为代表的遗存确定在新石器时代。后来有学者据此提出了昂昂溪文化的命名。此前，黑龙江省只有考古调查而从未进行过考古发掘。因此，梁先生昂昂溪遗址考古发掘，开创黑龙江省现代考古工作的先河，是黑龙江省考古学开始出现的标志。

2013—2015 年和 2017—2019 年，黑龙江省文物考古研究所连续对洪河遗址进行五次发掘，揭露面积约 4200 平方米，发掘出新石器时代、两周时期、明代遗存。其中，属于新石器时代昂昂溪文化的房址 27 座、墓葬 9 座，出土陶、石、骨角蚌、玉等质地的器物千余件，全面地反映出昂昂溪文化的整体面貌与特征，为全面推进该文化的研究提供坚实的基础。昂昂溪文化的完整陶器多出于房址的居住面上，器型有罐、碗、壶、杯等，组合特征十分清楚。石器和骨角蚌等质地的器物工艺精良，制作精美。石器主要是打制石镞、刃、钻，还有磨制环状器等。骨角蚌器主要包括骨镖、枪头、锥、骨梗石刃刀、刀梗，尤以骨镖形制富于变化，工艺精湛。显示身份的饰品、权杖首，角锤，蚌饰品等脱颖而出，社会生活趋于复杂。

昂昂溪文化房址的面积在 40~105 平方米之间，以 60~80 平方米的居多。均为圆角长方形半地穴式，门道为不规则长方形，方向以西北东南向为主。房址面阔不及进深的二分之一。进深方向多设 3 或 5 排柱洞，中间一排为承重，另有若干辅助柱洞。有的房址还有壁洞。居住面较厚硬、经反复踩踏，是长期居住留下的痕迹。这种定居生活方式为探索渔猎经济的社会组织与结构提供了新鲜资料。

"串珠式"聚落在中国考古学史上尚属首见。以前，人们只知道半坡文化环壕向心式的临潼姜寨村落，那是五大家族围绕中心广场分布；环壕排列式的敖汉兴隆洼村落，那里存在按家族分成排列的倾向。洪河遗址的发掘，识别出有别以往其他地区发现的新石器时代的聚落形态，这个昂昂溪文化的中心聚落对于中国古代的聚落研究具有特殊的重要意义。

洪河遗址还发现粟、黍和大量动物骨骼的遗存。由此可知昂昂溪文化已经从单一的狩猎向多种经济的发展转化，丰富了以往的认识。经过动物考古专家初步鉴定，洪河遗址的动物骨骼主要为原牛、马、马鹿、狍子、野猪、狼、狗、狐、貉、獾和兔，此外还见有大量的鱼、鸟类骨骼，基本的生活方式还是以渔猎经济为主。

昂昂溪遗址发掘的重要意义：张忠培先生在纪念昂昂溪遗址发掘 80 周年时，曾动情地说道，就整个东北地区而言，昂昂溪遗址虽不是东北地区考古学的肇始，是比锦州葫芦岛沙锅屯（1921 年 6 月安特生发掘）、大连貔子窝（1927 年日人原田淑人等）为晚的第三次考古发掘工作，但是中国考古学者在东北地区的首次工作。就整个中国来讲，昂昂溪虽后于沙锅屯、仰韶村、甘青地区、西阴村、貔子窝、城子崖诸项考古发掘，但仍处于中国考古学奠基时期的考古工作。一是其发掘、整理和发表报告的科学水平，高于同时期的其他几项考古工作；二是于史前时期来说，这次工作是继认识仰韶、齐家、马厂诸文化遗存之后，而在确认龙山文化之前，识别出一种新的文化遗存。从经济形态上来看，昂昂溪遗存又区别前所发现的种植农业型和亦农亦牧型的考古学文化遗存，是经营渔猎—采集经济的考古学文化遗存。因此，可以说洪河遗址的发掘，对探讨渔猎经济在中华文明的地位有重要的意义。

三讲，谈四点认识

这些初步的认识，只是抛砖引玉，不妥之处，请批评指正。因为有些认识还要需要出土资料的进一步整理研究才能得到深化，甚至取得更有积极意义的新进展。这两处遗址的重要发现双双闯进 2019 年中国考古十大新发现初评 20 强，我写个对联：上联，解小南山古老之疑中国手铲读天书；下联，破昂昂溪奠基之题百年考古写春秋。横批，双喜临门。

其一，不是所有的考古发现都能惊艳时光。

小南山文化和昂昂溪文化新发现惊艳时光，可以永载史册。小南山考古新发现的突破性意义在于：使得中国在滨海地区的考古研究扩大国际视野和增强对话能力；玉器的发现研究具有开拓性，让学术界更深刻地体会中华文化的包容性发展，对渔猎经济在文明进程中的特殊地位的认识产生跨越式进步。昂昂溪考古新发现的重要意义在于：科学地回答中国考古学奠基时期梁思永先生所提出的课题，基本完成对其年代分期、文化面貌与特征的认识，揭示出其定居形态、村落布局和经济生活状况，交出一份合格的历史答卷，使学术界对昂昂溪文化的认识达到全新的和科学的新高度。

小南山墓葬出土的玉器是中国考古发现的新亮点，1991 年，小南山遗址曾发现一座墓葬，出土大量玉器为国内外学术界瞩目。2019 年，小南山遗址出土玉器多达 51 件。其种类包括玉玦、环、管、珠、扁珠、璧饰、锛形坠饰和玉锛等。其中，以玦饰显得特别重要，土坑墓葬中玦饰有单个、成对或两对等组合的方式。据出土状况判断极有可能作为耳饰使用。小南山玦饰文化是迄今所知东北亚新石器时代早期玉玦的源头。各种玉器的组合，形式多样化，构成迄今所知中国最早玉文化组合面貌，提供了中国玉器起源最重要的线索。小南山遗址玉器墓葬数量多、墓地规模大、布局紧凑有序，在同时期的中国考古学遗存中独领风骚。尤其是玉器文化更释放出耀眼的光彩。在如此之早的年代，在渔猎经济的白山黑水能发现规模如此庞大的墓地，而且墓葬竟然出土大量精美的玉器，匪夷所思。玉器的种类多样，个别的形态虽不十分规范，但基本的模样已经成型，成熟的砂绳切割技术和砂石钻孔方法开创玉器加工工艺之先河。中国新石器时代如红山、良渚玉器上，很多都遗留有弯曲条形状切割痕迹。这是利用绳子作为砂的载体，以达到切割的效果，是新石器时代玉器制作中重要的技术。良渚文化中几乎所有玉器，均以砂绳技术开料，其工艺技术无疑来源于小南山玉文化。中间的过渡地点分别是兴隆洼、查海、牛河梁。小南山是目前所知此种技术最早的证据，对了解近万年以来早期玉器的形制和制作技术，探讨中国古代玉器文化起源和传播开辟出新的路径和更广阔的视野。

从类型学上看，小南山墓葬出土的戳印篦点纹陶罐和素面陶罐，与俄罗斯境内发现的马林斯克文化和亚米赫塔文化相近，大体属于同一阶段。因此，可知小南山墓葬代表的遗存，在本地考古学文化序列中正处于奥西波夫卡文化和新开流文化之间，支持小南山玉器墓葬年代在 9200~8500 年间的推断。

小南山考古新发现开拓黑龙江考古研究的国际视野。小南山遗址发现连续多时期的文化遗存，跨度 15000 余年，对构建黑龙江下游乃至滨海地区考古学文化序列意义重大，特别是提高了我国在国际舞台上对话的能力。以往，俄罗斯和日本学者比较活跃，现在不论从考古学遗存的内涵还是研究深度，我国学者都实现了弯道超车，对认识这里的自然环境变化和人类文化适应性等多方面研究取得跨越式进步。

小南山推开三江平原万年历史大门靠的是考古学研究的深邃性。超越古代文献是考古学研究的崇高境界。小南山早期遗存是黑龙江流域新石器时代考古学文化的新种，应该加强研究，特别要同滨海地区的几支考古学文化，例如奥西波夫卡文化、马林斯克文化。我们应该尊重和致敬国外同行的科研成果，而不是相反。

小南山贡献用顺口溜概括：

玉器祖源显曙光，渔猎经济也疯狂，
蒙昧野蛮天荒老，铲释天书谱新章。

小南山墓葬出土的玉器是个天大的课题。玉文化的发现最直接的是引出礼器的问题。玉器从来都是装饰性礼器。什么是礼器？祭祀仪式所用的器物就是礼器。包括佩戴能反映级别和身份的装饰品、奉献祭品的器皿、用以做法事的道具、烘托氛围的器具、占卜测算的工具，等等。我在《文明起源的中国模式》曾写道：文明起兮兆东方，古礼万年始辉煌。现在，终于有资料将玉器的出现推早到万年左右。

小南山发掘的意义还表现在对传统观念的第三次冲击。我们知道，第一次是红山文化东山嘴、牛河梁遗址的重见天日，“满天星斗”的文明起源学说颠覆过去的黄河中心论的说教；第二次是陕西神木石峁古城的石破天惊，再现出夏代之前群雄崛起，城池林立的历史格局，撼动文明起源过程中华夏民族一花独秀的文献记忆；第三次很可能就是小南山 9000 年玉器横空出世，正在挑战从蒙昧向野蛮过渡完全依赖农耕经济的传统认识。

更为重要的是，玉器一直被认为是中国古文化的核心，玉是君子品德的象征。

现在，如果把祖传的东西说成是舶来品，学术界能否接受这个事实呢？其实，这正是中华文明包容性发展的见证。学术界有的看法认为小南山早期遗存年代没有达到距今 9000 年，因为那样的话兴隆洼的玉器就只能是输入影响的结果，这显然有悖于传统文化对玉器的认识。过不去的坎，实际上在心里，而不是材料。这才是问题的症结所在。

现在该说洪河遗址逝去的辉煌。

历史信息的多样性是该遗址发掘收获突出特点。

年代的信息。昂昂溪文化过去的 6000 年和 4000 年说都是猜测，现在的认识可以终结年代的悬疑。实现从主观到客观的改变。聚落形态的信息。黑龙江流域的聚落形态也是多样的。见过很多环壕聚落，但没见过珠联闭合式聚落。农耕社会大都一门一灶，游牧人家一般为一帐一灶。洪河居民则是一门三灶。为什么？

经济转型的信息。粟和黍的发现可知昂昂溪文化的洪河人已经从单一的狩猎向多种经济的发展转化。颠覆以往的认识。这得益于中国考古学基础理论的第三方法——考古浮选法，它是排在层位学、类型学之后的重要方法。

祭祀杀戮的信息。他（她）们是谁？是族人还是被强掳的异族？被砍伐的人骨就形态而言，自然会让人们联想到殷墟王陵前铁血杀戮的祭祀坑。可怜洪河岸边骨，“犹是春闺梦里人”。

其二，不是所有的聚落形态都为人所知。

发现没有止境。以前，人们只知道半坡文化环壕向心式的临潼姜寨，那是五大家族围绕中心广场分布；环壕排列式的敖汉兴隆洼，可能存在按家族分成不同的排列；环壕长屋式的蒙城尉迟寺，家族的居住可能与方向有关。但串珠式聚落尚属首见。我推测，洪河遗址一个环壕属于一个家族，同一环壕中的不同房间，是家族内的不同家庭。同一房屋存在多个灶坑，可能与家庭存在不同的辈分或存在特殊成员有关。这五个家族为临江捕鱼的便利，以及因平等共享资源的原则才一字排开，家族有大小之分，故聚落面积不同，与半坡文化五大家族经营同一村落的本质基本相同，是五个家族共同经营此地。若然，以后可能会见到比五联珠更多的七联珠聚落。这种聚落说明家族之间的联系没有半坡聚落的联系紧密，很可能是家族单独作战能力较强；他们聚集在一起，则说明有些时候又必须联系。航拍照片显示，它们宛若亮丽的串珠镶嵌在嫩江水岸，格外壮观。其特点大异于已知的资料。

每个环壕的年代分期和布局、五联珠之间的关系都需要进一步研究，森林文化的社会组织形态提到日程上来。洪河聚落可证渔猎经济的人们共同体可能存在特殊的联盟制度。一屋三灶与半坡、庙底沟文化的一门一灶，和游牧民族的一帐一灶区别明显；串珠闭合式环壕像糖葫芦一样相依相伴，必有其特殊意义。其中的社会组织关系、等级差别都不清楚，只是知道特殊的形式与特定的社会内容相联系，渔猎经济的居住形式，似乎是不见于经典作家论述的新资料，很新鲜、很复杂，需要认真研究。目前，研究的重点是通过陶器的拼对复原，排比分析，确定同一环壕不同房址的相对年代；或者通过孢子花粉的分析寻找它们的联系与区别。逐步积累研究的经验。

其三，不是哪个文化区都拥有原始的神秘感。

这两处遗址的发掘，对东北地区考古学文化区系类型研究有特殊贡献，至少让人们实现了从感性到理性的飞跃。因为，实实在在的考古学资料摆在那里，黑龙江流域文化区域的问题凸显出来，哪里是天然形成的核心区域，哪里是文化角逐的旋涡地区，都可以通过新材料确定。例如，黑龙江下游相对中上游而言，显得更活跃、更开放；而中游是比较稳定发展的地区。黑龙江流域总特点可以概括为：得天独厚的自然资源，燃烧激情的渔猎经济，超过万年的筒形陶器，东西不同的文化传统，玉器祖源的考古新知，战斗族群的成长天堂。东西两个系统是认识黑龙江流域不同考古学文化交流影响的钥匙。

其四，不是只有农耕经济才创造文明的光辉。

小南山与洪河遗址的发掘显示，一方水土养一方人。活跃在白山黑水之间的渔猎经济，在中国古代文明进程中占有特殊重要的地位，进而提出森林古国的研究课题；在蒙昧向野蛮时代过渡的漫长岁月里独立潮头，艰难传承，不断书写渔猎经济的历史新篇章；在养育鲜卑、契丹、女真和满族强势崛起的过程中，其地位显赫，泽被后代。当年，张忠培先生就曾提出过蒙昧向野蛮时代过渡可能存在多种途径的问题。洪河遗址的发掘再次提出这个问题。祭祀杀戮已经出现，骨质礼器基本成型，相邻聚落存在等级，渔猎经济渴望发展。恩格斯在《家庭、私有制和国家的起源》中概括蒙昧和野蛮时代特点时说："蒙昧是以获取现成的天然产物为主的时期；人工产品主要是用作获取天然产物的辅助工具。野蛮时代是学会畜牧业和农业的时期，是学会用靠人的活动来增加天然产物生产的方法的时期"[1]。我理解，这是过去把采集和渔猎经济认为是蒙昧时代的重要特点的主要依据。此时，能够帮助人类获得猎物、鱼类和采集果实等天然产物的工具就是渔猎经济那些箭头、石球、刮削器、鱼鳔、骨刀、骨矛、渔网、石坠等。这个阶段通过野蛮时代农业和畜牧业才能走向文明。现在，黑龙江考古新发现的资料表明，渔猎经济的社会可能拥有不为人知的演进方式和发展道路。我们期待，高新技术在田野发掘中的应用可能会发现重要线索。

杀戮祭祀历来是动员社会、凝聚力量的铁血手段，是一定社会发展阶段的产物。这个阶段通常与阶级出现、贫富不均、社会复杂相联系。即或森林社会尚未出现阶级，但领导阶层的形成一定是不容忽视的前提，否则，就难以形成社群，就不会出现发掘所见到的这种特殊现象。

有研究认为森林文化特点就是"合"，源于围猎。这个统合，实际上就是联盟。人类组成社会伊始就迎来管理的问题，谁管谁，怎么管不是一人说了算数的，应该是共识和约定。文明社会进步首先是社会组织结构的进步。从早期中国的家族天下，到封建社会的帝王治国，再到政党理国的现代社会历来如此。早期中国的国家起源，依靠的就是以家族联盟为基础的有特色、多层次、全方位的联盟组织，是从旧制度的废墟上唯一能够继承的历史遗产。城池、陵园、祖庙等超级工程都是后起的社会现象。考古学的文明要素在森林社会中的具体形态需要探索，不能一概而论。

注释：

1. 中共中央马克思恩格斯著作编译局：《马克思恩格斯选集》第四卷《家庭、私有制和国家的起源》，人民出版社，2018 年。

悟道者说

白山黑水考古忙，文明依然唱主场。渔猎经济连绵久，陪伴农耕万年长。早期中国农耕经济也不是唯一的人间乐园。但白山黑水的渔猎经济从始至终都是令人神往的诱惑天国，在中华文明的进程中占有特殊重要的历史地位。

二六、彩陶瑞玉　听盟誓铿锵

（精准解读牛河梁）

（一）牛河梁遗址的呼唤

牛河梁遗址是凝聚着中华文化基因与文明密码的无价宝藏，是中国考古学史上的伟大发现。这发现对于学科的成长与发展具有里程碑的意义，是改革开放前后中国考古发展的分水岭，是“满天星斗”文明理论的摇篮。

牛河梁遗址问世以来，红山文化的研究曾风生水起，引人关注。“满天星斗”的文明理论广为流传，五千年中华文明家喻户晓，20年磨一剑的大型考古专刊报告强势推出[1]，“牛河梁”三个大字在高铁站台格外耀眼，其催生文明讨论的影响深远，早已誉满天下。但是，近些年它却逐渐淡出“探源”的视野；“申遗”受挫，“十大考古新发现”无缘，世人感叹牛河梁风光不再。是因为缺少中国深度才逐渐走向重复式平庸？还是因为缺乏理论思维才变得全面而肤浅？难道牛河梁蕴含的历史信息果真被吸干榨尽？难道它真的成为“文明探源”的鸡肋？

答案显然是否定的。牛河梁已经呈现出来的辉煌人们尽收眼底，五千年中华文明的呐喊依旧在学术界回响，隐藏在深层的基因和密码却还需要深度发掘。但是，迄今很少有研究从前朝后寝的整体环境考察遗址规划布局的整体性特征，也无人问津带有陵园围墙的特殊墓葬究竟具有怎样的划时代意义，更没人理会彩陶瑞玉相揖别的特写所表达的竟是文明进程的重要关头，如此等等，不一而足。

牛河梁遗址是早期中国特殊的超级工程，高踞于遗址等级链的顶端，颇为珍贵，极端重要。普通的村落、城址和一般的祭祀场所绝不能与之等量齐观。它既不是一般意义的祭祀中心，也不是玉巫教的大本营，而是红山文化古国联盟总部。因此，是中国考古可遇而不可求的大发现、大项目、大课题。牛河梁的研究为探索早期中国古礼的用彩制度、用玉制度、享堂制度、盟誓制度提供了崭新的视角、清晰的线索、翔实的证据。解密牛河梁是一项系统工程，也是一项长期工作。作者试图从材料出发作精准解读，从国情出发谋理论创新，从逻辑出发试科学论证，进一步阐释中华文明“独特的制度创造”的深刻历史内涵，论证礼制的发生发展、成熟完善是中国古代社会的独特经历，是中国古代文明起源的基本脉络，是中华文明的核心特色。

以下 10 个问题，又称“十问牛河梁”，将溶入下文之中：

是神圣庙堂还是礼器库房？环境说明问题。
是飞天女神还是一代枭雄？识别依靠特征。
是一般坟冢还是专享祭堂？享堂也能溯源。
是教主独尊还是王者无敌？大联盟我做主。
是群巫起舞还是司职分工？且看玉器旨意。
是丧礼革命还是联盟升级？彩陶瑞玉揖别。
是祭祀绘彩还是盟誓用彩？图案一目了然。
是魔力法器还是盟誓信物？斜口玉器新解。
是巫觋魅力还是王者誓言？话说墓葬台阶。
是祭祀中心还是联盟总部？解读务求精准。

（二）遗址性质的再检讨

牛河梁遗址是1981年全国文物普查时发现的，遗址面积很大，由若干山头连接组成，有中心有级别，有层次有规律排列。是中国考古从未见过的遗址类型。1983—2003年连续发掘。调查发掘地点共16处，其中，N1、N2、N3、N5、N16经发掘，面积近1万平方米。2012年《牛河梁——红山文化遗址发掘报告》（以下简称《牛河梁》）由文物出版社出版。

牛河梁遗址最引人注目的遗迹现象是“女神庙”，最错综复杂的遗迹组合是积石冢，最耐人寻味的是北南两区的“前朝后寝”布局形式。北区集中着各类建筑，是举行仪式和集会的地方。南区是安置陵墓的地点，由多个山头组成。北区的中心是编号为N1J2的大平台，《牛河梁》称其上有围墙相隔。N1J1原称女神庙，N1J3筒形器库房，N1J4是房址。这些似乎都是大平台的附属建筑。它们和那些尚未被发现的神秘遗存，证明这里是举行仪式和集会的地方。

南区是安置陵墓的地点，由多个山头组成。排列有序的状况，令人感叹大自然的鬼斧神工。北排是 N2 地点，N3、N5 居中，N16 最南，其海拔高度均在 620~650 米间，距离上也有刻意安排的感觉。N5 距 N2 约 900 米，N16 东南距 N5 约 900 米，坐落在这些山头顶部的大型墓葬被称为“中心大墓”。

N2Z1M25、N2Z1M26、N2Z2M1 是有陵园围墙、有阶梯墓道的 A 类墓葬，N5Z1M1、N16M4 是有专享祭坛、有阶梯墓道的 B 类大型墓葬。中国古代顶级墓葬制度的基本要素都集中于此，因此，可断言牛河梁是中华王陵的开篇，堪称中华第一陵，其年代在距今 5500 年前后。河南殷墟的商朝王陵、陕西雍城的秦公王陵、汉代皇家王陵都是其后来者、追随者、继承者。由此可见，牛河梁遗址北区是头部平台，南区为身躯部分，两者是有机整体不可分割，是见证古代中国陵寝制度起源的化石和铁证。有诗赞曰：红山诸王志千里，慎终追远筑宏基。旷古哀荣牵祭统，满天星斗话传奇。所以，欲精准解读之，就不能只看规模大小，而要注重整体布局的思想；不能只讲豪华程度，而要强调其制度的特征；不能只是陶醉玉器的精彩纷呈，而必须读懂其题中应有之义。

1. 是神圣庙堂还是礼器库房?

牛河梁认识之初，“女神庙”之说非常轰动。经过 20 年的考古发掘和后来的室内整理，研究进入理性与科学的阶段。《牛河梁》在介绍人像标本时已然放弃了女神的概念。《文明起源的中国模式》[2] 提出该地点库房说，现在得知祭器库（筒形器）在大平台东面，因此，N1J1 这个地点称偶像库比较合适，它们都是大平台以外存放礼器的库房。

笔者早年的观察认为，N1J1 是存放人像的库房，不是供人们朝拜的庙。一是它与积石冢构成的丁字形布局形式。它在北面的坡上，长条形建筑为南北坐向；第二地点的 4 座积石冢在其南面的缓坡下，是由西而东一字排开的，这种朝向意味着坡上为尊，以北为主，积石冢是面对 N1J1，也就是说从积石冢向北望去，就算当年的“女神庙”完整无损，也只能看见其南部的单室建筑（N1J1A），这种状况显然与庙的布局大相径庭。二是 N1J1 为半地穴的建筑，狭长形状，最狭窄处仅 1 米多宽，可以容纳的人数很少，极不方便人们朝拜或拜祭。很有可能，在祭天大典等活动时要将泥塑的神像搬到室外，活动结束后再搬回去。与现在的很多宗教庆典的开光仪式性质相同。唯此，才能合理地说明整个牛河梁诸种遗迹现象。所以，N1J1 与其说是庙，倒不如说是库房更为准确。而今，《牛河梁》的面世可以大大丰富以往认识：

第一，牛河梁遗址的中心是编号 N1J2 的大平台（图 26–1）。其面积约 3 万平方米，非常宽敞，等高线显示，这里由南而北逐渐升高，排列规律，大有藏龙卧虎的神秘气息。《牛河梁》未能提供其详细情况，本文的推测复原仅仅为指示

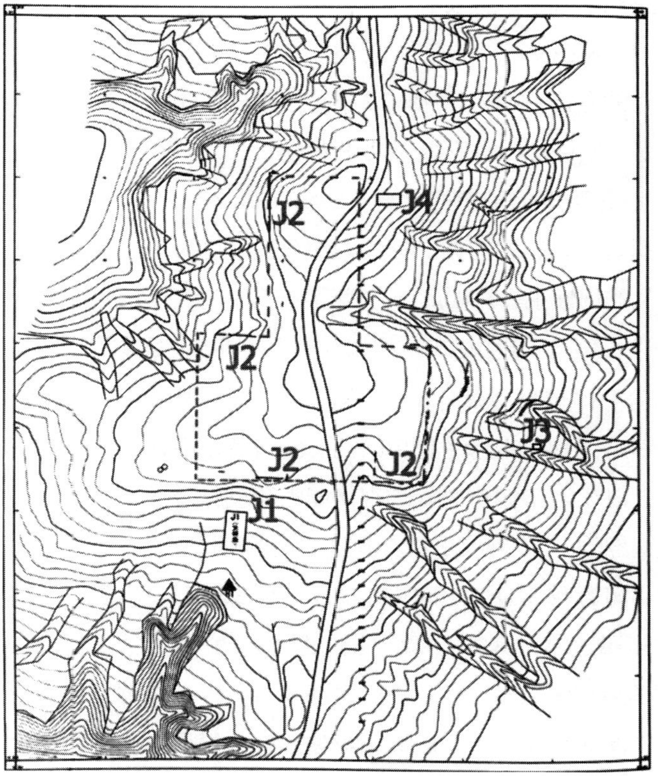

图 26–1　牛河梁北区遗迹分布图

（N1J1 偶像库，N1J2 大平台，N1J3 祭器库，N1J4 房址，大平台形状根据断续残墙推测复原）

遗迹的分布和勾勒地形状况，但其作为牛河梁遗址的“前朝”部分却是毫无问题。N1J1 偶像库只是大平台南墙下面的附属建筑。其东墙有出口是通往编号 N1J3 保管筒形器的祭器库，其平面也做长条形，发掘出 100 多件筒形器。西墙南端有出口，墙外有泥塑人像的残片，应是人像在搬回库房途中损毁。出西口左转就是偶像库。大平台北端右侧有编号 N1J4 的房址，类似今日之门卫或贵宾室。偶像库与祭器库都在大平台之外，均长条形建筑，对应关系说明两者性质和功能相同。大平台面积很大，是揭开牛河梁神秘面纱的关键部位，新的考古发掘令人翘首以待！

第二，牛河梁偶像库因文物保护需要只作小面积清理，很多情况并不清楚。已知资料显示，人像有多个个体，其形体大小不一。最完整的标本N1J1B：1是《牛河梁》公布的唯一的人头像标本，并未提及其性别。这件标本很难看出女性特征，反倒是与N16M4：4的玉人造型非常相似，发际线部位的凹槽相同，表示它们拥有同样的发饰。在早期中国，平头平冠一般是男性标志，女性因发髻存在往往呈隆起状。安徽含山凌家滩男性玉人的形象[3]，安徽屯溪西周时期女性铜坐跪人[4]，四川广汉三星堆二号祭祀坑出土牙璋（K2③：201–4）上女性图像[5]都是这种认识的依据。所以，牛河梁的这件人像（N1J1：4）当不是母仪天下的女神，而是八面威风的男性王者。如此，方能避免张冠李戴的冤假错案。

“女神庙”之说是因为该单位出土的人像残片中有疑似乳房的发现。其中，发掘的 2 件乳房个体较小，只有 13 厘米左右，且均无乳头表现，说是成熟女性其根据都似嫌不足，用来证明女神的风采显然过于勉强；采集的 2 件乳房关键处残破，其神韵全失。以牛河梁泥塑匠人的观察能力和创作水准，完全没有理由忽视表现性特征的关键部位。《牛河梁》放弃女神之说的原因可能与此关系紧密。

第三，牛河梁遗址 N1J1 偶像库与 N1J3 祭器库一样是用于储藏礼器的重地，是大平台的附属建筑。其中的偶像能够随时移动，根据活动需要搬入大平台内，活动结束后再搬回偶像库。如果说，牛河梁可能存有殿堂类建筑，那也应该安置在大平台内，而非其他地点。这似乎意味着：大平台内举行的活动是以这些普通人像为本位，与一般意义的祭天祭地的祈年活动明显有别，与祈福驱疫等巫术活动更不能同日而语。重要的是 N1J1 中不止一个人像的个体，他们究竟是何方神圣有待更多的资料证明，但肯定不是平民百姓。唯一合理的解释：他们是古国联盟体创始首领的可能性最大，因此才有资格留下泥塑金身，每逢重大事件和节日都要请出来见证历史。若然，牛河梁不仅是红山文化古国联盟总部，也是联盟共同体的纪念圣地。看来，积石冢群才是解决问题的关键。本文称其为祭坛享堂。

2. 是一般坟冢还是专享祭堂?

1983—2003 年，牛河梁遗址考古发掘的地点有 N1、N2、N3、N5、N16。其中，N2、N3、N5 和 N16 祭坛享堂的资料丰富，遗存结构特征鲜明，年代关系相对清楚。《牛河梁》提供以下几点重要认识：

N2 祭坛的规模最大，祭坛的数量最多，距离大平台最近，地位显赫，不可小觑。该地点由六个单元组成。按发掘先后次序分别编号 Z1、Z2、Z4、Z5、Z3、Z6。这六个单元中的五个单元按东西横向分布，Z6 位于 Z3 以北。总体范围东西长 130、南北宽 45 米，共占地 5850 平方米。六个单元分布紧凑：Z1 和 Z2 相距 3.2 米；Z2 和 Z3 相距 1.8 米；Z4 因西侧残缺，与 Z3 的准确距离不清，依现 Z4 西侧保存部分，与 Z3 相距 10.6 米；Z4 和 Z5 最近间距 0.2 米，Z6 与 Z3 南北相距为 2.7 米。这种距离可证它们的建设年代具有共时性。是认识多组祭坛性质与意义的关键环节。

红山文化祭坛有圆形和方形两种形制，两者相加为完整组合，少其一者为不完整组合。辽宁阜新胡头沟、朝阳半拉山均为单体建筑，前者圆形后者方形，均为不完整组合。30 年前笔者提出红山文化的祭坛分方形和圆形两种，两者可分可合[6]。当时只有阜新胡头沟[7]圆形祭坛被发现，20 多年后朝阳半拉山遗址方形祭坛破土而出[8]，我的推测成为不争的事实。一方一圆两者相加，等于喀左东山嘴遗址的完整组合[9]。牛河梁第二地点六个单元的祭坛是圆形和方形各三组，恰好是东山嘴祭坛完整组合的三倍，因而，可以推知，方圆两种祭坛可能是某种祭祀制度。N2 本身是由中型联盟组织所经营，并非某一古国独立而为之。

N2Z1 方形祭坛规格很高，建造精良，不仅有中心大墓垫底，其外还有高等级墓葬墙外簇拥，牛河梁玉器的数量和种类尤以此处最为抢眼，鹤立鸡群的盟主地位不言自明。

N2 提供牛河梁遗址年代分期的依据，说明这里历经三个发展阶段。早期以小型方、圆两种形制的祭坛为主，皆墓上封坛。若以北为尊，则方坛排在圆坛之前。小型墓葬 N2Z4M5、N2Z4M6、N2Z4M7，其上封圆坛，周边用筒形器隔出边界，墓葬出土彩陶盖罐或称罍。N2Z4M8、N2Z4M16 封方坛，位列前排，后者出斜口玉器。方坛的地位似乎高出圆坛。

中期祭坛的规模急速扩大，尤以方形或长方形者地位更加突出。N2Z1 是两个方形连体，有两座中心大墓垫底。N2Z2 是规矩的方形。这两个祭坛规格明显高于西面的圆形祭坛。建设由东而西，先方后圆，圆坛尚有打破关系，玉器从此大量出现，随葬彩陶盖罐的现象陡然消失。资料表明，这是牛河梁遗址大发展的时期。

晚期遗存数量很少，只见于 N2Z4A。

由此可见，盟誓总部的发展也存在一个由简单到复杂、由规模较小到规模可观的发展过程。这无疑是联盟组织不断扩大的必然结果。牛河梁大联盟的命运共同体形成于该遗址的中期，显然，是由中小联盟发展而来。

N3、N5、N16 三个地点保留完整的只有圆形祭坛，前者距 N2 较近，N5 北距 N2 约 900 米，N16 则东距 N5 约 900 米。这些地点祭坛建设的年代能够彼此对应；且每个地点用器、用彩的制度完全相同，它们错落有致，主次分明，礼数相同，因此，N2Z1 不仅是第二地点的主坛，也是牛河梁诸地点的主坛，是大联盟的组织者。这种活动涉及的地域广泛，人员众多，有规则、有组织、有领导才有保障。人们盟誓或其他重大事件来此圣地，平日里的祭祀活动在村落举行，就像辽宁朝阳半拉山、喀左东山嘴那样，不同的活动有不同的地点。

牛河梁祭坛与墓葬的关系非常复杂。若简单概括不外乎三种情况：祭坛下的墓葬、祭坛旁的墓葬、祭坛上的墓葬。祭坛下的墓葬不同时期都存在，两者因果关系密切，有以人设坛的倾向，甚至开后来墓上享堂建筑之先河，值得高度重视。小型的方形或圆形坛，成排列分布。圆坛顶部多见塔形器、扁钵形器，其周边布设多件筒形器，彩陶面向外，估计当年圆坛之上矗立有塔尖状物，远远望去，颇似今日天坛顶部的模样。圆坛下墓葬出土彩陶盖罐纹饰独特，在其他村落遗址中罕见。祭坛旁的墓葬反映出盟主团队的职能部门和司职分工。其中，有些是由外地迁入者，或可说明，牛河梁只是他们盟誓的地点。祭坛上的墓葬则可能是此地守护者死后的去处。

牛河梁遗址以大平台为中心向南辐射至少有三个层次：一是偶像库和祭器库。二是第二地点的祭坛建筑群。三是第五地点和第十六地点的祭坛建筑群。这种格局有分有合，每个地点遵循固定的规制和礼数，绝不是教派纷争的群魔乱舞，而是盟誓级别的生动写照。

偶像库现知的情况和祭坛分层围拱的情况表明，牛河梁遗址不是一般的祭祀中心，而是红山文化古国联盟体的总部，早期中国的盟誓圣地。N2Z1 不仅仅是第二地点的主坛，也是整个牛河梁遗址的主坛。坛主即是盟主，他们在平台内议事，在规定的山头上庆祝，位置固定，秩序井然。若是夜间望去，平台点灯，山头篝火，层层火炬，无比壮观。

（三）牛河梁古礼辖巫觋

作为红山文化古国联盟总部牛河梁遗址有着十分明确的礼数规定。

其一，用器制度有特殊要求，标准统一，位置固定。筒形器、扁钵形器、塔形器遍布遗址每个角落，与普通村落的生活器皿判然有别。筒形器往往用于界定祭坛范围，塔形器多置于祭坛顶部与扁钵形器共处。虽然这些器物随着时间的推移发生着形态上的变化，虽然墓葬器物因时代进步发生器类与组合的改变，但是不论哪个地点都毫无例外地、坚定不移地正常使用之，大有历久弥新的感觉。高度的标准化反映出礼器制作使用的规范性，由此展现出强烈的仪式感。这无疑就是盟誓总部特有的超凡脱俗的风采。

其二，用彩制度特点鲜明，表意图案直截了当。例如，手手相扣式勾连涡纹既可以出现在筒形器上，又可以出现在塔形器上，还能够出现在扁钵形器上。这种纹饰与庙底沟文化彩陶的圆点、弧线的神秘莫测完全不同，其直来直去、连接紧密的编织图案，都暗含有联盟的理念。

可是，若干年以来，这些礼制的现象却被湮没在宗教与神权光环之下。因为，人们习惯并热衷于见到玉器便不加思考地将其与宗教和神权相联系，对良渚玉器如此，对凌家滩玉器如此，对牛河梁依然如此。解读古代世界未知现象，最便捷、最省力的方法就是将那些说不清楚的原因统统归咎于原始宗教与神的伟力。所以，要讲清楚牛河梁盟誓总部的性质，必须对古礼与巫教的关系、古礼与神权的关系做必要的说明。

早期中国的用玉制度是古礼的范畴。几乎所有进入墓葬的玉器都是墓主人级别和身份的标志。凌家滩、良渚、牛河梁概莫能外。所以，绝不能在玉器面前只讲巫觋而不讲制度。马克思说："人的本质不是单个人所固有的抽象物，在其现实性上，它是一切社会关系的总和。"（《马克思恩格斯选集》第一卷，第 56 页）人作为个体存在，绝不能脱离当时的社会组织环境，原始社会依然如此。与很多动物都不能脱离群体单独存在一样。所以，只讲巫觋，不讲制度，是典型的只见树木，不见森林。考古学研究不仅要"透物见人"，还要"由人及礼"，探索制度。

在西周以前的早期中国，玉器表示等级和身份最重要的是套件制。江淮地区普遍流行"三件套"制度：

有普通"三件套"，由三件一模一样的器物组成。

特殊"三件套"，是由三件列器所组成，配套的意义更加明显，指示级别的意义更加清晰。安徽含山凌家滩 87M1 和 98M29 的三人一组的玉人是特殊"三件套"代表[10]。

混搭"三件套"，是前两种三件套的混合使用。其代表是良渚反山 M12[11]。江苏武进寺墩 M3 是 2 个"三件套"与多节高体玉琮梯队的混搭代表[12]。

顶级"三件套"，四川广汉三星堆二号祭祀坑 9 件铜兽面是典型代表[13]。

牛河梁遗址年代早于凌家滩和良渚，三件套制度已见端倪。N16M1 出土 3 件玉璧分别为 1、2、3 孔，属于特殊三件套，是某种身份的特殊标记。但是这里更多的玉器并非用来指示等级，而是用以表示司职分工。这又是为什么呢？其中的道理是，这里无须显示等级，证明司职身份足矣，因为"率土之滨莫非王臣"。

N2Z1M4 出土猪龙 2、斜口器 1 件。M7 出土环 2、璧 3 件。M9 出土勾云形器 1、钺 1 件。M11 出土环 1、璧 1、蚕（蛹）1 件。M14 出土勾云器 1、镯 2 件。M15 出土斜口器 1、环 1、镯 2、璧 1 件。M17 出土双人首三孔梳背饰 1、凤？首 1 件。M21 出土璧形饰 1、斜口器 1、勾云器 1、双联璧 2、圆筒状饰 1、龟壳 1、珠 1、兽面牌饰 1、镯 1、璧 10 件。M22 出土勾云器 1、斜口器 1、镯 1 件。M23 出土钺形璧 1、龙凤佩 1、镯 1、绿松石坠 1 件。M24 出土镯 2、勾云器 1 件。M25 出土珠 2、斜口器 2、镯 2、管状器 1 件。M26 出土双兽（鸮）首饰 1、管状器 1、镯 1、坠饰 1 件。M27 出土勾云器 1、环 1 件。

用玉器指示社会分工是牛河梁的一大发明。N2Z1 三陵南墙外的 M4 出土的猪龙非常抢眼。这是红山文化的标志性器物，而非人人都能持有的普通物件。猪龙应是主管狩猎活动的官职证物，相当珍贵。牛河梁渔猎族群在社会生产中占支配地位，因而其地位显赫。但其最初造型极有可能是熊。牛河梁偶像库出泥塑熊爪，祭祀坑中有熊骨发现，几乎所有的线索都将猪龙原型指向熊，而不是似是而非的猪。出蚕（蛹）者显然与农桑有关，出龟壳的与占卜有关，出钺则与兵事有关，出面具的当与仪式主持有关。这些基本上没有过多争议。

斜口器的用途耐人寻味。这种器物出土时有多种状况，有的在头部，有在腰间，也有的在脚下。朝阳半拉山遗址则出于祭祀坑中。相映成趣的是，四川广汉三星堆二号祭祀坑刻有盟誓图案的玉璋也是斜刃器，与山西侯马盟誓遗址[14]的玉圭完全相同，其道理虽然尚不明了，但可以合理解释为什么有些墓葬出土 2 件斜口器，因为，联盟组织存在大中小不同的级别，盟誓信物的多少当与其参与度有关。

勾云器是需要讨论的问题。当然，牛河梁发掘报告对勾云器的描述存在着值得商榷的问题。实际上同样被称为勾云器，但却包括了鸟饰和梳子两种器物，它们的演变逻辑大抵相同，都是扁方向细长发展，与筒形器由高而矮的趋势相同；但是出土的位置、墓葬的级别却完全不同。且勾云器内涵相对复杂，如果能够使用比较准确的概念，可能会使讨论的问题更有直观性。有研究认为 N2Z1M14：1 为标准的勾云形器，能够折射墓主生前是信仰云神的女巫。其实，勾云器中的鸟饰当是舞者的配饰，甚至可称是标配。早期中国的祭祀、狩猎等活动事前必有各种仪式，舞蹈是不可或缺的重要内容或组成部分。《诗经》称之为“简兮简兮，方将万舞”。河南陕县庙底沟、陕西华县泉护村庙底沟文化祭天祈年有万舞用彩，人鸟共舞、巫觋飞天，行云流水，惟妙惟肖。勾云器既有鸟头挺立其中，又有长袖善舞的外在表现，与舞者身份相得益彰，此类舞者同时也是战士，故勾云器可与钺共出。庙底沟文化祭天祈年的万舞用彩与牛河梁的勾云器拥有完全相同的理念。

中国古代很多仪式都由祭司集团主持，巫觋肯定是大有人在。而且，是当时社会的知识阶层、精英集团。不只是《山海经》那样的神话传说中有巫觋的记忆，就连《左传》也不乏颛顼改革，“绝地天通”的深情回忆。早期中国的巫觋与礼制原本同源，两者都是祭祀活动的产物，用现代语言就是出人才，出成果。人才是巫觋，成果是制度。有固定的仪式程序，便自有严格执行的使臣。巫觋是礼制的执行者，又是被制度神化的蒙面人。所以，传说时代的一些王者都有巫觋的行为或经历的记载，其实并不奇怪。那个时代的首领大王肯定出自精英集团，可是，巫觋一旦踏上王者的宝座，其境界和作为必发生质的变化，断不可以巫觋论之了。王治与巫教实为云泥之别。距今 7000 年以前，河北易县北福地的陶面具[15]、陕西临潼姜寨的人面鱼纹[16]、河南濮阳西水坡的降龙伏虎的贝壳堆塑[17]，巫觋的形象层出不穷，屡见不鲜。但是，巫觋始终在古礼体制中活动，他们是仪式的主持、活动的操办执行者，同时也是一种工具。“国之大事，在祀与戎”，精英阶层是王权治下的社会基础。

早期中国的王者从传说时代的黄帝算起都以男性为主，没有良渚祭司团队男女分工合作、各司其职的迹象。牛河梁中心大墓有 N2Z1M25、N2Z1M26、N2Z2M1、N5Z1M1、N16M4。其中，后四座墓葬主人皆男性。N2Z1M25 则人骨性别鉴定有争议。《牛河梁》说，此墓陈山鉴定为女性，年龄 35~40 岁；原海兵鉴定为男性，40 岁以上。查《牛河梁》73 页，介绍此墓时先称女性加注，后又说是男性。彩版五七显示该墓粗壮的骨骼特征支持原海兵说。准此，牛河梁中心大墓主人皆为男性，与仰韶时代姜寨遗址巫多觋少，良渚时期巫觋各半[18]，三星堆时期觋多巫少的情况截然不同。倘若，牛河梁是巫教大本营的话，中心大墓则必有女性存在才符合逻辑。因此，他们是领导盟誓的各路大王，而不是游弋在人神之间的沟通使者。

A、B 两类大墓出土的禽类玉饰也是考察其级别的重要指标。换言之，除规模、排列表示等级差别外，随葬玉器也明确指示级差的存在。N2Z1M26 出四鹰玉饰，级别最高；与中心大墓距大平台中心的距离互证，当属第一级等级。N5Z1M1 出鹰首玉饰，位列第二地点之后，是为第二等级。N2Z1M14、N2Z1M17、N2Z1M21、N2Z1M24 虽然不是中心大墓，但同属一支鹰饰的级别。N16M4 出天鹅玉雕的头饰，虽然不失华丽，但已从猛禽的位置跌落至飞禽，其排列又在 N5Z1M1 之南，位置偏后，属第三等级当无可厚非。考虑到 N2Z1M23 的鸡兔玉

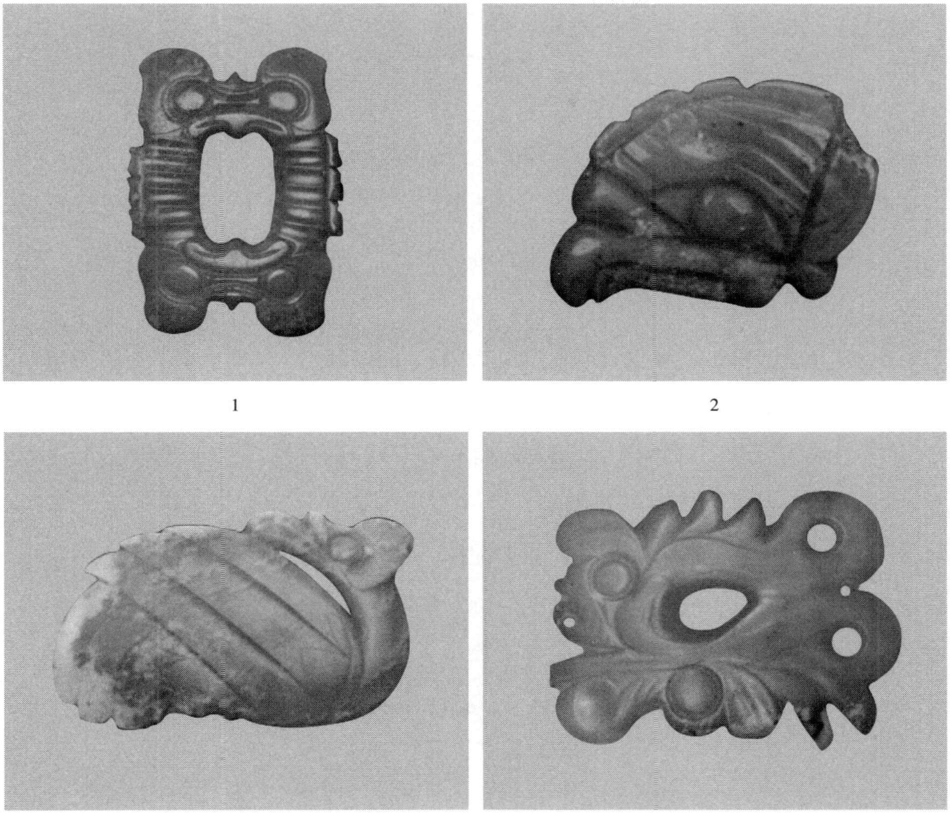

1　2　3　4

图 26-2　牛河梁出土玉饰

1. 四鹰玉饰（N2Z1M26）2. 鹰首玉饰（N5Z1M1）3. 天鹅玉饰（N16M4）4. 鸡兔玉饰（N2Z1M23）

饰（原报告称“龙凤玉佩”），牛河梁玉器的禽类形象实有矛隼、天鹅、家鸡三种，分别处于食物链中的不同地位，以猛禽、飞禽和家禽考察之，选择这些禽类作为身份的标志，其等级意义自在不言之中（图 26-2）。东北地区自古就有海东青能在空中绞杀天鹅的传说，是其食物链地位的真实写照。由此可推知，牛河梁的诸王实存有不同的级别。或许，四鹰玉饰含有天王之意，普通鹰饰象征一方之王，天鹅头饰为一国之王。

《左传 · 昭公十七年》记郯子说：“我高祖少昊之立也，凤鸟适至，故纪于鸟，以鸟师而鸟名。凤鸟氏，历正也；玄鸟氏，司公者也。伯赵氏，司至者也；青鸟氏，司启者也。丹鸟氏，司闭者也。祝鸠氏，司徒者也。鴡鸠氏，司马者也。鸤鸠氏，司空也。爽鸠氏，司寇也。鹘鸠氏，司事也。五鸠，鸠民者也。五雉为五工正，利器用，正度量，夷民者也。九扈，为九农正，扈民无淫者也。”凤鸟、玄鸟、伯赵（伯劳）、青鸟、丹鸟以及“五鸠”（五种鸠鸟）、五雉（五种野鸡）、九扈（九种扈鸟）都是“以鸟名官”的历史记忆。因此，中心大墓的玉器表达的不仅是王者的荣耀和尊贵地位，也是中心大墓等级的标志。所以，牛河梁遗址联盟总部的认识远比巫教大本营的推测更为可信！

另外，N2Z1M25、N2Z1M26、N2Z2M1、N5Z1M1、N16M4 留有阶梯墓道。这既是王者荣光，也是诸王联盟最隆重的明志行为。让人联想到中国古代抬棺出征的万丈豪情。1880 年左宗棠收复新疆抬棺出征，浩气长存，为后世敬仰。牛河梁的这些中心大墓同样是气吞山河、顶天立地的象征，岂能是巫觋所为？若然，修建祭坛之时，这几座墓葬的主人依然健在。也就是说，牛河梁先修墓，后建坛，留出阶梯死后还，是一种担当，是一种行为誓言，是被历史尘埃湮没的千古佳话。始料未及的是，如此惊天地、泣鬼神的壮举竟出现在早期中国的红山文化！

墓葬从来都浓缩着复杂的社会意义。其性质从来都需要视存在环境决定。以祖先的名义、以家族的名义、以国家的名义、以联盟的名义安置死去的亲人，是早期中国丧礼的主要内容和盟誓制度的重要环节。“横阵模式”就是半坡文化中以家族名义进行盟誓的典范。所以，盟誓或祭祀遗址中许多墓葬的形制与普通墓地区别显著，最重要的是能够形成一种环境，表达某种语言。精准解读重在破译这种特殊语言。

盟誓是早期中国最为重要、特别发达的政治制度，是古礼处理外部关系的基本原则。从《尚书》《左传》到《史记》可谓史不绝书；唇亡齿寒、退避三舍、合纵连横、三家分晋，脍炙人口的典故千古流传，联盟的经验薪火传承。现在，仰韶时代晚期的牛河梁遗址发现其成熟且完善的体系，各种遗存有机相连、浑然一体，其规划之独到、建设之精良，如若身临其境，可以感受到庄严宏大、震撼心魄的强大气场，耳际能够响起同仇敌忾、气吞山河的呐喊回声，令人肃然起敬。

（四）牛河梁彩玉相揖别

早期中国的古礼不是虚无缥缈的云雾山，是看得见、摸得着、有载体的制度文化。其具体抓手主要有用彩制度、用玉制度和器物套件制度。这些足以影响中国古代社会进程的重要事件和制度因为年代久远而湮没在历史尘埃中，但恰恰被牛河梁遗址用遗存的形式保留下来，其鬼使神差的程度令世人惊叹不已。

用彩制度是牛河梁遗址提供的全新视角。彩陶是中国考古绕不开的话题。一百年前，中国考古就是从彩陶出发开始自己奋斗的历程。1921 年河南渑池仰韶村彩陶文化重见天日，不仅在中国考古学史上留下浓墨重彩，也掀开中国古文化神秘面纱的冰山一角。但是，多年以来绝大多数的研究只是将其视为中国史前艺术的浪潮，认为彩陶是礼器者实属凤毛麟角。彩陶是个引人入胜的千古疑谜。涉及古代文化史、艺术史、科技史、思想史、社会发展史研究的许多重要课题，因此在社会科学领域中占有特殊重要的地位。牛河梁盟誓遗址为破解早期中国独特的制度创造提供了钥匙。那就是：古礼不是空洞的说教，而有着实实在在的具体抓手；彩陶是礼器的认识竟然是一语中的，道破了天机。用彩、用玉制度正是抓手的核心。用彩制度包括了不同门类的专项用彩。遗址的性质决定用彩的性质，遗存的环境讲述用彩的意义。盟誓遗址出盟誓用彩，墓葬地点出丧礼用彩，祭天场所出万舞用彩，普通村落有常识用彩、故事用彩，等等。还有的需要假以时日方能破译。

牛河梁是盟誓遗址，使用的彩陶图案具有鲜明的表意倾向，不仅与红山文化普通村落的生活用彩，就是与其他考古学文化的祭祀用彩也迥然有别。究其来源正如苏秉琦先生描绘的那样，是仰韶时代早期的渭河流域。陕西宝鸡北首岭和临潼姜寨遗址红陶黑彩上的编织藩篱与连续波折纹就是铁证。

一是手手相扣图（图 26–3）。《牛河梁》称勾连涡纹。此种纹饰是红陶黑彩，

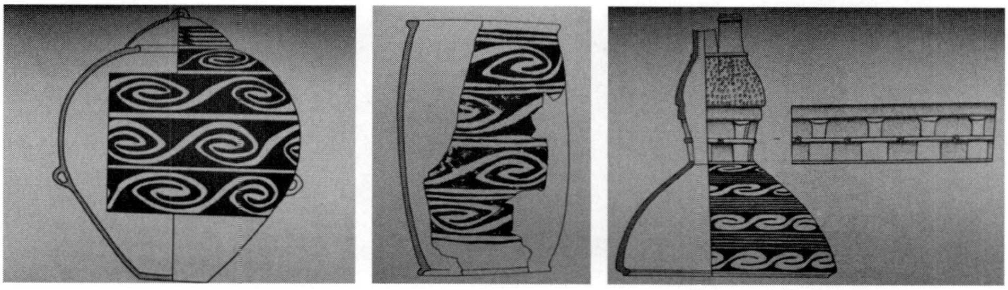

彩陶盖罐　　筒形器　　塔形器

图 26-3　手手相扣图

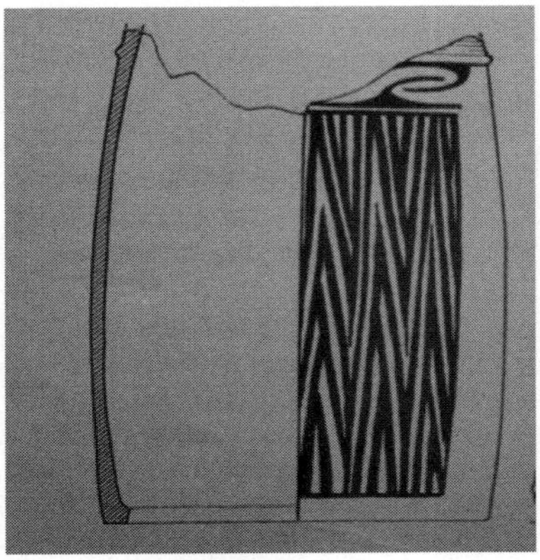

图 26-4　编织藩篱图

二至三层的相同条带叠加，每个条带中有两手左右相扣图样，形象逼真，线条流畅，寓意简明。手拉手的感觉令人过目不忘，印象深刻。在牛河梁遗址分期的多个阶段长期存在，最早是下层墓葬的彩陶盖罐上，后来，筒形器、塔形器和扁钵形器上也屡见其频繁出现。牛河梁早期祭坛下的小型墓葬只一座出斜口玉器，其他多见彩陶盖罐，中期以后则只见玉器。《牛河梁》认为："这次突变，极为清晰也极为激烈。是红山文化牛河梁期在埋葬制度上的一次重大变革。"其实，这种剧烈的变革并非来自丧葬制度，而是盟誓制度转型升级引发的鼎新革故，是松散型联盟向紧密集权型联盟过渡的标志。此后，彩陶退出历史舞台，玉器成为联盟信物，再后来，则是青铜礼器成为联盟的标志。这个历史发展的物质链与《史记》关于黄帝到尧、舜、禹、汤的联盟记载能够直接对应。

二是编织藩篱图（图 26–4）。这种大曲折纹犹如今日编织的篱笆墙。此类纹饰不禁让人想到陕西宝鸡北首岭、西安半坡和临潼姜寨红陶尖底罐的曲折藩篱图[19]。有的器物藩篱尚留出能够开合进出的入口。藩篱，屏障也，本义是指用竹木编成的篱笆或栅栏，其引申为边界、屏障，盟誓遗址可能用于比喻联盟保障。此类纹饰常与手手相扣图案搭配于筒形器上，大有手手相扣共筑藩篱之感。

三是角角连心图（图 26–5）。这是多个黑白三角形紧密连接且不断延伸的图案，既有编织纹的特点又有庙底沟文化的向心花瓣图案的神韵，心心相连的意境和隐喻引人关注。庙底沟彩陶分布范围最广泛的就是心心相连的花瓣图案。

四是菱形方格图（图 26–6）。按《牛河梁》分期，此种编织图案多出于N2Z4A，年代最晚，常与垂鳞纹搭配，单独使用则多见两个条带叠加，最多三个条带。值得注意的是：山西襄汾陶寺彩绘龙纹陶盘与此极为相似。

五是垂形宽带图（图 26–7）。由三层黑彩垂形宽带组成，《牛河梁》称垂麟纹，费解。这种图案表意成分明显，是否有象征村落环壕之意，有待研究。仰韶

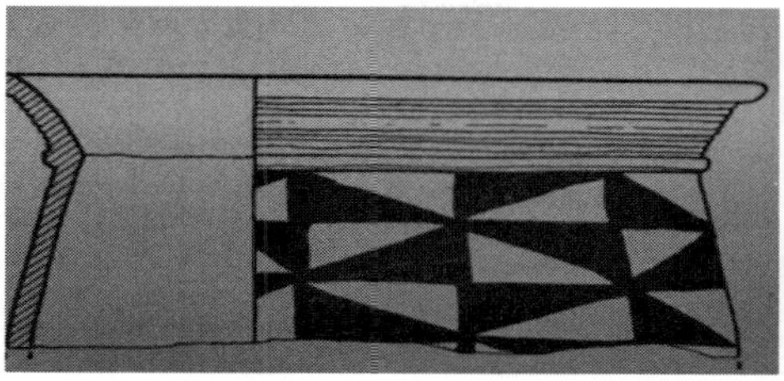

图 26-5　角角连心图

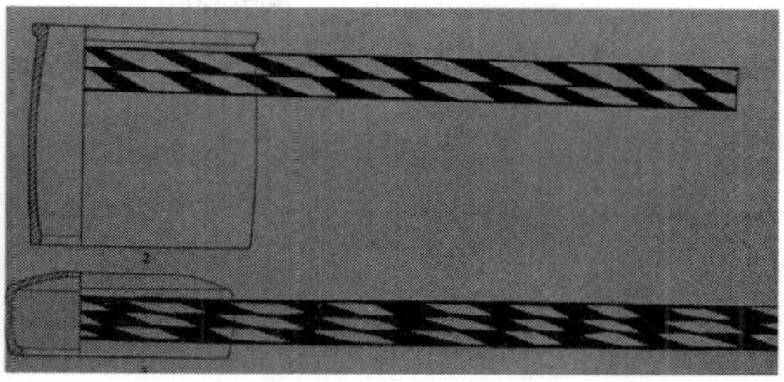

图 26-6　菱形方格图

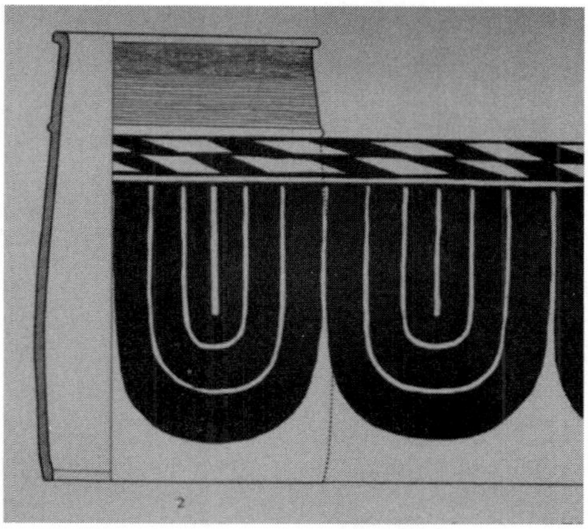

图 26-7　垂形宽带图

晚期中原地区有些遗址正是三重环壕，在此，引申为联盟的保障作用。

牛河梁用彩制度的经验，对于仰韶时代功能用彩的分类研究具有醍醐灌顶的启发意义。彩陶是历史的概念，浓缩着社会生活的内容，标志着社会进程的发展阶段，在早期中国有大约 2000 年的时间跨度；彩陶存在于多个考古学文化中，具有广泛的社会学意义。所以，理所应当地要立足社会功能进行研究之，完全脱离功能，从纯粹的艺术形式出发难免一叶障目，只见树木不见森林。牛河梁用彩制度让彩陶就是礼器的论断成为不争的史实。古礼研究因此抓手更加具体、明确和醒目，礼制的发生、发展、成熟、完善是早期中国之魂。彩陶不仅是礼器，更是古国联盟的物质标识。中国古代的联盟制度经历了用彩制度、用玉制度和用铜制度。在不断地转型升级过程中，联盟组织逐步扩大，古礼思想传播发扬，制度建设蓬勃兴起，造就出早期中国的特殊国情。彩陶是大时代、大文化的代表，是古礼与文明的先声。没有彩陶的神采飞扬，就不会有良渚玉器的鬼斧神工，也不会有商周青铜器的狞厉神奇。彩陶为早期中国的礼制引吭高歌 7000 年，指引着中国古代文明的源头和方向。这是百年考古的中国经验。

（五）牛河梁的启示

牛河梁联盟总部的启示是多方面、深层次和连锁式的。

早期中国的文化交流在本质上是古礼传播。礼制为什么能够冲破艰难险阻，跨越万水千山？就是通过联合结盟的途径得以实现。很多研究注意到陶寺大墓殉葬成套的庙堂礼乐器、漆木器，来自周边地区的不同考古学文化，但是，却完全忘记这些精品的交流与传递有赖于早期古国联盟共同体，长江中游屈家岭文化的陶豆；关中地区客省庄文化罐形陶斝；长江下游良渚文化的玉琮和玉璧，透雕兽面玉佩，鳄鱼皮制作的“鼍鼓”甚至铃和齿轮形器等铜器无疑都是礼制的载体，是礼制交流的结晶。倘若没有古国联盟共同体，没有礼制的疏通和教化，一切都是无源之水、无本之木。

不了解牛河梁就不可能真正了解中国古代的实际情况，不可能懂得中国古代文明起源的主要经历、基本脉络、核心特色。人们熟悉侯马盟书的珍贵历史价值，了解春秋五霸和战国七雄的历史经验，也知道武王伐纣的超级联盟诸侯国竟达800 之众，却没有深究这种制度是从何时被早期中国的先人发明出来。仰韶时代大型房址的规模不断创新，特种墓葬频频出现，彩陶旗帜的高高飘扬是联盟制度发端的三大重要标志。陕西临潼姜寨遗址的五大家族，就是通过半坡文化家族联盟的“横阵模式”进行盟誓[20]。现在，当研究掀开牛河梁遗址的神秘面纱，认识到古国联盟共同体的历史贡献，就完全有条件和理由确定从半坡到红山文化的整个仰韶时代，盟誓制度舞动的文明浪潮已然滚滚袭来。它们与先秦文献关于联盟的记忆遥相呼应，勾勒出早期中国规模宏大、波澜壮阔的历史画卷，成为考古学探索早期中国的具体抓手，成为从“多元一体”到“多元一统”的考古新注，成为新一轮中国考古学原创性研究的增长点。

应该强调的是：牛河梁南区的各个山头是有机的整体，不可分割。因此，这里的享堂建筑的三个特点可能还另有更深刻社会内容。一是规划设计的共时特点；二是组团建设的联合特点；三是存在级差的群体特点。这很可能与牛河梁渔猎族群主导的多文化多族群的大联盟的关系密切。古国联盟是国家溯源的必由之路。早期中国很多弱小的国家完全依靠联盟得以生存。《左传·僖公十九年》关于齐桓公“存三亡国”的记载，讲的就是联盟组织的保障作用。近年，晋南地区西周时期不见经传的小国屡有发现[21]，遗址规模小，且墓葬数量有限，其人口、土地和资源都难以与文明与国家的标准相适应。但他们却拥有典型周人的青铜礼器，显然，是加入周人的联盟组织才获得的赏赐和殊荣，实现社会生产水平的超越。资料证明，联盟机制在古代中国始终发挥作用。早期中国社会生产力水平普遍不高，若按西方的文明标准衡量之，很多小国都难以达标。然而，就像郑州地区河洛古国联盟那样，虽然没有城市、文字和青铜器的发现，可十几处古国推出标准完全一致的彩陶礼器，聚落规制和防御布局如出一辙，就连议事大厅的营造样式与规格都别无二致，他们的盟约或许将成为千古之谜无从知晓，但是，同声相应、同气相求的联盟共同体却实实在在地呈现在世人面前。它们是伊洛河谷东端的桥头堡，东阻大汶口文化的大踏步西进，南拒屈家岭文化执着的北上，在陕晋豫地区仰韶晚期考古学文化大迁移、大改组、大融合的动荡岁月，为该地区稳定发展做出积极贡献。历史证明，中国古代的联盟世界神秘莫测，是万国林立走向多元一统、逐步强盛崛起的力量源泉和制度保障。

此外，中国古代的墓地往往都与祭坛发生关系，而不同的关系却能够反映墓葬性质。其一是共享关系，即一批墓葬之间以及与祭坛发生关系，是邦墓或族墓模式。其二是独享关系，独处一区、陵园兴起，与其他墓葬不发生关系，祭坛独享或专享的特点明确，是王陵模式。商代晚期、春秋战国、秦汉以来的帝王陵墓莫不如此。王陵与其他墓葬不同的还有设计建设的超前性质，普通人是死后才营建坟墓，而王者是登基伊始，所以必须预留墓道。牛河梁 N2Z1、N2Z2 的三座墓葬集后世帝王陵墓基本特征于一体，若非王陵那又是什么呢？显然，牛河梁是距今 5500 年前后唯一能够提供王权铁证的地点。其他地方因为流行邦墓或族墓模式，尚难以王权概括。换言之，那些地点的王陵依然埋在幽幽世界的深处，焦急地等待着中国考古和那些慧眼识珠的学者。这难道不正是历史逻辑和思想逻辑的统一吗？

综上所述，牛河梁遗址是红山文化古国联盟共同体的总部，也是该联盟共同体的纪念公园。深度研究表明：早期中国文明起源的多样性特征是“满天星斗”，不是孤芳自赏的“中原中心”；早期中国文明起源由渔猎和农耕两大集团主导，它们在牛河梁碰撞之后，渔猎族群率先擎起文明旗帜；早期中国的文明之魂是古礼的发生与发展，文明之根在于全方位多层次的联盟制度。在中国古代，渔猎文明与农耕文明精彩的碰撞屡见不鲜，牛河梁只不过是其中的一段篇章而已！为什么中国历史上的南北对峙总是北强南弱？就是因为自从盘古开天地，寒冷的北方地区就始终存在着强大的渔猎族群，在很多的历史重要关头他们都是中华文明的主导者，制度创造的推进者，多民族大联盟的统领者。20 世纪 60 年代，毛泽东主席论康熙皇帝三大贡献，其中就包括统一战线政策，是渔猎族群创造多民族大联盟政治智慧的典范。牛河梁见证“多元一体”是中华文明的伟大特色。

牛河梁遗址彩陶瑞玉的研究，支持了“彩陶原本是礼器”的认识。因此有了下面的小文章。

“是为神绽放还是为礼歌唱”
——从仰韶时代的神采飞扬说开去

仰韶时代的彩陶究竟是为心中的神而绽放，还是为古代的礼而歌唱？历来是中国考古学研究聚讼纷纭的课题。因为，对社会历史现象的解释先秦文献就存有不同的体系。有讲治统、道统和制度的正史，也有讲传说、巫觋和神话的故事。

彩陶是中国考古绕不开的话题。一百年前，中国考古就是从彩陶出发开始自己奋斗的历程。1921 年河南渑池仰韶村彩陶文化重见天日，不仅在中国考古学史上留下浓墨重彩，也掀开中国古文化神秘面纱的冰山一角。悠远的数千年前，睿智的先民将他们公开的密码镌刻在陶器的表面，令无数当代学者为之倾倒，并由此步入考古学神圣的殿堂。解读彩陶的魅力成为几代中国考古人为之奋斗的梦想与追求。

彩陶是个引人入胜的千古疑谜。涉及古代文化史、艺术史、科技史、思想史、社会发展史研究的许多重要课题，因此在社会科学领域中占有特殊重要的地位。有诗赞曰：“华山玫瑰燕山龙，大青山下斝与瓮。汾河湾旁磬与鼓，夏商周及晋文公。”这是将彩陶与礼乐重器相提并论、等量齐观的经典。更有用彩陶研究的专业术语形容中华文明的神来之笔。可见，绝不可以藐视彩陶，更不能低估其意义所在。资料表明，大约在距今 9000 年前的长江下游的上山文化就有彩陶曙光的闪耀。然其繁荣的时期是在距今7000~5000年面向欧亚大陆的黄河中上游地区，四川茂县营盘山彩陶延续的年代或许更晚。其中，包括了半坡文化、庙底沟文化、石岭下文化、马家窑文化、半山文化和马厂文化等不同的文化类型。彩陶的研究，大抵分为年代的推定、图案系统的分类、影响力及溢出效应、交流与文脉传承等若干方面。彩陶与中亚地区的联系充分说明此项研究具有更广阔的空间和更美好的前景。彩陶是解读在一定地域范围内集体共识形成的标志，因而是文明探源和国家起源研究的关键抓手，并成为世界前沿性研究课题。

彩陶是有故事的文化载体。有的图案简单明了，有的形象生动，有的寓意深远，有的单元重叠，令人眼花缭乱，让现在的人们看去还真有点摸不着头脑。半坡的鱼纹有点写生的意境，可庙底沟的圆点、弧线和弧线三角千变万化，展翅高飞的神鸟有通天入地的奥妙神奇。然而，在远古它们的寓意当不是秘密，而是家喻户晓、妇孺皆知的共识。否则，彩陶就不会在难以数计的遗址中普遍存在，数量奇多，图案醒目，熠熠生辉。仰韶时代，不论渭河流域的半坡文化、汾河流域的庙底沟文化，还是洛河流域大河村文化，彩陶绚丽的特点都足以令人震撼和叹为观止。其图案的分类大体上是贴近自然的花鸟鱼虫，也有人物造型。但是，倘若都是现实生活的直观表达，那古代的先人自己也会感觉缺少生机，枯燥无味。所以，艺术加工在所难免，让人头晕目眩。显然，这种加工不是简单地艺术写实，抑或社会生活的直接素描，完全都是理念当先、精心设计，样式固定、单元清楚，传达着人们的真情实感、美好的期盼和生活的追求。只是被历史尘埃湮没才变为需要解读的秘密。仰韶时代的这些彩陶似乎推不出造神运动曾经发生，解读的关键是依靠充分的证据，而不是天才的想象。

那么，彩陶凝聚的共识究竟有哪些内容？首先，彩陶是礼器的命题不能回避。古礼不是虚无缥缈的云雾，是看得见摸得着有载体的制度文化，其具体抓手主要有用彩制度、用玉制度和用鼎制度。而用彩制度发源于陕晋豫地区，其影响教化却是整个早期中国。向北可达内蒙古中南部，向西连接中亚欧洲，向东能进到山东的泰沂地区，向南则越过长江可抵深圳、香港。其广袤的范围实开后来牙璋、青铜礼器的先河，是早期中国古礼之源头，与心中的神风马牛不相及。

礼器具有社会意义。所以，其存在环境是考察其实际功能的基本要素。早期中国的祭祀活动内容复杂，包罗万象，涉及社会生活的各个方面，是涵盖多种内容的概念，用彩制度亦然。所以，简单地用祭祀的概念分析彩陶的意义难免失之于精准，专项用彩的具体分析便提到研究的日程上来。有鉴于此，早期中国的用彩制度至少有丧礼用彩、祭天用彩、盟誓用彩等多种专项分类。有些分类则尚在研究之中。可见，既不可藐视彩陶，又不能忽悠彩陶，更不该空谈彩陶。

丧礼用彩是最直观的专项用彩制度。甘肃青海乐都柳湾墓地最为典型。在那里，人们可以充分感受到铺天盖地的入葬器物对视觉的冲击，可以遐想远近奔丧的人们肩挑背扛各种物品的情景。以往人们大都是把半山马厂墓葬的入葬陶器作为财富的象征来解释，《文明起源的中国模式》认为这是丧礼制度存在的铁证。在柳湾，一个墓葬中往往有上百件形态相同、大小相等的陶罐，且均以对称的大圆圈为单位构图；这些彩色陶器一般没有使用痕迹，是新近为送葬专门烧制而成。其规格统一类似今日社会的花圈，器物下部多有显见易识的不同符号，注明它们分别属于不同的群体，可能表示家庭或者是家族。这些器物并非死者生前所有，而是死后分别由不同的社群组织馈赠的，所以不可以用来证明死者生前拥有财富的多寡，而只能说明当时存在丧礼用彩的制度（图26–8）。这种以大圆圈为基本单位的彩陶构图是丧礼用彩的明确标志，山东广饶傅家遗址M149：3、河南巩义双槐树遗址圆圈六角星都已见大圆圈构图的端倪。但其极盛的地区却是西北地区的马家窑文化、半山文化。这是仰韶时代整个黄河流域存在丧礼用彩制度的不争事实[22]（图26–9、图26–10）。

河南陕县庙底沟遗址的彩陶则是另一番风貌。那里的彩陶多有正面鸟的图案，形态逼真，动感十足，可以使人联想文献记载的三足乌、马王堆汉墓帛画的三足乌以及与祭祀祈年相关的各种历史记忆。《文明起源的中国模式》早已指出，庙底沟与磁山一样是典型的祭祀遗址，

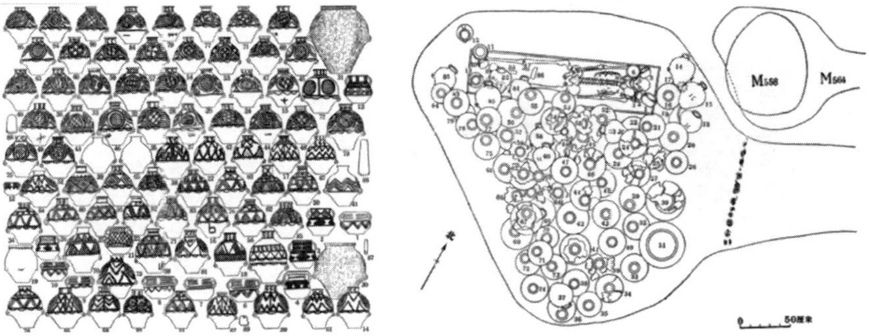

图 26-8　青海柳湾马厂类型 M564 彩陶罐——今日花圈（丧礼用彩）

图 26-9　丧礼用彩之生命之根图、圆满落幕图

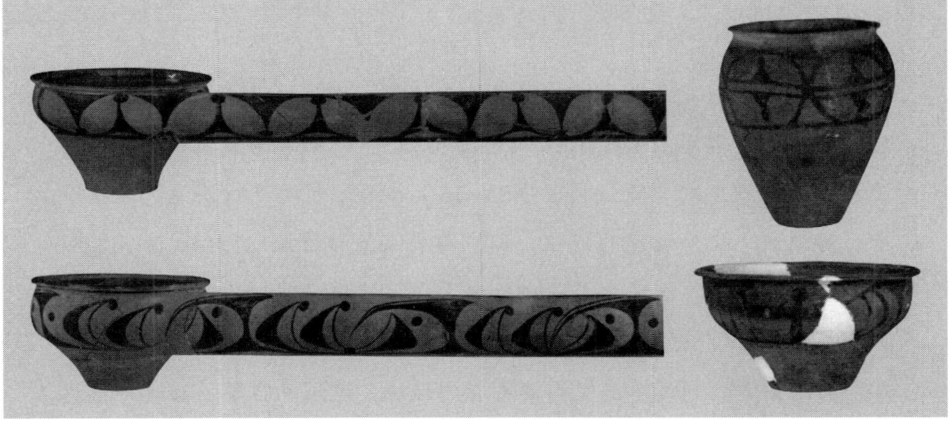
图 26-10-1　万舞用彩之舞蹈起势图

图 26-10-2　丧礼用彩之圆满落幕图

图 26-11　庙底沟文化万舞用彩之激情劲舞图

图 26-12　万舞用彩之飞天劲舞图

出现这类彩陶图案并不奇怪。值得注意的是，这种祭天祈年的万舞用彩只见于渭河与洛水流域（图26-11~图26-13）。庙底沟文化最常见的由圆点、弧线组成的花瓣纹样（图26-14）却远远超过鸟纹图案的地区分布，达到该文化外溢度的极值，山东泰安大汶口遗址M1014：30花瓣纹彩陶壶就是明证。这究竟是一种什么图案，能够艰难地跨越千山万水，穿透层层文化的阻隔被不同的考古学文化所接受？

彩陶图案的判读不能脱离其存在的环境。遗址的性质首当其冲。这里要隆重推出红山文化牛河梁遗址，那里的考古发掘为认识早期中国盟

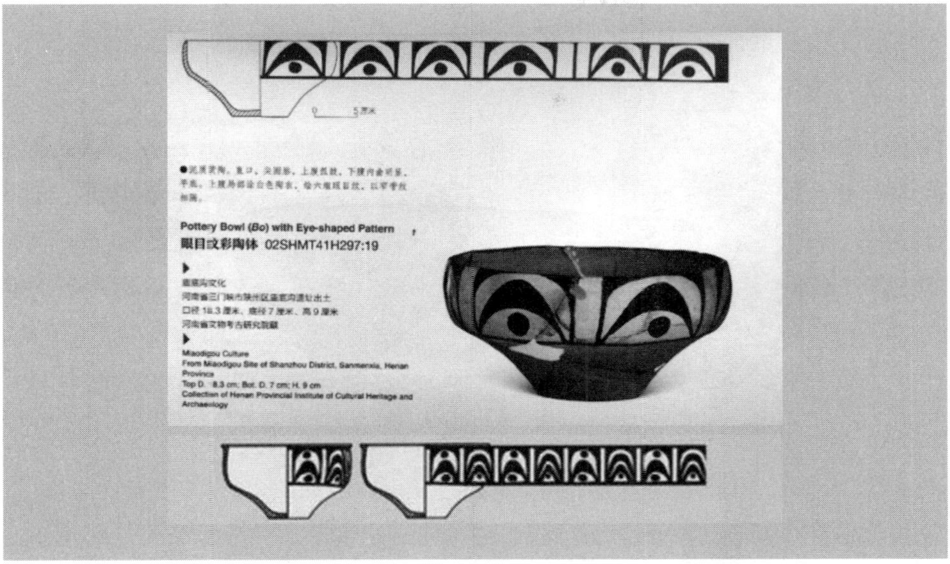

图 26-13　庙底沟文化万舞用彩之六人献礼图，原称眼目纹

图 26-14　庙底沟文化盟誓用彩之心心相连图

图 26–15　陕西宝鸡北首岭临潼姜寨遗址盟誓用之编织藩篱图

誓用彩的制度提供了铁证。研究表明，牛河梁是红山文化的联盟总部，不同的盟誓单位使用完全相同的彩陶，其图案却只有勾连涡纹、曲折纹和角对角的连心纹。勾连涡纹以二至三层的相同条带叠加，多在黑底上勾勒出纹样并施于彩陶盖罐和筒形器上，手拉手的感觉令人过目不忘，印象深刻。角对角的连心纹可以读懂庙底沟文化的花瓣纹，两者都有心连心的隐喻。波折纹或曲折纹是勾连纹的变体，可以认识西安半坡、临潼姜寨、宝鸡北首岭波折纹的实际意义（图 26–15）。盟誓用彩的制度可以与先秦文献大量关于盟誓的记载相印证，使人们充分认识到联合结盟是早期中国国家起源的关键支撑。彩陶图案的功能分类表明，不同的专项用彩彼此间存在交叉互动，尤其是鸟纹或游弋在圆点弧线纹之间，或徜徉于圆圈纹之内，反映出当时的社会生活的丰富多彩和礼仪活动的层次多样。不过，经验表明，性质单纯的遗址出土彩陶图案的种类虽然比较简单，但用以识别村落遗址的复杂情况往往能够对症下药，简单明了。超大聚落出土的彩陶图案因种类繁多成为进一步分类研究的重点。河南陕县庙底沟、郑州大河村，陕西宝鸡北首岭、华县泉护村，甘肃秦安大地湾都是彩陶研究基地的重中之重。总之，解密仰韶彩陶的工作任重道远，其前景依然诱人。正所谓，中国考古百年历程，仰韶彩陶一骑绝尘。

彩陶是大时代、大文化的代表，是古礼与文明的先声。没有彩陶的神采飞扬，就不会有良渚玉器的鬼斧神工，也不会有商周青铜器的狞厉神奇。当然，彩陶更接地气，它不是豪门贵胄的徽章，而是寻常百姓家的希望。

本文发表于《中国文物报》2020 年 8 月 7 日，这里增加了若干图片

注释：

1. 辽宁省文物考古研究所编：《牛河梁——红山文化遗址发掘报告》（1983—2003 年度），文物出版社，2012 年。
2. 卜工：《文明起源的中国模式》，科学出版社，2007 年。
3. 安徽省文物考古研究所：《凌家滩——田野发掘报告之一》，文物出版社，2006 年。
4. 李国梁主编：《屯溪土墩墓发掘报告》，安徽人民出版社，2006 年。
5. 四川省文物考古研究所编：《三星堆祭祀坑》，文物出版社，1999 年。徐中舒在论及《古代楚蜀关系》（载《论巴蜀文化》，四川人民出版社，1982 年 4 月）引《黔书》关于“男子帽而长襟，妇人笄而短襟”的记载，对于理解三星堆铜人头像的男女区别也有积极的意义。
6. 卜工：《牛河梁祭祀遗址及其相关问题》，《辽海文物学刊》1990 年第 2 期。
7. 方殿春、刘葆华：《辽宁阜新县胡头沟红山文化玉器墓的发现》，《文物》1984 年第 6 期。

8. 辽宁省文物考古研究所、朝阳市龙城区博物馆：《辽宁朝阳市半拉山红山文化墓地的发掘》,《考古》2017 年第 2 期。
9. 郭大顺、张克举：《辽宁喀左县东山嘴红山文化建筑群址发掘简报》,《文物》1984 年第 1 期。
10. 同 3。
11. 浙江省文物考古研究所：《反山》，文物出版社，2005 年。
12. 南京博物院：《1982 年江苏常州武进寺墩遗址的发掘》,《考古》1984 年第 2 期。
13. 四川省文物考古研究所编：《三星堆祭祀坑》，文物出版社，1999 年。
14. 陶正刚、王克林：《侯马东周盟书遗址》,《文物》1972 年第 4 期。
15. 段宏振：《河北易县北福地史前遗址发掘取得重要收获》,《中国文物报》2004 年 10 月 1 日。
16. 西安半坡博物馆、陕西省考古研究所、临潼县博物馆：《姜寨——新石器时代遗址发掘报告》，文物出版社，1988 年。
17. 濮阳市文物管理委员会、濮阳市博物馆、濮阳市文物工作队：《河南濮阳西水坡遗址发掘简报》,《文物》1988 年第 3 期。
18. 同 10。
19. 陕西历史博物馆编：《彩陶中华——中国五千年前的融合与统一》，陕西师范大学出版社，2020 年。
20. 卜工：《历史选择中国模式》，科学出版社，2009 年。
21. 山西省考古研究所大河口墓地联合考古队：《山西翼城县大河口西周墓地》,《考古》2011 年第 7 期。
22. 陕西历史博物馆编：《彩陶中华——中国五千年前的融合与统一》，陕西师范大学出版总社，2020 年，第 234、250 页。

悟道者说

真理往往掌握在少数人手中。伟大的发现需要时间陈酿，需要缘分邂逅，需要精准解读。牛河梁很可能是中国历史上的第一代王陵，享堂、陵园和墓道等后代帝王陵墓的条件一个不少，充分演绎红山文明的制度创造：王权世界新象万千。

二七、理论登攀　寻彼岸殿堂

（考古远方的呼唤）

2020 年 10 月 11 日《光明日报》刊登我的《中国考古学理论必须具有中国气派》，并加编者按：

中共中央政治局 9 月 28 日下午就我国考古最新发现及其意义为题举行第二十三次集体学习。中共中央总书记习近平在主持学习时强调，当今中国正经历广泛而深刻的社会变革，也正进行着坚持和发展中国特色社会主义的伟大实践创新。我们的实践创新必须建立在历史发展规律之上，必须行进在历史正确方向之上。要高度重视考古工作，努力建设中国特色、中国风格、中国气派的考古学，更好认识源远流长、博大精深的中华文明，为弘扬中华优秀传统文化、增强文化自信提供坚强支撑。

中国作为世界文明古国，很早就有学者注意进行古代遗迹的考察和古代遗物的研究，早在北宋时期就产生了具有一定学术系统的金石学。20 世纪 20 年代，仰韶村、周口店、殷墟等遗址的发掘，标志着中国考古学的诞生。此后的百年间，几代人筚路蓝缕，如今业已形成具有自己特色的现代学科体系。理论是学科发展的引擎，理论的完善与创新可有效带动、推动学科的进步。本文从基础理论、应用理论、前沿理论对学科发展的作用入手，梳理、分析中国考古百年的历程，并进而提出：中国考古理论必须具有中国气派。

文章如下：

进入催人奋进的新时代，学术界和坊间猛然发现中国考古正处在历史发展的最佳时期。特色讲坛的专家解读，目不暇接的各种展览，访客盈门的文保单位，深受民众关爱、舆论关注、社会关心，“如果国宝会说话”“我在故宫修文物”等节目家喻户晓，不胫而走。考古文博事业从来没有像今天这样贴近民众、贴近生活、贴近社会，几乎成为当今的网红。

1. 中国考古的三个特点

党的十八大以来，文化自信更加深入人心，“让文物活起来”的时代强音，一系列的国家政策导向，为考古文博事业的充分发展提供强劲动力。而中国考古服务国家发展大局的使命与学科自身的发展逻辑相统一，无疑为其蓬勃发展增添了羽翼。

中国考古有三个特点值得一提。这就是：与时俱进的敏感性、历史探索的深邃性、信息资源的多样性。社会越进步其贡献越醒目，科学越发展其奥秘越诱人，国家越强盛其责任越重大，此乃时代敏感性之谓也。考中国之古绝对绕不开文献典籍，这是中国历史传统的特殊性，而超越古代文献的深度探索才是中国考古的崇高境界，此乃历史深邃性之谓也。中国考古揭示的历史信息覆盖古代社会各个方面，为多学科输送历史资源的任务相当艰巨，舒张功能全面、持久和强大，此乃多样性之谓也。如此卓越的能力随着时代的发展而大放光彩。

但是，多年来，学术界对考古学理论的认识和理解存在误区，或者有以偏概全的倾向，层位学、类型学几乎成为中国考古学理论的代名词。其实，此二者主要是应用于田野考古的方法和理论，只是获取古代遗存的理论与方法，只是考古学理论体系的一个支系，而非其全部内容。

与许多学科相似，中国考古学理论是立体的结构，由基础理论、应用理论和前沿理论组成。它们是紧密联系的有机整体，相互依存、相互促进，相辅相成、相得益彰，既不可分割，又不能厚此薄彼。

2. 基础理论形成中国特色

考古学是通过物质遗存研究逝去历史的学问，是通过地下宝藏探索未知世界的学科。用科学方法揭示古代遗存的面貌与特征，用科学手段提取其蕴含的历史信息，用科学理论和假说认识其社会意义是考古学的历史任务与光荣使命。在这个过程中，考古学的发现永远是第一位的，是前提也是基础。田野考古发掘质量永远制约研究水平，因之，它自然成为学科赖以生存的基础理论，是考古学研究与考古教育的根基。

蓦然回首，考古已然不在原来处。1921年河南渑池仰韶村发掘之时，世界考古水平也不过是按深度计算，当时的中国处在模仿学习的阶段。唯少数学者“动手动脚找东西”，只几个地点稀稀落落有发现。谁能想见她的未来竟然是后发先至惊艳时光，谁能看到她的前途竟然是曲径通幽，光明灿烂！

中国智慧无比强大，从西阴村到安阳，从后岗到西安，中国田野考古经过几次跨越就从按深度记、按文化层记，发展到按堆积单位顺序记的考古层位学。而后，对考古学文化、区系类型、谱系格局研究均形成独特体系，对古代遗址分类保护更加规范系统，归纳总结出发掘、整理、研究、展示一整套理论方法，形成中国特色。中国考古学基础理论随着时代的发展，逐步完善、特色鲜明、进步巨大的事实，有目共睹，不可否认。

然而必须认识到，广阔天地里热火朝天的田野考古发掘，只是考古学获取资料的开始。不论基础理论多么扎实和深厚，也不能代替考古殿堂的辉煌整体，单凭考古人的肉眼凡胎不可能完成深度解析古代遗存、科学获取更多历史信息的任务。简单地依靠“眼学”经验，犹如医生单纯依赖听诊器诊断，其水平远远落后于CT、彩超等现代影像医学诊断一样，获取的信息量极少且不完整，难免诸多臆测或推断的成分，甚至存在一定概率的诊断错误。考古学遗存包含的信息资源多样性，决定了中国考古必须依靠多学科的技术手段和理论方法，取长补短，延伸研究的触角，才有可能实现可持续的包容性发展。

3. 应用理论是多学科并举的知识总动员

考古学研究从来就不是一个学科的单打独斗，而是科学知识的总动员。

中国考古学从马克思主义哲学思想中汲取养分，指导中国特色的研究；从生物学借鉴进化论和传播论，观察古代文化的多样性和复杂性；从历史学拿来“两重证据法”，解读考古学文化族属与国别；从人类学引进“结构决定性质”和“功能决定形态”的理念和视角，探讨古礼遗存的发生与发展；甚至借助海洋工程的先进打捞技术开展水下考古，引进航天遥感技术推进考古影像学开展。传统的文献学、考据学、古文字学的理论方法，地理学、物候学、天文学理论知识，统统为我所用，都来助力中国考古研究，为认识中国古代社会做出大量有益尝试，收获引人关注的知识经验。仅此便可以推知考古学理论必定是多元结构的。

这些不同的学科，理论体系庞大而复杂，彼此之间联系甚少；但是当它们联手协作共同进行分析和释读古代遗存信息时，能力超强，作用巨大，优势明显，是考古学研究的望远镜和显微镜。故将它们放在一起统称为“应用理论”。在强调基础理论的同时，不能抹杀应用理论的贡献；而明确其地位，熟悉其原理，才能更好地普及相关知识，推进这些理论快速、精准、合理地融入考古学，不断满足考古学发现与研究的聚焦能力、分辨能力和投射能力。

应用理论至少有三个来源：其一是科技考古：人们熟知的环境考古、植物考古、动物考古，陶瓷考古、冶金考古、农业考古、生物考古，DNA、微量元素检测技术，碳 –14 测年技术，还有诸多新兴的技术蓄势待发将不期而至。其二是人文历史研究的成果：包括历史学、文献学、古文字学、语言学、人类学、物候学、地理学、天文学、世界考古研究新成果等。其三是新兴的高新技术：大数据、云计算、互联网、数字化、人工智能等。这些科技新锐与考古的有机融合，将催生考古学分支学科的迅速出现。如同影像医学在临床医学中脱颖而出那样，又如新生儿护理的围产学崭露头角那样，中国考古学也开始形成新的分支，如考古影像学、考古生态学、考古生物学等。可见，基础理论为科学发现和获取古代遗存保驾护航，应用理论则承担提取和释放遗存信息的使命。后者是科学技术进步的直接反映，也是考古学历史使命的必然要求。

应用理论门类繁多，内涵复杂，是中国考古学理论体系中最活跃、最敏感、最具活力的部分。人们通常说，考古学是人文学科中科技含量最高、反应速度最快、包容性增长最明确的，这其实就是应用理论在学科建设中迅速崛起的结果。显而易见，应用理论决定了考古学研究的细化与分支、视野与广度。

4. 前沿理论是创新知识体系的动力

决定学科理论高度的既不是基础理论，也不是应用理论，而是前沿理论。任何领域的科学研究都拥有高居顶层的尖端理论，其引领性、前瞻性、创新性和理论上的颠覆能力，规定学科如何发展和怎样发展，是推进学科进步的重要引擎，是创造新知识体系的根本动力。

生命起源、人类起源、农业起源、文明起源和国家起源是世界考古研究的前沿性课题。前沿性课题出前沿理论是题中应有之义。中国考古率先在文明起源课题上取得突破性进展，苏秉琦先生的“满天星斗”文明论成为前沿理论的第一个代表。这个比喻既生动活泼、形象逼真，又空灵飘逸、意境深远。这使人们联想到他分别对地层学、类型学、考古学文化区系类型和中国古代文明起源的论述，正是他对三个理论层次全面、杰出的贡献。

在中国考古学理论积累的过程中，基础理论最先登场，后来，碳 -14 年代测定技术的加入，科技考古的概念才逐步形成，这说明以问题为导向的探索是中国考古的进步方式。但学科的发展不会永远蜗居在基础理论方面，一定是通过应用理论研究的个案积累走向前沿理论。其形成的过程具有一定的周期性，在中国大约是用了“一个甲子”的时间才提出自己的高端理论。

四十多年前，苏秉琦先生在“实践是检验真理的唯一标准”大讨论精神鼓舞下，创造性地建立“满天星斗”的文明理论，建立起中华文明的体系性认识。这不仅是中国考古学理论体系形成的标志，是中国学派形成的标志，更是世界考古东方大国崛起的标志。改革开放是中国考古学前沿理论诞生的助推器，社会主义制度是中国考古学体系建设、理论发展的核心优势，这就是中国特色的伟力和内在逻辑。按苏秉琦先生关于中国学派的论述，1979 年以后的十年间是中国考古充分发育的阶段。此后，中国一系列重大考古发现，包括良渚、陶寺、石峁、古蜀等重要遗址显然都与“满天星斗”文明理论息息相关，甚至是其催生的结果。正是中国特色的前沿理论取得突破性进展才迎来考古学史上的黄金时代。可见，前沿理论的引领作用至关重要，舍此便不会有考古硕果的精彩纷呈和目不暇接，考古学将不仅失去高度甚至失去哲学意境，而只剩坛坛罐罐。

5. 中国考古需要中国气派的理论体系

时光荏苒，又过去四十年。扑面而来的新一轮发展大大超过此前的任何阶段。21 世纪，科学技术的迅猛发展，大数据、云计算、互联网、人工智能风起云涌、呼啸而至，中国考古被世界大潮裹挟，迅速进入社会舆论的风口浪尖。

进一步的改革开放，热情拥抱世界，使得中国考古学正在发生更深刻的变化：弘扬中华优秀传统文化与中国梦的统一，中国考古积极参与，砥砺前行，成为国家战略的重点；互联网 + 中华文明，进一步为中国考古插上科学技术的翅膀，其社会能量和效益与日俱增；对传统文化的深度发掘成为新时代中国特色社会主义制度软实力的源泉，令人刮目相看。中国考古从来没有像今天这样被国家高度重视和大力扶植，肩负的历史责任与光荣使命从来没有像今天这样明确而崇高。可的精神塑造自身，才能迎来革命性的历史变化。以预期，中国考古学理论发展的动力依然是前沿理论的突破创新。人类起源和农业起源等前沿课题，中国的理论贡献绝不可等闲视之。文明起源理论也将进一步丰富和完善，每次重大考古发现都能够激励中华文明研究更加深入、更加鼓舞人心。毫无疑问，中国古代历史的逻辑决定中国考古学前沿理论发展的逻辑，既不能被模仿，也不能被复制。

丰富前沿理论的工作任重道远。近年的考古发现引人关注，提出一些新的线索。比如：红山古国诞生于农耕与渔猎经济的结合部；河洛古国建立在仰韶晚期中原与大汶口文化的结合部；良渚古国创立于“南稻北粟”的结合部；陶寺邦国出现在华夏与戎狄的结合部；石峁邦国兴衰于农耕与游牧经济的结合部；古蜀王国屹立在长江与黄河的结合部。那么，这些不同的结合部建立的文明灯塔是通过何种途径联系起来的呢？是哪种机制将其有机地组织在一起的呢？这就是礼制，早期中国的古礼制度。“文明起兮兆东方，古礼万年始辉煌”。“结合部”的情况说明：中华文明是包括农耕、渔猎、草原和海洋等多种经济类型组成的文明综合体，拥有庞大的体量和辽阔的战略纵深，这是它连续发展，历久弥新的外部因素。古代中国，自从盘古开天地，三皇五帝至于今，文化和文明从来都是融精神、物质与制度为一体的，这三者你中有我，我中有你，血肉相连，不能分割。文明因交流而发展，古礼有基因才强大，这是中国古文化的魅力之所在，是中华文明内源性动力之所在。深刻认识与精准解读它，是新时代推进中华文明研究的重要抓手。可见，中国古代的文化有区系类型问题，文明起源也有区系类型的问题，结合部的文明现象是中华文明研究新的增长点。要从文化发展的连续性和经济类型多样性入手，从结合部的重大考古发现入手，从特色的古礼制度入手，稳稳扣住中华文明的命脉，紧紧抓住中国特色，让认识更接近历史的真实，才能走出中国学派的精气神。

中国考古将迎来下一个百年发展的重大机遇。科学认识理论层次，正确估计发展水平；夯实基础理论，发展应用理论，丰富前沿理论，为学科健康发展积累经验，无疑是当代中国考古学人的历史责任。

悟道者说

考古的远方是真理的彼岸、理论的殿堂；有追求的呼唤，也有未知的吸引。现代科学精神将进一步塑造中国考古，滚滚大潮势不可挡，非常值得期待。

后记

理论思维　积创新高度

在当今世界历史上，没有哪种制度像中国礼制那样古老沧桑历史悠久；那样根深叶茂长盛不衰；那样体系磅礴经天纬地。为礼制溯源，为文明解密，实现历史逻辑与思想逻辑、理论逻辑与实践逻辑的统一，是我研究的原则和追求的境界。

百年考古证明，珍藏在中华沃土中的古礼遗存是周礼的先驱，是中华礼制的源头。古礼有泾渭分明的两个系统，相互影响的多个类型，超级工程震古烁今，神圣祭典感天动地，制度创造独领风骚，礼教天下传播有序，这就是早期中国的历史逻辑。礼制的发生发展、成熟完善是中国古代社会的独特经历，是中国古代文明起源的基本脉络，是中华文明核心特色的认识，是《文明起源的中国模式》首倡的理论逻辑。用古礼的理论全面分析具有历史坐标意义的古代遗址，通过实战性的经典案例推进中华文明深度研究，精准解读古礼世界，是我始终坚持的实践逻辑。实践认识，再实践再认识。逐步积累的理论模式有：

① 磁山祭祀遗址遗迹结构的定性标准

② 仰韶时期用彩制度的系统分类标准

③ 北首岭遗存见证盟誓制度研究体系

④ 陵寝制度与政治中心的牛河梁创举

⑤ 官职分工与用玉制度的牛河梁模式

⑥ 彩陶瑞玉历史交接的动力研究体系

⑦ 长江流域列器与套件制度案例研究

⑧ 共享祭坛是邦墓族墓主要埋葬特征

⑨ 庙底沟二期文化两群陶器界定研究

⑩ 釜形陶斝发生发展变化的逻辑趋势

⑪ 陶寺早期属庙底沟 B 群的定性研究

⑫ 石峁古城谱写有戎集团的辉煌历史

⑬ 中华文明独特制度创造的古礼体系

⑭ 古礼两条大系多个类型的区系体系

⑮ 长江傩礼用铜制度的古蜀王国体系

⑯ 中国考古探索文明起源的具体标准

⑰ 联合结盟是国家起源主要途径研究

⑱ 中国社会基本细胞的逻辑推理体系

之所以称为理论模式，首先是经过实践检验具有广泛适用性。其中，有些认识已然从看法和观点晋升为可资比较的研究依据，成为识别古代遗存年代与性质，甚至是源流与谱系的标准。如同庙底沟二期文化 A、B 群分类及其相关问题那样，是考古学文化定量研究的理论与实践，具有一般性、简单性、稳定性、可重复性、可操作性。

其二，是具有深度研究的客观性和前瞻性。磁山祭祀遗址的研究在苏秉琦先生鼓励下成为古礼探索的先声，逐渐形成文明起源的中国模式的系统认识，周礼的来源才能得到合理说明，中华礼制的完整性才能得到客观解释，中国古史特色才能真相大白。历史的逻辑从哪里开始，思想的逻辑就必须从哪里开始。

其三，是理论逻辑的关联性。有些观点需要假以时日才能得到回应或成为研究的共识，有些则引出连锁式的关联效应。凌家滩文化、良渚文化共享祭坛的墓葬与牛河梁的王陵相比，王者的霸气明显不足，而魍魉鬼魅的气息过于浓郁，巫觋的格局在所难免。牛河梁将中国古代陵寝制度推进到距今 5500 年前，而前者的王陵显然还需要探索。三星堆祭祀坑的解读可以写史，充分说明古蜀先王不仅钟爱“前歌后舞”，更讲“国之大事在祀与戎”。宝鸡北首岭特殊墓葬和盟誓用彩的发现，或许将中华文明起源的线索推进到更为久远的年代，值得期待。

总之，具有中国特色的理论模式与体系才是谱写早期中国历史篇章的神来之笔。

卜工，2021 年 7 月 13 日于珠海家中

图书在版编目（CIP）数据

礼证中华 / 卜工著. -- 北京 : 故宫出版社,
2021.10
ISBN 978-7-5134-1433-3

Ⅰ. ①礼… Ⅱ. ①卜… Ⅲ. ①考古 - 中国 - 文集
Ⅳ. ①K87-53

中国版本图书馆CIP数据核字（2021）第180191号

礼证中华

卜工◎著

出 版 人：王亚民
责任编辑：宋小军
装帧设计：王 梓
责任印制：常晓辉 顾从辉
出版发行：故宫出版社
地址：北京市东城区景山前街4号 邮编：100009
电话：010-85007800 010-85007817 邮箱：ggcb@culturefc.cn
制 版：北京印艺启航文化发展有限公司
印 刷：保定市中画美凯印刷有限公司
开 本：787毫米×1092毫米 1/16
印 张：20
版 次：2021年10月第1版
2021年10月第1次印刷
印 数：1-3000册
书 号：ISBN 978-7-5134-1433-3
定 价：76.00元